COLEÇÃO
ABERTURA
CULTURAL

© Julian Philip Scott, Literary Executor of the Estate of Christopher Dawson 2010
Copyright da edição brasileira © 2018 É Realizações
Título original: *The Judgment of the Nations*

Editor | Edson Manoel de Oliveira Filho

Produção editorial e projeto gráfico | É Realizações Editora

Revisão técnica, preparação de texto e índice | Alex Catharino

Revisão | Marta Almeida de Sá

Diagramação e capa | Nine Design Gráfico / Mauricio Nisi Gonçalves

Reservados todos os direitos desta obra. Proibida toda e qualquer reprodução desta edição por qualquer meio ou forma, seja ela eletrônica ou mecânica, fotocópia, gravação ou qualquer outro meio de reprodução, sem permissão expressa do editor.

CIP-BRASIL. CATALOGAÇÃO NA PUBLICAÇÃO
SINDICATO NACIONAL DOS EDITORES DE LIVROS, RJ

D313j

Dawson, Christopher, 1889-1970
   O julgamento das nações / Christopher Dawson ; tradução Marcia Paiva Xavier de Brito. - 1. ed. - São Paulo : É Realizações, 2018.
   272 p. ; 23 cm.   (Abertura cultural)

   Tradução de: The judgment of the nations
   ISBN 978-85-8033-332-9

   1. Ciências sociais. I. Brito, Marcia Paiva Xavier de. II. Título. III. Série.

18-48312

CDD: 320
CDU: 32

Leandra Felix da Cruz - Bibliotecária - CRB-7/6135
09/03/2018   13/03/2018

É Realizações Editora, Livraria e Distribuidora Ltda.
Rua França Pinto, 498 · São Paulo SP · 04016-002
Caixa Postal: 45321 · 04010-970 · Telefax: (5511) 5572 5363
atendimento@erealizacoes.com.br · www.erealizacoes.com.br

Este livro foi impresso pela RR Donnelley Moore Editora e Gráfica Ltda. em março de 2018. Os tipos são da família Sabon Light Std e Frutiger Light. O papel do miolo é o Lux Cream 70 g, e o da capa cartão Ningbo C2 250 g.

O JULGAMENTO DAS NAÇÕES

Christopher Dawson

PREFÁCIO À EDIÇÃO BRASILEIRA DE **ALEX CATHARINO**

INTRODUÇÃO DE **MICHAEL J. KEATING**

TRADUÇÃO DE **MÁRCIA XAVIER DE BRITO**

Sumário

Prefácio à Edição Brasileira
Do Julgamento das Nações ao Retorno da Unidade Cristã
Alex Catharino 7

Introdução
Michael J. Keating 53

PARTE I – A DESINTEGRAÇÃO DA CIVILIZAÇÃO OCIDENTAL

Capítulo 1 | A Hora das Trevas 69

Capítulo 2 | Democracia e Guerra Total 79

Capítulo 3 | As Origens Religiosas da Desunião Europeia 95

Capítulo 4 | O Fracasso do Liberalismo 117

Capítulo 5 | O Fracasso da Liga das Nações 131

Capítulo 6 | A Secularização da Cultura Ocidental 147

PARTE II – A RESTAURAÇÃO DE UMA ORDEM CRISTÃ

Capítulo 7 | Planejamento e Cultura 163

Capítulo 8 | Os Princípios Sociais Cristãos 179

Capítulo 9 | A Espada do Espírito 199

Capítulo 10 | Retorno à Unidade Cristã 209

Capítulo 11 | A Construção da Ordem Cristã 227

Capítulo 12 | Cristandade, Europa e o Novo Mundo 245

Índice Remissivo e Onomástico 261

Prefácio à Edição Brasileira
Do Julgamento das Nações
ao Retorno da Unidade Cristã

ALEX CATHARINO

Graças aos esforços incansáveis de Edson Manoel de Oliveira Filho com a cruzada para promover, por intermédio das publicações da É Realizações, uma verdadeira abertura cultural, os escritos do historiador católico galês Christopher Dawson (1889-1970) tornaram-se conhecidos nos últimos anos por um público crescente em nosso país. Até o presente momento a editora já lançou desse importante autor os volumes *Dynamics of World History* [*Dinâmicas da História do Mundo*],[1] *Progress and Religion* [*Progresso e Religião*],[2] *The Formation of Christendom* [*A Formação da Cristandade*],[3] *The Dividing of*

---

[1] A obra é uma coleção de ensaios de Christopher Dawson, organizada por John J. Mulloy (1916-1995) e lançada em 1957, que foi republicada, com o acréscimo de um estudo introdutório de Dermot Quinn, em 2002, pelo Intercollegiate Studies Institute em uma edição que serviu de base para a seguinte versão em português: Christopher Dawson, *Dinâmicas da História do Mundo*. Ed., pref., intr. e posf. John J. Mulloy; intr. Dermot Quinn; pref. e trad. Maurício G. Righi. São Paulo, É Realizações, 2010.

[2] Este é o segundo livro publicado por Christopher Dawson, tendo sido lançado pela primeira vez no ano de 1929. Em língua portuguesa, ver: Christopher Dawson, *Progresso e Religião: Uma Investigação Histórica*. Apres. Joseph T. Stuart; pref. Christina Scott; intr. Mary Douglas; trad. Fabio Farias. São Paulo, É Realizações, 2012.

[3] Mesmo sendo o primeiro volume de uma trilogia sobre a história da cristandade da qual o terceiro tomo nunca foi publicado, a obra foi lançada originalmente apenas em 1967, dois anos após a publicação do livro que compõe a segunda parte do díptico. Em língua portuguesa, ver: Christopher Dawson, *A Formação da Cristandade*. Apres. Manuel Rolph De Viveiros

Christendom [A Divisão da Cristandade],[4] *Religion and the Rise of Western Culture* [Criação do Ocidente],[5] e *Enquiries into Religion and Culture* [Inquéritos sobre Religião e Cultura].[6] Agora o público lusófono é agraciado com uma belíssima tradução da obra *The Judgment of the Nations* [O Julgamento das Nações].[7]

O livro ora disponibilizado em português é o corolário das reflexões dawsonianas entre os anos de 1930 e 1942, que podem ser entendidas como uma batalha sistemática contra os erros ideológicos de nossa época, ao ter compreendido que "a desintegração da cultura ocidental sob o esforço de guerra" não era um perigo que pudesse "ser descartado levianamente".[8] Em resenha desta obra, o eminente cientista político inglês *Sir* Ernest Barker (1874-1960), que lecionou para

---

Cabeceiras; pref. Bradley Birzer; intr. Dermot Quinn; posf. Alex Catharino; trad. Márcia Xavier de Brito. São Paulo, É Realizações, 2014.

[4] O livro foi lançado pela primeira vez em 1965 e está disponível em português na seguinte edição: Christopher Dawson, *A Divisão da Cristandade*. Apres. Ricardo da Costa; pref. James Hitchcock; intr. David Knowles; posf. Alex Catharino; trad. Márcia Xavier de Brito. São Paulo, É Realizações, 2014.

[5] Lançado pela primeira vez em 1950, o livro reúne a segunda parte das *Gifford Lectures* ministradas pelo autor na Universidade de Edimburgo, na Escócia, entre 1947 e 1949, tendo a primeira parte dessas palestras sido publicada em 1948 no livro *Religion and Culture* [Religião e Cultura], ainda não disponível em português. Em língua portuguesa, ver: Christopher Dawson, *Criação do Ocidente*. Ed., pref., intr. e posf. John J. Mulloy; intr. Dermot Quinn; pref. e trad. Maurício G. Righi. São Paulo, É Realizações, 2010.

[6] Organizada pelo próprio autor e lançada em 1933, a obra é uma coletânea de ensaios, relançada em 2009 pela Catholic University of America Press, acrescida de uma introdução de Robert Royal, sendo traduzida para o português como: Christopher Dawson, *Inquéritos sobre Religião e Cultura*. Intr. Robert Royal; trad. Fabio Farias. São Paulo, É Realizações, 2017.

[7] A primeira edição da obra é: Christopher Dawson. *The Judgment of the Nations*. New York: Sheed & Ward, 1942. A tradução da presente versão em português foi feita por Márcia Xavier de Brito a partir da seguinte edição: Christopher Dawson, *The Judgment of the Nations*. Intr. Michael J. Keating. Washington, D.C., The Catholic University of America Press, 2001.

[8] Ver, nesta edição: "A Hora das Trevas", p. 69.

Christopher Dawson e foi seu orientador de tese quando este foi aluno em Oxford, relata ter "aprendido com seu pupilo, mesmo quando ele era seu professor", além de ter se instruído com "ele desde então", assimilando novos conhecimentos "sobretudo a partir deste livro".[9] Lançado originalmente em 1942, este estudo é a parte final e a mais elaborada de um políptico formado, também, pelos volumes *The Modern Dilemma* [*O Dilema Moderno*], de 1932, *Religion and the Modern State* [*Religião e o Estado Moderno*], de 1936, e *Beyond Politics* [*Além da Política*], de 1939, todos os três publicados apenas em inglês em única edição, atualmente esgotada.[10] O presente texto foi o mais importante do autor editado durante a Segunda Guerra Mundial, iniciada em 1º de setembro de 1939, com a invasão da Polônia por tropas da Alemanha nazista, e concluída na Europa em 7 de maio de 1945, com a assinatura pelos alemães do tratado de rendição incondicional aos Aliados. Na busca de uma resposta para as causas do sangrento embate militar, o autor defende que "a questão fundamental escondida por trás da presente guerra e que, em grande parte, a produziu é a desintegração da cultura ocidental".[11] O manuscrito do livro foi elaborado quando as incertezas sobre a possibilidade de um final aceitável para o conflito europeu ainda eram imensas, visto que a Grã-Bretanha estava vivenciando o que ficou conhecida como "a hora mais escura", sobre a qual dissertaremos mais adiante. Na biografia *A Historian and His World: A Life of Christopher Dawson* [*Um Historiador e seu Mundo: A Vida de Christopher Dawson*] de Christina Scott (1922-2001),

---

[9] Ernest Barker. "Catholic Sociology". *Spectator* (12 de fevereiro de 1943): 152. Citado em: Joseph T. Stuart, *Christopher Dawson in Context: A Study in British Intellectual History Between the World Wars*. Edinburgh, University of Edinburgh, 2009, p. 42.

[10] Lançados somente nas respectivas edições: Christopher Dawson, *The Modern Dilemma: The Problem of European Unity*. London, Sheed & Ward, 1932; Idem, *Religion and the Modern State*. London, Sheed & Ward, 1936; Idem, *Beyond Politics*. London, Sheed & Ward, 1939.

[11] Ver, nesta edição: "As Origens Religiosas da Desunião Europeia", p. 95.

filha do historiador galês, é relatado que *O Julgamento das Nações*, de acordo com as palavras do próprio autor, o custou "maior trabalho e reflexão do que qualquer outro" de seus escritos.[12] O esforço colossal para a elaboração deste volume se deu pelo fato de Dawson ter a consciência de que "o impulso copioso pelo poder que constitui o totalitarismo" era o principal fator que estava "abolindo os limites impostos por séculos de cristianismo e civilização", ao substituir esse patrimônio civilizacional "por instintos primitivos de violência e agressividade".[13] De acordo com o socialista cristão e historiador econômico R. H. Tawney (1880-1962), o presente livro é "um diagnóstico da crise de nossa era".[14] Nas palavras de Dawson:

> O progresso da civilização ocidental pela ciência e pelo poder parece conduzir a um estado de secularização total em que tanto a religião quanto a liberdade desaparecem simultaneamente. A disciplina que a máquina impõe ao homem é tão estrita que a própria natureza humana está em perigo de ser mecanizada e absorvida no processo material. Onde isso é aceito como necessidade histórica inelutável, chega a uma sociedade planejada em estrito espírito científico, mas que será uma ordem estática e sem vida, que não possui outro fim além da própria preservação e que deve, por fim, causar o enfraquecimento do arbítrio humano e a esterilização da cultura. Por outro lado, se uma sociedade rejeita esse determinismo científico e busca preservar e desenvolver a vitalidade humana dentro do arcabouço de um Estado totalitário, é forçada, como na Alemanha nazista, a explorar os elementos irracionais da sociedade e da natureza humana de modo que as forças da violência e da agressividade, que todas as culturas do passado buscaram disciplinar e controlar, irrompam para dominar e destruir o mundo.

---

[12] Christina Scott, *A Historian and His World: A Life of Christopher Dawson*. Intr. Russell Kirk; Epil. James Oliver. New Brunswick, Transaction Publishers, 1992, p. 136.

[13] Ver, nesta edição: "Democracia e Guerra Total", p. 79.

[14] R. H. Tawney, "Tract for the Times". *Manchester Guardian* (24 de março de 1943): 3. Citado em: Joseph T. Stuart, *Christopher Dawson in Context*. Op. cit., p. 40.

> Esse é o dilema de uma cultura secularizada e não podemos evitá-lo, seja por um idealismo humanitário que fecha os olhos para o lado irracional da vida, ou por uma religião de espiritualidade pessoal que tenta escapar para um mundo privado, rapidamente aniquilado e esgotado pela engenharia social.[15]

Diferentemente dos livros de Christopher Dawson lançados até hoje em português, este apresenta características peculiares que o tornam mais do que um estudo histórico amparado em reflexões culturais, antropológicas e sociológicas. Ao resenhar *O Julgamento das Nações*, o teólogo calvinista escocês John Murray (1898-1975) defendeu que "a grande erudição e o juízo perspicaz" do autor, combinados às "suas capacidades de análise e de síntese", fizeram "dele um historiador e um filósofo da história de distinção notável".[16] Tal percepção aguçada foi o fator que levou o historiador galês a perceber o modo como o otimismo liberal, "que foi inspirado na expansão da democracia do século XIX, terminou em desilusão".[17] Em outra resenha da obra, o filósofo racionalista inglês C. E. M. Joad (1891-1953) ressaltou que "a argumentação distintiva do penetrante e cuidadoso diagnóstico redigido por Dawson é que a estrutura da democracia já foi minada de dentro".[18] Motivado pela "hora das trevas", representada no período pela eclosão da Segunda Guerra Mundial e pelo impressionante avanço da máquina de guerra nazista sobre a Europa Ocidental, mas sem ter o julgamento guiado somente pela conjuntura, entendeu que existia uma "árdua tarefa" a ser implementada,

---

[15] Ver, nesta edição: "A Secularização da Cultura Ocidental", p. 147.

[16] John Murray, "Mr. Dawson and the World Crisis". *The Month*, CLXXIX (1943): 138. Citado em: Joseph T. Stuart, *Christopher Dawson in Context*. Op. cit., p. 39.

[17] Ver, nesta edição: "O Fracasso do Liberalismo", p. 117.

[18] C. E. M. Joad, "Forward to Christendom". *New Statesman and Nation* (28 de agosto de 1943): 142. Citado em: Joseph T. Stuart, *Christopher Dawson in Context*. Op. cit., p. 39.

sendo esta a necessidade "de conduzir, simultaneamente, a guerra em duas frentes", tendo defendido a necessidade de se "opor, pelas armas", à "agressão do inimigo externo e, ao mesmo tempo, resistir ao inimigo interno", sendo este último entendido como "o crescimento em nossa sociedade do poder do mal com o qual lutamos".[19] Assim, esta é a obra em que, por um lado, o historiador galês adentra de forma mais incisiva no terreno das discussões políticas e ideológicas. Por outro lado, é, também, uma profunda meditação, alicerçada em grande parte no pensamento de Santo Agostinho (354-430), acerca do modo como a Filosofia da História e a Teologia podem fornecer luzes para dissipar as trevas nas quais a civilização europeia estava mergulhada no contexto em que esta obra foi escrita. A teoria da história desenvolvida nas reflexões agostinianas "vê os reinos deste mundo, fundados na injustiça, a prosperar com o sangue dos vencidos e com a opressão".[20] Essa visão pessimista, contudo, é balanceada por uma percepção mais abrangente da história, permitindo ao eminente teólogo cristão africano entender que "a Cidade Terrena também tem um lugar na ordem universal", pois "a desordem e a confusão da história são, na realidade, aparentes", devido ao fato de que "Deus ordena todos os eventos em Sua providência numa harmonia universal que a mente criada não pode alcançar".[21] Ao compreender tais premissas teológicas torna-se inteligível a ideia de esperança defendida neste livro na respectiva sentença:

> A fé na possibilidade da ação divina no mundo é o fundamento do pensamento cristão. Acreditamos que para cada nova necessidade há uma resposta da graça divina, e que cada crise histórica (que é uma crise do destino humano!) é alcançada por uma nova efusão do espírito. A tarefa da Igreja e a tarefa de cada cristão individual é preparar

---

[19] Ver, nesta edição: "A Hora das Trevas", p. 69.
[20] Christopher Dawson, "Santo Agostinho e *A Cidade de Deus*". In: *Dinâmicas da História do Mundo*. Op. cit., p. 433.
[21] Idem, ibidem, p. 437.

os caminhos para tal ação divina, abrir as janelas da mente humana e remover os véus da ignorância e do egoísmo que mantêm a humanidade adormecida.[22]

Indubitavelmente, o pensamento agostiniano é um elemento presente em todos os textos de Christopher Dawson. A grande importância das reflexões teológicas e filosóficas de Santo Agostinho na historiografia dawsoniana foi ressaltada por meu dileto amigo Bradley Birzer em *Sanctifying the World: The Augustinian Life and Mind of Christopher Dawson*[23] [*Santificando o Mundo: A Vida e a Mentalidade Agostiniana de Christopher Dawson*]. De nossa parte, acreditamos que essa fundamentação é um dos componentes que favoreceram às obras do historiador católico serem extremamente apreciadas por autores como T. S. Eliot (1888-1965), J. R. R. Tolkien (1892-1973) e Russell Kirk (1918-1994). Como notou a professora de crítica literária e poeta escocesa Rachel Annand Taylor (1876-1960) em uma resenha de *Progresso e Religião*, a atitude do autor diante da vida foi, ao mesmo tempo, a de um pesquisador acadêmico e a de um cristão contemplativo, detentor de "poder de análise serena e profunda".[24] Sustentamos que os trabalhos de Dawson "são fonte importante para o entendimento do conceito de tradição, tal como defendido por inúmeros pensadores conservadores modernos".[25] De acordo com Gerald J. Russello, em *The Postmodern Imagination of Russell Kirk* [*A Imaginação Pós-Moderna de Russell Kirk*], dois aspectos da historiografia dawsoniana exerceram papel fundamental nas reflexões kirkianas: 1º) "a integração das

---

[22] Ver, nesta edição: "Planejamento e Cultura", p. 163.

[23] Bradley J. Birzer, *Sanctifying the World: The Augustinian Life and Mind of Christopher Dawson*. Front Royal, Christendom Press, 2007.

[24] Rachel Annand Taylor, "Review of *Progress and Religion*". *Sociological Review*, XXII (1930): 52. Citado em: Joseph T. Stuart, *Christopher Dawson in Context*. Op. cit., p. 40.

[25] Alex Catharino, "Em Busca da Cristandade Perdida". In: Christopher Dawson, *A Divisão da Cristandade*. Op. cit., p. 297-345, cit. p. 300.

pesquisas antropológicas no entendimento dos hábitos e práticas de povos com maior reflexão histórica formal"; 2º) "o argumento de que a cultura se origina no culto religioso".[26] O entendimento da ideia de tradição para T. S. Eliot e para Russell Kirk "está relacionado à definição de cultura partilhada por ambos" que, como acentuamos em nosso próprio livro, "é a mesma encontrada nos escritos de Christopher Dawson".[27] Na obra *Eliot and His Age: T. S. Eliot's Moral Imagination in the Twentieth Century* [*A Era de T. S. Eliot: A Imaginação Moral do Século XX*], de 1971, Kirk asseverou que "dos pensadores sociais de seu tempo, nenhum influenciou mais Eliot do que Dawson".[28] A grande dívida de Eliot para com Dawson foi reconhecida explicitamente em *The Idea of a Christian Society* [*A Ideia de uma Sociedade Cristã*],[29] de 1939, e em *Notes Towards the Definition of Culture* [*Notas para a Definição de Cultura*][30], de 1948. Já a concordância de Dawson para com as reflexões eliotianas foi expressa nas seguintes palavras:

> Eliot adotou o conceito sociológico moderno de cultura, significando o modo de vida comum de um povo em particular, baseado numa tradição social que se expressa em suas instituições, em sua literatura e em sua arte. Concordo totalmente com Eliot em sua definição, a qual é, de fato, a minha também. Acredito que esse entendimento sobre a cultura tornou-se indispensável para o historiador e para o sociólogo.[31]

---

[26] Gerald J. Russello, *The Postmodern Imagination of Russell Kirk*. Columbia, University of Missouri Press, 2007, p. 83-84.

[27] Alex Catharino, *Russell Kirk: O Peregrino na Terra Desolada*. São Paulo, É Realizações, 2015, p. 72-73.

[28] Russell Kirk, *A Era de T. S. Eliot: A Imaginação Moral do Século XX*. Apres. Alex Catharino; intr. Benjamin G. Lockerd Jr.; trad. Márcia Xavier de Brito. São Paulo, É Realizações, 2011, p. 477.

[29] T. S. Eliot, *A Ideia de uma Sociedade Cristã e Outros Ensaios*. Intr. David L. Edwards; trad. Eduardo Wolf. São Paulo, É Realizações, 2016, p. 45.

[30] Idem, *Notas para a Definição de Cultura*. Trad. Eduardo Wolf. São Paulo, É Realizações, 2013, p. 11.

[31] Christopher Dawson, "O Significado da Cultura em T. S. Eliot". In: *Dinâmicas da História do Mundo*. Op. cit., p. 186.

Somente à luz da proposição agostiniana "das Duas Cidades, representadas pelo conflito contínuo entre os princípios opostos do espiritual e do social", que podemos, entretanto, compreender o universalismo espiritual implícito na maneira pela qual Christopher Dawson "consegue explicitar o problema das inúmeras crises da cristandade, fundada em uma visão da multiplicidade da cultura cristã", ao mesmo tempo que tal análise reconhece o elemento transcendente da realidade e "não sucumbe à tentação do uso de uma teoria evolucionista do progresso religioso".[32] Na perspectiva dawsoniana, "a história da cristandade é a história de uma cultura baseada nessa ideia de universalismo espiritual", de modo que "o princípio formal da unidade europeia não é físico, mas espiritual" pois, em essência, "a Europa era a cristandade", ou seja, "era a sociedade de povos cristãos".[33] Eis a razão pela qual "o retorno ao cristianismo" é visto como "a condição indispensável para a restauração da ordem espiritual e para a realização da comunidade espiritual" que, em um sentido agostiniano, "deve ser a fonte de vida nova para nossa civilização".[34] Ao comentar a obra *De Civitate Dei* [*A Cidade de Deus*], afirma que esse trabalho de Santo Agostinho "não se caracteriza como uma teoria filosófica da história vinculada a uma indução racional a partir de fatos históricos", visto que o autor "não descobre nada da história, meramente observa na história a operação de princípios universais". Dando continuidade a essa análise, Dawson ressalta que a grande originalidade do eminente teólogo africano consiste no fato de ele ter conseguido, "dentro de um sistema coerente", unificar a teoria da sociedade e a filosofia política helênicas com a filosofia da história cristã, "duas tradições intelectuais distintas, as quais se haviam mostrado, até então, irreconciliáveis". Acerca dessa importante

---

[32] Alex Catharino, "Teologia e História na Reconstrução da Unidade Cristã". In: Christopher Dawson, *A Formação da Cristandade*. Op. cit., p. 411-26, cit. p. 417.

[33] Ver, nesta edição: "Cristandade, Europa e o Novo Mundo", p. 245.

[34] Ver, nesta edição: "Retorno à Unidade Cristã", p. 209.

arquitetura intelectual construída pelo bispo de Hipona, o historiador galês faz a seguinte afirmação:

> O que Santo Agostinho nos oferece é uma síntese da história universal sob a luz dos princípios cristãos. Sua teoria da história é estritamente deduzida de sua teoria da natureza humana, a qual por sua vez se baseia, necessariamente, em sua teoria da criação e da graça. Não se trata de uma teoria racional, na medida em que começa e termina em dogmas revelados, contudo é racional no estrito balizamento lógico de seus procedimentos, acarretando a construção definitivamente racional e filosófica de uma teoria da natureza, da sociedade, da justiça e da relação da vida social com a ética.[35]

Todavia, o entendimento da realidade histórica não pode ser orientado somente por princípios teológicos ou filosóficos, faz-se necessária uma investigação da cultura, enquanto manifestação concreta da experiência social humana pois, como afirma o próprio Christopher Dawson, "não é possível discutir a situação moderna seja do ponto de vista da religião ou da política sem usar a palavra 'cultura'".[36] Na tese de doutorado *Christopher Dawson in Context: A Study in British Intellectual History Between the World Wars* [*Christopher Dawson em Contexto: Um Estudo de História Intelectual Britânica entre as Guerras Mundiais*], defendida na Universidade de Edimburgo, na Escócia, nosso prezado amigo Joseph T. Stuart ressalta que "um problema central identificado por Dawson no período entre guerras foi a divisão entre religião e cultura".[37] Em *Religion and Culture* [*Religião e Cultura*], de 1948, o próprio autor afirmou incisivamente que "a religião é a chave da história".[38] Já afirmamos em outro lugar que em linhas gerais a produção historiográfica dawsoniana "pode ser compreendida

---

[35] Christopher Dawson, "Santo Agostinho e *A Cidade de Deus*". Op. cit., p. 381.

[36] Ver, nesta edição: "A Secularização da Cultura Ocidental", p. 147.

[37] Joseph T. Stuart, *Christopher Dawson in Context*. Op. cit., p. 209.

[38] Christopher Dawson, *Religion and Culture*. New York, Sheed and Ward, 1948, p. 50.

como uma erudita análise do modo como a religião molda a cultura de diferentes civilizações".[39] Acerca desse tema, T. S. Eliot salientou "que nenhuma cultura surgiu ou se desenvolveu a não ser acompanhada por uma religião".[40] De modo similar, o historiador galês entendeu que "a religião é a grande força criativa da cultura", ao ter acentuado que "quase toda cultura histórica foi inspirada e constituída por alguma grande religião".[41] Alicerçado nesses mesmos fundamentos, em *The Politics of Prudence* [*A Política da Prudência*], de 1993, Russell Kirk afirmou que "cultura procede de culto", visto que este é "uma reunião para adoração – isto é, uma tentativa das pessoas de comungar com um poder transcendente".[42] Mesmo tendo reconhecido que a esfera religiosa está fora do controle social, visto que "o instinto religioso primário é o da dependência de poderes sobre-humanos",[43] Dawson enfatizou que "a relação entre religião e cultura é simplesmente o corolário social da relação entre *Fé e Vida*".[44] A partir de tais premissas antropológicas e sociológicas, associadas ao entendimento agostiniano do conflito entre as duas cidades, torna-se possível compreender plenamente a seguinte visão do autor da presente obra:

> Cada época é um período de crise para a Igreja cristã. Em cada era a Igreja deve enfrentar novas situações históricas, cujos problemas não podem ser resolvidos da mesma maneira que foram no passado. A crise somente pode ser enfrentada pela ação espiritual criativa e, ao ter êxito, a Igreja cria um novo modo de vida, já que está comprometida com a determinada situação que enfrentou naquele período em particular.

---

[39] Alex Catharino, "Em Busca da Cristandade Perdida". Op. cit., p. 300.

[40] T. S. Eliot, *Notas para a Definição de Cultura*. Op. cit., p. 15.

[41] Christopher Dawson, "O Significado da Cultura em T. S. Eliot". Op. cit., p. 191.

[42] Russell Kirk, *A Política da Prudência*. Apres. Alex Catharino; intr. Mark C. Henrie; trad. Gustavo Santos e Márcia Xavier de Brito. São Paulo, É Realizações, 2013, p. 264.

[43] Christopher Dawson, *Progresso e Religião*. Op. cit., p. 127.

[44] Idem, "O Significado da Cultura em T. S. Eliot". Op. cit., p. 190.

> Hoje está bastante claro para todos, católicos e não católicos, cristãos e não cristãos, que vivemos numa época de crise. Talvez seja perigoso tentar definir a natureza dessa crise com muita precisão, já que os assuntos são demasiado complexos e de grande amplitude.[45]

Habilmente utilizando-se de uma vasta erudição acerca da história da cristandade, bem como de princípios antropológicos, sociológicos, filosóficos e teológicos, Christopher Dawson não sucumbiu ao pessimismo, pois compreendeu que "cada crise mundial é, como denota a palavra, um julgamento e uma decisão da qual algo novo há de surgir".[46] Ancorado na percepção de Santo Agostinho sobre a estrutura da realidade, ressaltou que "para um cristão o mundo está sempre acabando e cada crise histórica é, como sempre foi, um ensaio para o evento real".[47] No entanto, a teoria da história agostiniana, apesar do que afirmam alguns críticos modernos, não é uma negação do progresso, fundada em uma forma de entendimento determinista da realidade, pois "a verdadeira história da humanidade seria encontrada no processo de esclarecimento e salvação", como ressalta Dawson, "pelo qual a natureza humana é libertada e restaurada em sua liberdade espiritual". Continua tal advertência salientando que o bispo de Hipona "não via esse processo de maneira abstrata e a-histórica", devido ao fato de ele ter, constantemente, insistido "na unidade orgânica da história da humanidade, a qual atravessa uma sucessão regular de eras, como encontramos na vida de um indivíduo".[48] De modo semelhante ao que fora defendido em pleno século XIX pelo cardeal John Henry Newman (1801-1890), tal concepção de filosofia da história, elaborada pelo teólogo africano no início do século V, acarreta em uma bem fundamentada filosofia política na qual não existe "nenhuma indicação que

---

[45] Idem, *A Formação da Cristandade*. Op. cit., p. 98-99.
[46] Ver, nesta edição: "A Espada do Espírito", p. 199.
[47] Christopher Dawson, "Cristianismo e Contradição na História". In: *Dinâmicas da História do Mundo*. Op. cit., p. 381.
[48] Idem, "Santo Agostinho e *A Cidade de Deus*". Op. cit., p. 443.

afirme o pertencimento do Estado a uma esfera não moral", levando à constatação de "que os homens, em suas relações sociais, devessem seguir outra lei diferente daquela que governava suas vidas morais como indivíduos". Ou seja, "o único remédio para todos os males da sociedade", na perspectiva agostiniana, "é encontrado no mesmo poder que cura a fraqueza moral da alma individual".[49] Por nunca separar a vida social da vida moral, Santo Agostinho entende que "a força dinâmica" tanto do indivíduo quanto da sociedade "se fundamenta na vontade", sendo "o objeto da vontade de ambos" o fator que, em última instância, "determina o caráter moral de suas vidas".[50] As questões do pecado original, enquanto marca na natureza humana que impõe limites ao ideal de perfectibilidade social apresentado pelos projetos ideológicos, e do livre-arbítrio, visto como fundamento da vida moral ao possibilitar a liberdade para que os indivíduos escolham entre o bem e o mal sem constrangimentos externos, estão aqui implícitas. Tais princípios agostinianos, como ressaltamos em outro ensaio, foram apropriados por Russell Kirk em seu entendimento de que "as verdadeiras causas dos crimes, desordens públicas e guerras ofensivas" encontram suas origens mais profundas no fato de todos os membros de uma comunidade política serem afetados por três formas distintas de concupiscência, a saber:

1. a "avareza" ou "luxúria dos bens materiais", pela qual o indivíduo deseja riquezas e propriedades mundanas acima dos bens da alma e em detrimento dos desfavorecidos da sociedade;
2. o "desejo de poder", que leva à busca desenfreada dos próprios interesses e à tentativa de subjugar os demais membros da comunidade;
3. a "lascívia" ou "luxúria sexual", que almeja o prazer corporal dissociado dos fins corretos da sexualidade, que são a formação da prole e o amor conjugal.[51]

---

[49] Idem, ibidem, p. 435.
[50] Idem, ibidem, p. 447.
[51] Alex Catharino, "A Vida e a Imaginação de Russell Kirk". In: Russell Kirk, *A Era de T. S. Eliot*. Op. cit., p. 89.

Em nenhuma outra análise de Christopher Dawson as doutrinas agostinianas foram empregadas de modo tão aprofundado quanto no presente volume, no qual defende que "os problemas não podem ser resolvidos somente pelo poder, nem podem ser resolvidos pela ciência, já que a ciência se tornou serva do poder", motivo que o leva a crer que "a humanidade não pode salvar-se pelos próprios esforços".[52] De acordo com as palavras de Michael J. Keating, no presente volume são feitas uma "leitura apocalíptica dos sinais dos tempos" e, simultaneamente, "uma interpretação teológica dos acontecimentos históricos em relação aos desígnios de Deus".[53] Segundo o relato de sua filha Christina Scott, neste trabalho Dawson "carregou as cicatrizes da guerra não somente no título" do livro, mas também nos títulos da primeira parte do volume e do primeiro capítulo.[54] Em linguagem bíblica profética, a ideia do "julgamento das nações" foi deliberadamente retirada da parte final do discurso escatológico, apresentado antes da narrativa da Paixão, pelo *Evangelho segundo São Mateus*, no qual Nosso Senhor Jesus Cristo, o Rei do Universo, faz a seguinte pregação:

> Quando o Filho do Homem vier em sua glória, e *todos os anjos com ele*, então se assentará no trono da sua glória. E serão reunidas em sua presença todas as nações e ele separará os homens uns dos outros, como o pastor separa as ovelhas dos bodes, e porá as ovelhas à sua direita e os bodes à sua esquerda. Então dirá o Rei aos que estiverem à sua direita: "Vinde, benditos de meu Pai, recebei por herança o Reino preparado para vós desde a fundação do mundo" [...]. Em seguida, dirá aos que estiverem à sua esquerda: "Apartai-vos de mim, malditos, para o fogo eterno preparado para o diabo e para todos os seus anjos" [...]. E irão estes para o castigo eterno enquanto *os justos irão para a vida eterna* (Mateus 25,31-46).[55]

---

[52] Ver, nesta edição: "A Hora das Trevas", p. 69.

[53] Ver, nesta edição: "Introdução", p. 53.

[54] Christina Scott, *A Historian and His World*. Op. cit., p. 147.

[55] Essa passagem da Sagrada Escritura foi retirada da seguinte edição: *Bíblia de Jerusalém*. Tradução do texto em língua portuguesa diretamente dos originais. São Paulo, Sociedade Bíblica Católica Internacional/Paulus, 1995.

Um elemento definidor da própria identidade cristã é apresentado nessa importante parábola. Trata-se do dogma fundamental da crença no Juízo Final, em que, de acordo com o ensinamento comum expresso pelo *Símbolo dos Apóstolos* desde os primórdios do cristianismo, Jesus Cristo *"há de vir a julgar os vivos e os mortos"*. A temática do julgamento como fator inerente à salvação não é exclusividade dessa narrativa de São Mateus, visto que ao longo do Novo Testamento é encontrada, também, nos evangelhos de São Marcos, de São Lucas e de São João, bem como no Livro do Apocalipse e nas epístolas de São Pedro, de São João e de São Paulo. Em uma passagem da série de conferências ministradas na Alemanha, no verão de 1964, e coligidas no livro *Hitler and the Germans* [*Hitler e os Alemães*], o filósofo Eric Voegelin (1901-1985) ressaltou que "o homem está sempre sob julgamento", pois, amparado na fundamentação platônica que inspirou algumas reflexões agostinianas, ressaltou que o "ato de julgamento" é a necessidade humana intrínseca de se colocar "sob a presença de Deus e, de acordo com isso, julgar o que se faz como homem e como se forma a ordem da própria existência e a existência da sociedade". Tal como apresentado pelo filósofo ateniense Platão (427-347 a.C.) nos diálogos *Górgias* e *A República*, estamos "sempre sob julgamento, sob a presença de Deus", o que acarreta ao indivíduo dotado de reta consciência a obrigação de "julgar o modo como age, como os outros agem e como essa ação ocasiona uma ordem da sociedade".[56] Inspirado por uma percepção semelhante acerca do contexto histórico e dos elementos que levaram à ascensão do regime totalitário nazista, Christopher Dawson afirma no presente livro que "passamos por um dos grandes pontos de inflexão da História – um julgamento das nações tão terrível quanto qualquer um daqueles descritos pelos profetas".[57]

---

[56] Eric Voegelin, *Hitler e os Alemães*. Ed. e intr. Detlev Clemens e Bredan Purcell; pref. Mendo Castro Henriques; trad. Elpídio Mário Dantas Fonseca. São Paulo, É Realizações, 2007, p. 99.

[57] Ver, nesta edição: "Os Princípios Sociais Cristãos", p. 179.

O sentido teológico desse importante dogma, professado por todas as denominações cristãs, é explicado pelo *Catecismo da Igreja Católica* nas seguintes palavras:

> No dia do juízo, por ocasião do fim do mundo, Cristo virá na glória para realizar o triunfo definitivo do bem sobre o mal, os quais, como o trigo e o joio, terão crescido juntos ao longo da história. Ao vir no fim dos tempos para julgar os vivos e os mortos, Cristo glorioso revelará a disposição secreta dos corações e retribuirá a cada um segundo suas obras e segundo tiver acolhido ou rejeitado sua graça (CIC §§681-682).[58]

Nenhuma denominação religiosa pode, de fato, se considerar uma igreja cristã se rejeitar esse dogma fundamental. Encontramos, assim, mais uma das elegantes sutilezas do pensamento dawsoniano, que, ao narrar a grande crise do período em que escreveu *O Julgamento das Nações*, se utilizou de uma imagem teológica que seria capaz de pavimentar o caminho para um retorno da unidade cristã, vista como a solução para os colossais problemas causados pelo secularismo moderno. Diferentemente do que ocorreu em outras épocas, quando "era possível considerar a guerra como um infortúnio externo, como a peste e a fome, que deveriam ser suportadas como julgamento divino", o novo contexto de guerra total, além de manipular a causa pacifista para os interesses das forças totalitárias, parece não despertar nas consciências individuais o interesse pela religião como um meio para atingir a paz eterna, pois "não respeita nenhuma dessas coisas e não deixa intato nenhum valor espiritual".[59] A mesma situação catastrófica foi percebida, em 1934, por T. S. Eliot em três versos dos *Choruses from The Rock* [Coros de *A Rocha*], ao proclamarem que "todo o nosso conhecimento nos aproxima da ignorância" e que "toda a nossa ignorância nos avizinha da morte",

---

[58] Citação da seguinte edição: *Catecismo da Igreja Católica*. (Edição Típica Vaticana). São Paulo, Loyola, 2000.

[59] Ver, nesta edição: "Democracia e Guerra Total", p. 79.

para reconhecer, contudo, que "a iminência da morte não nos acerca de DEUS".[60] Essa situação dramática é apresentada na presente obra como um díptico, composto por duas paisagens aparentemente distintas, mas que se complementam. A primeira parte, com o título de "A Desintegração da Civilização Ocidental", evidencia em seis capítulos o trágico processo que levou à emergência dos Estados totalitários europeus, ao fracasso dos regimes democráticos em manter a paz e, consequentemente, à guerra total. Com um olhar de esperança, a segunda parte apresenta, também em seis capítulos, um percurso para "A Restauração de uma Ordem Cristã". Tal como notou Christina Scott, a angústia expressa pelo autor "emite um apelo à Europa", sendo a busca pela coesão "uma necessidade imposta pelos tempos".[61] "Hoje somos todos unidos pela pressão de uma necessidade comum", afirma Dawson, que continua seu raciocínio defendendo que "nossa existência como nações livres, nossas instituições e nosso modo de vida nunca foram ameaçados antes como são atualmente".[62] Nesse sentido, o entendimento do passado e as esperanças em relação ao futuro se uniam para amenizar as incertezas que assombravam o presente. "O tempo da História é representado como indo numa linha do passado para o futuro através de um ponto no presente, e desse ponto de vista entende-se o presente", afirmou, no já mencionado *Hitler e os Alemães*, o filósofo Eric Voegelin, que continua a análise ressaltando que perante "o domínio do presente há uma virtude que deve ser entendida, a virtude de pôr o presente do tempo imanente

---

[60] No original em inglês: *All our knowledge brings us nearer to our ignorance, / All our ignorance brings us nearer to death, / But nearness to death no nearer to GOD.* T. S. Eliot, *Coros de A Rocha* I, 11-13. Ao citarmos os poemas de T. S. Eliot ao longo de todo o ensaio, utilizaremos a tradução para o português elaborada pelo poeta Ivan Junqueira (1934-2014) e disponível na seguinte edição brasileira: T. S. Eliot, *Poesia*. Apres. Affonso Romano de Sant'Anna; trad., intr. e notas Ivan Junqueira. Rio de Janeiro, Nova Fronteira, 2015.

[61] Christina Scott, *A Historian and His World*. Op. cit., p. 214.

[62] Ver, nesta edição: "A Construção da Ordem Cristã", p. 227.

sob o julgamento da presença sob Deus".⁶³ Essa noção temporal se assemelha com a encontrada na obra autobiográfica *Confessiones* [*Confissões*] de Santo Agostinho, que moldou tanto o pensamento historiográfico de Christopher Dawson quanto a poesia de T. S. Eliot, sendo quase impossível compreender a elegância de ambos sem o conhecimento dessa temática. Em linguagem poética, a discussão foi apresentada por Eliot em *Ash Wednesday* [*Quarta-feira de Cinzas*], de 1930, nos seguintes versos:

> Porque sei que o tempo é sempre o tempo
> E que o espaço é sempre apenas o espaço
> E que o real somente o é dentro de um tempo
> E apenas para o espaço que o contém
> Alegro-me de serem as coisas o que são⁶⁴

Implícita nessa percepção temporal agostiniana está a noção de que "o passado não morre, pois se incorpora na humanidade".⁶⁵ No poema *East Coker*, publicado originalmente em 1940 e depois incluído como o segundo dos *Four Quartets* [*Quatro Quartetos*] em 1943, T. S. Eliot inicia o primeiro verso com a afirmativa de que "em meu princípio está o meu fim"⁶⁶ e conclui a obra dizendo que "em meu fim está meu princípio".⁶⁷ Ao explicar o pensamento do teólogo africano, Christopher Dawson percebeu que "o progresso é possível", mas somente "na medida em que a vida da sociedade e da própria humanidade possui continuidade e capacidade para o crescimento espiritual

---

⁶³ Eric Voegelin, *Hitler e os Alemães*. Op. cit., p. 98.

⁶⁴ No original em inglês: *Because I know that time is always time / And place is always and only place / And what is actual is actual only for one time / And only for one place / I rejoice that things are as they are.* T. S. Eliot. *Quarta-feira de Cinzas* I, p. 17-21.

⁶⁵ Christopher Dawson, "Santo Agostinho e *A Cidade de Deus*". Op. cit., p. 443.

⁶⁶ No original em inglês: *In my beginning is my end.* T. S. Eliot, *East Coker* I, p. 1.

⁶⁷ No original em inglês: *In my end is my beginning.* T. S. Eliot, *East Coker* V, p. 213.

de forma não menos acentuada que aquela da vida do indivíduo".[68] Há em nossa época, contudo, um fator que impede esse processo de desenvolvimento espiritual, pois, como percebeu Eric Voegelin, "temos uma dificuldade particular de domar nosso presente, já que nossa sociedade é dominada por diferentes tipos de princípios ideológicos e pontos de vista",[69] que constituem elementos agravadores do que podemos chamar nos mesmos termos apresentados pela narrativa dawsoniana de desintegração da Civilização Ocidental ou quebra da unidade cristã. O historiador galês entendeu que "a cultura europeia passou por um período de individualismo e atomização que abriu caminho para a mais formidável desintegração do niilismo que nos ameaça hoje".[70] Não apenas as ideologias "marxistas e nacional-socialistas, mas também positivistas, progressivistas, liberais seculares" foram responsáveis por erigir "a prevenção do domínio do presente em um princípio", que, de acordo com a análise voegeliniana, "afetou toda a situação ocidental, mas particularmente a alemã, e põe os maiores obstáculos no modo desse mesmo domínio, que tem de ser empreendido repetidas vezes", de modo que "se queremos domar o passado no sentido de domar o presente, defrontamo-nos com a tarefa de limpar todo o lixo ideológico para podermos fazer de novo visível a *conditio humana*".[71] Nesse processo de redescoberta do elemento transcendente inerente à natureza humana e da relação deste com a temporalidade, marcada pela atuação do divino na realidade mundana, devemos entender que "os novos anos se avizinham, revivendo / através de uma faiscante nuvem de lágrimas, os anos, resgatando / com um verso novo antigas rimas", tal como, em *Quarta feira de Cinzas*, fora expresso por T. S. Eliot, "redimem / o tempo, redimem

---

[68] Christopher Dawson, "Santo Agostinho e *A Cidade de Deus*". Op. cit., p. 443.
[69] Eric Voegelin, *Hitler e os Alemães*. Op. cit., p. 99-100.
[70] Ver, nesta edição: "Democracia e Guerra Total", p. 79.
[71] Eric Voegelin, *Hitler e os Alemães*. Op. cit., p. 100.

/ a indecifrada visão do sonho mais sublime".⁷² Esse importante questionamento existencial, marcado pela esperança, reaparece em várias passagens dos *Quatro Quartetos*, mas em especial no primeiro deles, o poema *Burnt Norton*, publicado originalmente 1936, cuja análise de Russell Kirk ressalta que "apenas o tempo presente realmente tem significado", devido ao fato de que "não podemos desfazer o passado e prever o futuro", contudo, tanto os indivíduos quanto as sociedades não devem adotar uma postura imediatista, voltada somente para o presente, que negligencie a história, pois o "nosso passado determinou o presente", da mesma forma que "nossas decisões neste momento irão perdurar, para o bem ou para o mal, pelos anos que restam de nossas vidas".⁷³ No terceiro dos *Quatro Quartetos*, o poema *The Dry Salvages*, escrito e publicado em 1941, quando a Grã-Bretanha sofria com os mais agressivos bombardeios feitos pelos nazistas nas cidades dessa nação, T. S. Eliot registrou que "aqui se atualiza o impossível / união da existência, / aqui passado e futuro estão / conquistados e reconquistados".⁷⁴ Sabemos que a poesia eliotiana não deve ser reduzida a uma mera expressão do contexto histórico externo vivenciado pelo autor, sendo acima de tudo questionamentos internos do poeta, porém, vale lembrar aqui a sentença do filósofo espanhol José Ortega y Gasset (1883-1955), quando no livro *Meditaciones del Quijote* [*Meditações do Quixote*], de 1914, afirma: "Eu sou eu e minha circunstância e se não salvo a ela, não salvo a mim".⁷⁵ A preocupação

---

[72] No original em inglês: *The new years walk, restoring / Through a bright cloud of tears, the years, restoring / With a new verse the ancient rhyme. Redeem / The time. Redeem / The unread vision in the higher dream*. T. S. Eliot, *Quarta-feira de Cinzas* IV, p. 141-45.

[73] Russell Kirk, *A Era de T. S. Eliot*. Op. cit., p. 465.

[74] No original em inglês: *Here the impossible union / Of spheres of existence is actual, / Here the past and future / Are conquered, and reconciled*. T. S. Eliot, *The Dry Salvages* V, p. 220-23.

[75] José Ortega y Gasset, *Meditações do Quixote*. Trad. Gilberto de Mello Kujawski. São Paulo, Iberoamericana, 1967, p. 52.

com a possibilidade de "apreender / o ponto de intercessão entre o atemporal / e o tempo"[76] foi expressa, provavelmente de forma mais incisiva, nos versos iniciais de *Burnt Norton* na afirmativa de que:

> O tempo presente e o tempo passado
> Estão ambos talvez presentes no tempo futuro
> E o tempo futuro contido no tempo passado.
> Se todo tempo é eternamente presente
> Todo tempo é irredimível.
> O que poderia ter sido é uma abstração
> Que permanece, perpétua possibilidade,
> Num mundo apenas de especulação.
> O que poderia ter sido e o que foi
> Convergem para um só fim, que é sempre presente.[77]

Questionar os turbulentos acontecimentos do contexto histórico no qual a presente obra foi composta ajuda a assimilar de forma mais clara a mensagem profética que Christopher Dawson endereçou à cristandade quando a Europa experimentava "a hora das trevas" em seu momento mais dramático, no qual "os antigos pontos de referência de bem e mal, de verdade e falsidade foram lançados fora", por conta da substituição dos princípios morais cristãos pelas ideologias seculares de esquerda e direita, o que levou a civilização a navegar "diante de uma tempestade de destruição como um navio sem mastro e sem leme".[78] Uma centelha de esperança perpassa este livro, pois, assim como T. S. Eliot, o autor deste trabalho sabia que "o tempo que

---

[76] No original em inglês: *to apprehend / The point of intersection of the timeless / With time*. T. S. Eliot, *The Dry Salvages* V, p. 204-06.

[77] No original em inglês: *Time present and time past / Are both perhaps present in time future, / And time future contained in time past. / If all time is eternally present / All time is unredeemable. / What might have been is an abstraction / Remaining a perpetual possibility / Only in a world of speculation. / What might have been and what has been / Point to one end, which is always present*. T. S. Eliot, *Burnt Norton* I, p. 1-10.

[78] Ver, nesta edição: "A Hora das Trevas", p. 69.

destrói é o tempo que preserva".⁷⁹ Esse ambiente de incertezas que marcou o período entre 1930 e 1945, associado a uma esperançosa visão de mundo profundamente cristã, influenciou as reflexões dawsonianas neste texto de 1942. Na supracitada tese de Joseph Stuart, *O Julgamento das Nações* é descrito como um estudo dos "fundamentos religiosos e sociológicos da desunião cristã como um antecedente histórico de longo prazo importante para a furiosa guerra do período".⁸⁰ As mesmas inquietudes diante das incertezas do contexto histórico estão presentes, também, nos já mencionados livros *The Modern Dilemma*, de 1932, *Religion and the Modern State*, de 1936, e *Beyond Politics*, de 1939. As preocupações nesses quatro trabalhos do historiador galês se assemelham bastante aos questionamentos de T. S. Eliot apresentados no livro *A Ideia de uma Sociedade Cristã*, de 1939; nos poemas *Quarta-feira de Cinzas*, de 1930, *Burnt Norton*, de 1936, *East Coker*, de 1940, *The Dry Salvages*, de 1941, e *Little Gidding*, de 1942; nos versos dos *Coros de A Rocha*, de 1934; e, principalmente, na peça em versos *Murder in the Cathedral* [*Assassínio na Catedral*], de 1935. Nesse contexto, como ressaltou Bradley Birzer, o pensamento de Christopher Dawson estava voltado para cinco problemas, a saber:

1. A ameaça à liberdade política devido ao crescimento do controle burocrático da máquina governamental;
2. O risco de mecanização da sociedade por intermédio do processo de centralização da atividade econômica;
3. A ameaça à liberdade intelectual pela dominação dos especialistas e dos técnicos;
4. O perigo para a liberdade espiritual causado pelo controle e pela manipulação da opinião pública pelas técnicas psicológicas totalitárias;

---

⁷⁹ No original em inglês: *Time the destroyer is time the preserver*. T. S. Eliot, *The Dry Salvages* II, p. 116.
⁸⁰ Joseph T. Stuart, *Christopher Dawson in Context*. Op. cit., p. 42.

5. O risco da liberdade nacional e da paz internacional serem atacadas pela agressão ilimitada e pela violência das novas tiranias de massa.[81]

Um drama histórico escrito por T. S. Eliot consegue esclarecer alguns desses pontos de forma mais objetiva do que a maioria das análises teóricas contemporâneas sobre tais questões. Trata-se da peça *Assassínio na Catedral*, que utiliza a narrativa do martírio de São Thomas Becket (1118-1170), arcebispo de Canterbury assassinado por quatro cavaleiros de Henrique II (1133-1189), como meio "para destacar a luta entre a consciência do cristão e o autoritarismo do Estado moderno em suas modalidades totalitárias ou democráticas".[82] O conflito entre o prelado e o monarca, cujo desfecho foi o assassinato do primeiro, serviu como inspiração não somente para o teatro eliotiano, pois, também, foi tema das peças *Becket*, de Alfred Tennyson (1809-1892), lançada em 1884, e *Becket ou l'Honneur de Dieu* [*Becket ou a Honra de Deus*], de Jean Anouilh (1910-1987), publicada em 1952; esta adaptada para o cinema em 1964, em película dirigida por Peter Glenville (1913-1996) e estrelada por Richard Burton (1925-1984) interpretando o protagonista, com Peter O'Toole (1932-2013) no papel do rei.[83] Mas quando *Assassínio na Catedral* foi escrita, a imagem popular do mártir era bem diferente da que temos atualmente, visto que tanto os desdobramentos iniciais da Reforma Protestante na Inglaterra durante o reinado de Henrique VIII (1491-1547), que

---

[81] Bradley J. Birzer, *Sanctifying the World*. Op. cit., p. 128.

[82] Alex Catharino, "Em Busca da Cristandade Perdida". Op. cit., p. 331.

[83] A título de curiosidade, vale notar que Peter O'Toole repetiu o papel do rei Henrique II da Inglaterra no filme *The Lion in Winter* [*O Leão no Inverno*], de 1968, com roteiro de James Goldman (1927-1998) e direção de Anthony Harvey (1930-2017). Entre outros atores, a película traz Katharine Hepburn (1907-2003), Anthony Hopkins, Nigel Terry (1945-2015) e Timothy Dalton interpretando, respectivamente, a rainha Eleanor (1137-1204) de Aquitânia, os futuros reis ingleses Ricardo I (1157-1199) Coração de Leão e João (1166-1216) Sem Terra e o rei francês Filipe II (1165-1223).

mandou destruir o túmulo e proibiu o culto ao arcebispo, beatificado e canonizado, em 1173, por Alexandre III (1100-1181), quanto, entre os séculos XVII e XIX, a historiografia inglesa, de inspiração liberal *whig*, apresentaram o sacerdote como um homem orgulhoso e ambicioso. Também no relato de Charles Dickens (1812-1870), na extremamente popular *A Child's History of England* [*Uma História da Inglaterra para Crianças*] publicada em três volumes entre 1852 e 1854, Becket é descrito como alguém que desejava "ser maior que os santos e melhor que São Pedro".[84] Uma visão mais equilibrada aparece nas palavras do historiador francês Henri Daniel-Rops (1901-1965), que afirma ter sido o primaz inglês "um homem de cultura, de inteligência superior, de orgulho sutil, um ministro com experiência em negócios e uma ilimitada lealdade ao dever", cujo percurso o fez passar "por uma transformação psicológica por sugestões da graça divina".[85] Ao escrever em 1905 sobre o martírio do arcebispo o historiador católico inglês Hilaire Belloc (1870-1953) apresentou esse acontecimento como um sangrento conflito "entre a alma e o Estado: ou seja, entre as coisas eternas, pessoais, íntimas e as coisas cívicas, comunais".[86] De acordo com a narrativa de Gervase de Canterbury (1141-1210), na obra medieval *History of the Archbishops of Canterbury* [*História dos Arcebispos de Canterbury*], as palavras finais de São Thomas Becket, ao padecer sob as espadas dos quatro cavaleiros de Henrique II, foram: "De bom grado abraço a morte, conquanto que, pelo preço de meu sangue, a Igreja obtenha a liberdade e a paz".[87] A importância da apropriação feita por T. S. Eliot

---

[84] Charles Dickens, *A Child's History of England – Volume I: England from de Ancient Times to the Death of King John*. London, Bradbury & Evans, 1852, p. 140-56, cit. p. 150.

[85] Henri Daniel-Rops, *Cathedral and Crusade: Studies of the Medieval Church 1050-1350*. Trad. John Warrington. New York, Image Books, 1957, p. 216.

[86] Hilaire Belloc, *The Old Road*. London, Constable, 1911, p. 89.

[87] Gervase of Canterbury, "Thomas Becket's Life". In. *History of the Archbishops of Canterbury*. O texto está disponível em: *The Church*

da narrativa desse martírio, ocorrido no século XII, como uma metáfora do drama de consciência enfrentado em um período do século XX no qual os regimes totalitários alcançavam o poder é apresentada por Russell Kirk com as seguintes palavras:

> Nos dias que se aproximavam da moderna terra desolada, seriam encontrados mártires – dentre eles bispos. O Estado totalitário exigiria obediência até a "morte final, total, definitiva do espírito", e enquanto a maioria dos homens e das mulheres consentisse com a última humilhação, alguns se proporiam a acreditar no testemunho de sangue. Pelo martírio, mesmo na hora dos mensageiros da morte, com "pescoços cinzentos retorcendo-se, rabos de rato se enroscando", o tempo poderia ser redimido.[88]

Em grande parte, é possível traçar alguns paralelos acerca da temática do martírio, tal como apresentada por T. S. Eliot em *Assassínio na Catedral* e por Christopher Dawson em *O Julgamento das Nações*. No quarto capítulo da presente obra se encontra a afirmação segundo a qual em todo lugar em que a fé cristã foi pregada "os nomes dos homens que testemunharam com sangue a verdade e a liberdade espiritual foram honrados", e que somente "com a ascensão de um novo desafio autoritário aos valores cristãos", em nossos dias, "que o princípio do martírio e da honra dos mártires foi posto em dúvida".[89] No fictício sermão de Natal pronunciado na peça, o arcebispo exorta que "o martírio de um cristão nunca é acidental, pois os santos não são feitos por acaso", ressaltando mais adiante que "o martírio é sempre o desígnio de Deus, por Seu amor aos homens, para exortá-los e conduzi-los, para trazê-los de volta aos Seus caminhos".[90] A grande tragédia nesse

---

Historians of England – Volume V. Trad. Joseph Stevenson. London, Seeley's, 1853, p. 329-36.

[88] Russell Kirk, *A Era de T. S. Eliot*. Op. cit., p. 415.

[89] Ver, nesta edição: "O Fracasso do Liberalismo", p. 117.

[90] T. S. Eliot, *Assassínio na Catedral*. In: *T. S. Eliot: Obra Completa – Volume II: Teatro*. Trad. Ivo Barroso. São Paulo, Arx, 2004, p. 56-57.

momento mais negro estava no fato de as igrejas não terem sido "capazes de defender a dignidade do homem – não apenas de defendê-la com sucesso, mas sequer de defendê-la – porque" tanto os clérigos quanto os leigos "foram participantes dessa corrupção, mesmo que num grau menor que o dos próprios nacional-socialistas". Dando continuidade a essa análise, Eric Voegelin afirmou que "a Igreja foi incapaz de lidar com a situação de uma sociedade desumanizada porque a perda de realidade já acontecera dentro da própria Igreja", visto que "o contato com a realidade do homem em sua individualidade como *theo-morphes* e, então, sua natureza humana real, se perdera".[91] O retorno à "antiga fé", de um modo radical ao ponto de se aceitar o próprio martírio em defesa da consciência pessoal e da dignidade dos demais membros da sociedade é, provavelmente, a única alternativa aos devaneios ideológicos que levaram a humanidade a vivenciar a hora das trevas. Seguindo a perspectiva agostiniana, é possível constatar que "apesar de todas as imperfeições da Igreja terrena, ela ainda é a sociedade mais perfeita que este mundo pode conhecer", visto que ela "é a única sociedade verdadeira", sendo "a única sociedade que tem seu princípio assentado numa vontade espiritual", razão pela qual "os reinos do mundo buscam os bens da terra", ao passo que a "Igreja, e somente ela, busca os bens espirituais e uma paz que é eterna". Prosseguindo com essa argumentação, Dawson afirma que:

> Tal doutrina parece deixar pouco espaço para as ambições do Estado. De fato, é difícil negar que o Estado ocupa uma posição bastante subordinada na visão de Santo Agostinho. Em sua pior faceta ele é visto como um poder hostil, a encarnação da injustiça e da vontade egoísta. Em seu melhor aspecto, é uma sociedade perfeitamente legítima e necessária, mas que se limita a fins temporários e parciais e está sujeita a se subordinar à maior e mais universal sociedade espiritual, dentro da qual os membros da sociedade laica encontram sua real cidadania.[92]

---

[91] Eric Voegelin, *Hitler e os Alemães*. Op. cit., p. 210.
[92] Christopher Dawson, "Santo Agostinho e *A Cidade de Deus*". Op. cit., p. 448.

A grande tragédia criada pela mentalidade cientificista está "na substituição da disciplinada normatividade que o senso religioso oferece pela ilusão das promessas utópicas outorgadas pelas diferentes ideologias seculares".[93] Como notou Christopher Dawson, "a ideologia racista, como a ideologia comunista, é o resultado da ruptura da unidade europeia", e é uma "tentativa de encontrar um substituto" para as tradições cristãs "em algum elemento social primário que seja permanente e indestrutível".[94] O fenômeno também foi percebido por Russell Kirk, para quem "a negação da fé, por muitos intelectuais racionalistas, causou a 'Era da Aflição' e provocou para a grande massa da humanidade a 'Era da Ideologia'".[95] No livro *The Movement of World Revolution* [*O Movimento da Revolução Mundial*], de 1959, Dawson defende que esta seria a "Era da Propaganda", na qual a mecanização da mente pelas novas técnicas de comunicação poderia ser instrumentalizada de modo utilitarista para destruir a imaginação, fazendo a pessoa humana absorver e obedecer sem nenhum criticismo, em uma guerra de ideias em que as mais cruéis e simplistas ideologias ganhariam a batalha.[96] O historiador marxista britânico Eric Hobsbawm (1917-2012) denominou de "Era dos Extremos"[97] o "breve século XX", iniciado com a eclosão da Primeira Guerra Mundial, em 28 de julho de 1914, e concluído com a dissolução da União Soviética, em 25 de dezembro de 1991. Uma das principais características dessa "era de ditadores, guerras e revoluções", além do fato de todas as ideologias totalitárias possuírem um

---

[93] Alex Catharino, *Russell Kirk: O Peregrino na Terra Desolada*. Op. cit., p. 77.

[94] Ver, nesta edição: "Cristandade, Europa e o Novo Mundo", p. 245.

[95] Russell Kirk, *A Era de T. S. Eliot*. Op. cit., p. 306.

[96] Christopher Dawson, *The Movement of World Revolution*. New York, Sheed and Ward, 1959, p. 100.

[97] Eric Hobsbawm, *A Era dos Extremos: O Breve Século XX, 1914-1991*. Trad. Marcos Santarrita. São Paulo, Companhia das Letras, 1995.

"exacerbado viés anticapitalista",[98] foi que "a regra de violência desenfreada e usurpação substituiu o Estado de Direito", como notou o economista austríaco Ludwig von Mises (1881-1973), no livro *Planned Chaos* [*Caos Planejado*], de 1947, ao destacar que "nenhuma lei podia mais limitar o poder dos eleitos", visto que "estavam livres para matar sem restrições", o que irrompeu "os impulsos inatos do homem para o extermínio violento" de todos os dissidentes, algo que havia sido antes reprimido "por uma evolução longa e desgastante", entretanto, as restrições morais ou legais em um contexto no qual "os demônios corriam à solta" foram rompidas, o que representou "o início de uma nova era, a era dos usurpadores", na qual "os bandidos foram convocados à ação, e atenderam à Voz".[99] Na perspectiva dawsoniana esta nova e assustadora "era dos extremos", a "era de ditadores, guerras e revoluções", substituiu uma época marcada pelo "auge do otimismo liberal", que teve suas origens no século XIX e se estendeu até a Grande Guerra, "quando o desespero romântico da geração anterior abrira caminho para a fé nas possibilidades ilimitadas da ciência, no progresso material e na liberdade política".[100] Uma percepção semelhante foi apresentada pelo historiador e jornalista católico inglês Paul Johnson (1928-), quando, no livro *Modern Times* [*Tempos Modernos*], defendeu que o colapso da velha ordem liberal com o advento da Primeira Guerra Mundial teve como desdobramentos históricos a revolução comunista na Rússia, iniciada em 25 de outubro 1917; a grande crise econômica da década de 1930, decorrente da quebra da Bolsa de Valores, em 24 de outubro 1929 nos Estados Unidos; a emergência dos regimes totalitários ocidentais, entre as décadas de 1920 e 1930; o advento da Segunda Guerra

---

[98] Ludwig von Mises, *Caos Planejado: Intervencionismo, Socialismo, Fascismo e Nazismo*. Apres. Richard M. Ebeling; prefs. Bruno Garschagen, Leonard E. Read, Christopher Westley; posf. Ralph Raico. São Paulo, LVM, 2017, p. 85.

[99] Idem, ibidem, p. 185.

[100] Ver, nesta edição: "A Hora das Trevas", p. 69.

Mundial, entre 1939 e 1945; e, finalmente, a Guerra Fria, entre 1947 e 1989. Nesse admirável mundo novo, "no lugar de crença religiosa, haveria ideologia secular".[101] "O progresso da civilização ocidental pela ciência e pelo poder", como afirmado neste livro, "parece conduzir a um estado de secularização total em que tanto a religião quanto a liberdade desaparecem simultaneamente."[102] "Os homens não renunciaram a Deus por outros deuses, dizem eles, mas por deus nenhum; e isto jamais acontecera antes", tal como expresso por T. S. Eliot nos *Coros de A Rocha*, ao ressaltar a novidade "De que os homens renegassem tanto os deuses quanto a sua adoração, professando antes de tudo a Razão / E depois o Dinheiro, o Poder e o que chamamos Vida, ou Raça, ou Dialética".[103] No caso específico da Alemanha, "essas tolices", como lembrado por Eric Voegelin, "não são um problema do nacional-socialismo, mas da pequena burguesia alemã", cuja expressão das deturpadas concepções ideológicas, oriundas do secularismo e do cientificismo, encontra sua expressão "em Hitler e em vários fenômenos de nosso tempo".[104] Todavia, esses desvios não podem ser vistos como algo exclusivamente inerente ao contexto alemão, pois, tal como constado por Dawson em *Progresso e Religião*, "desde a ascensão do movimento científico moderno no século XVIII houve uma tendência", entre os analistas dos fenômenos culturais, "de negligenciar o estudo da religião em seus aspectos sociais fundamentais". Esse processo de secularização iniciado nas análises sociais desembocou com o cientificismo nas reducionistas

---

[101] Paul Johnson, *Tempos Modernos: O Mundo dos anos 20 aos 80*. Trad. Gilda de Brito Mac-Dowell e Sérgio Maranhão da Matta. Rio de Janeiro, Instituto Liberal, 2. ed., 1998, p. 38.

[102] Ver, nesta edição: "A Secularização da Cultura Ocidental", p. 147.

[103] No original em inglês: *Men have left God not for other gods, they say, but for no god; and this has never happened before / That men both deny gods and worship gods, professing first Reason, / And then Money, and Power, and what they call Life, or Race, or Dialectic*. T. S. Eliot, *Coros de A Rocha* VII, p. 345-47.

[104] Eric Voegelin, *Hitler e os Alemães*. Op. cit., p. 99-100.

visões ideológicas, pois "os apóstolos do Iluminismo do século XVIII estavam, acima de tudo, tentando deduzir as leis da vida social e do progresso partindo de um número pequeno de princípios racionais simples".[105] Nossas modernas sociedades tecnológicas, ao minar as bases morais da civilização, estenderam "os limites do controle social até tornar o homem prisioneiro dentro de um mundo artificial criado por ele mesmo".[106] Como expresso na presente obra:

> A civilização que é solapada, e agora ameaçada pela subversão total, é a civilização cristã, erigida sobre os valores espirituais e ideais religiosos de Santo Agostinho e seus semelhantes. O adversário não é o barbarismo simplório de povos estrangeiros que estão em um nível cultural mais baixo, mas as novas potências armadas de todos os recursos da técnica científica moderna, inspiradas por uma vontade de poder cruel, que não reconhecem lei alguma, salvo as próprias forças.[107]

Nesse sentido, "a impotência política e falta de discernimento dos democratas" foi ela mesma, como asseverou Eric Voegelin, um dos principais componentes "no estado geral de corrupção que se expressava nas alas ideológicas de esquerda e de direita e em suas lutas de partido pelo poder".[108] Ainda nessa perspectiva, fica explícito que caso "uma sociedade – agora não o Estado ou a Igreja – estiver em desordem espiritual e intelectual, então este não é apenas um caso na esfera da política temporal e da ordem" externa da sociedade, visto que a verdadeira raiz da crise se encontra na "esfera da ordem espiritual"[109] interna da pessoa. Esse é o motivo pelo qual "a democracia ocidental não luta somente uma batalha em duas frentes com os totalitarismos rivais de direita e de esquerda", pois como percebeu

---

[105] Christopher Dawson, *Progresso e Religião*. Op. cit., p. 127.
[106] Idem, *A Formação da Cristandade*. Op. cit., p. 112.
[107] Ver, nesta edição: "A Hora das Trevas", p. 69.
[108] Eric Voegelin, *Hitler e os Alemães*. Op. cit., p. 210.
[109] Idem, ibidem, p. 209.

Christopher Dawson, nossa civilização "está, ao mesmo tempo, sendo minada por dentro, por um processo de desintegração que esgota a vitalidade e enfraquece nosso poder de resistência".[110] "O mal da desagregação normativa corrói a ordem no interior da pessoa e da república", como notou Russell Kirk, de modo que, "até reconhecermos a natureza dessa enfermidade, seremos forçados a afundar, cada vez mais, na desordem da alma e do Estado".[111] "A corrupção moral, no sentido da corrupção espiritual e intelectual", que se expressava "em várias ideologias e na associação ao Partido Nacional-socialista", tal como acentuou a reflexão voegeliniana, "tornou impossível a democracia".[112] Na perspectiva dawsoniana, "se aceitarmos o princípio totalitário, pareceria que a única esperança de paz mundial deve ser encontrada no triunfo de uma única ideologia".[113] Desse modo, não é possível negligenciar que a moralidade, ao ser "privada dos fundamentos religiosos e metafísicos, inevitavelmente, subordina-se a fins mais inferiores", acarretando na adoção de fins "negativos, como na revolução e na guerra", que, por sua vez, fazem com que "toda a escala de valores morais" seja revertida.[114] Em última instância, as guerras, as revoluções, os genocídios, as crises econômicas, a degradação cultural e o relativismo moral do "breve século XX" foram causados pelo declínio dos valores religiosos tradicionais cristãos e pela substituição destes por ideologias seculares de esquerda ou de direita. "As pilhas de cadáveres ideológicos criados pelas guerras, campos de concentração ou políticas econômicas desastrosas", como

---

[110] Ver, nesta edição: "Democracia e Guerra Total", p. 79.

[111] Russell Kirk, "A Arte Normativa e os Vícios Modernos". Trad. Gustavo Santos e notas Alex Catharino. *COMMUNIO: Revista Internacional de Teologia e Cultura*, vol. XXVII, n. 4 (ed. 100, outubro-dezembro 2008), p. 993-1017, cit. p. 993.

[112] Eric Voegelin, *Hitler e os Alemães*. Op. cit., p. 209.

[113] Ver, nesta edição: "O Fracasso da Liga das Nações", p. 131.

[114] Ver, nesta edição: "A Hora das Trevas", p. 69.

ressaltamos em outro trabalho, "são os frutos da substituição da autoridade do Cristo pelo culto aos césares da modernidade".[115] Por acreditar que, pelas luzes da razão e pelo progresso decorrente desta, estava totalmente libertada dos grilhões da antiga fé, ao não precisar mais louvar a Deus, a maior parte da humanidade nessa "era dos extremos" acabou prestando honras aos modernos tiranos ou demagogos, representados pelas figuras de Vladimir Lênin (1870-1924), de Benito Mussolini (1883-1945), de Josef Stálin (1878-1953), de Franklin Delano Roosevelt (1882-1945), de Getúlio Vargas (1882-1954), de Adolf Hitler (1889-1945), de Francisco Franco (1892-1975), de António de Oliveira Salazar (1889-1970), de Rafael Trujillo (1891-1961), de Juan Domingo Perón (1895-1974), de Mao Tsé-tung (1893-1976), de Fidel Castro (1926-2016) e de tantos outros servos da "vontade de poder" que caracterizaram o ambiente político do século XX. Contudo, esses carismáticos governantes "são as criaturas, não os criadores", pois, como ressaltou Dawson, "são apenas homens que foram arrastados ao poder na crista da onda de destruição".[116] Em um comentário feito na revista *The Criterion*, em que lançou um ataque ao comunismo e ao nacionalismo, T. S. Eliot denominou o fenômeno de "crença mística em um sentimento de rebanho".[117] No caso específico do messiânico líder nazista, Ludwig von Mises defendeu que "Hitler não foi o fundador do nazismo", mas somente um "produto dele", sendo "como a maioria de seus colaboradores, um *gangster* sádico".[118] Como percebeu Dawson em um obscuro panfleto de 1943, o líder nazista "foi um profeta não do poder do espírito, mas do espírito do poder", sendo alguém que apelou para a "a psique das grandes massas", entendida como uma espécie de histérica religião

---

[115] Alex Catharino, *Russell Kirk: O Peregrino na Terra Desolada*. Op. cit., p. 77.
[116] Ver, nesta edição: "Democracia e Guerra Total", p. 79.
[117] T. S. Eliot, "A Commentary". *The Criterion*, vol. XI, n. XLIV (abril de 1932), p. 470.
[118] Ludwig von Mises, *Caos Planejado*. Op. cit., p. 206.

secular que buscava despertar as mais primitivas "reações emocionais instintivas da multidão".[119] O desastre da grande mancha de sangue que marcaria em proporções colossais a história do século passado, criado pelo fenômeno totalitário, foi profetizado por Eliot, que, em 1931, lançou a seguinte advertência:

> A Igreja universal atualmente encontra-se, ao que me parece, mais em oposição ao mundo do que em qualquer outra época desde a Roma pagã. Não quero dizer que nossa época seja particularmente corrupta; todas as épocas são corruptas. Quero dizer que o cristianismo, a despeito de certas manifestações locais, não está, nem pode estar, dentro de uma época mensurável, "oficial". O mundo está realizando o experimento de tentar uma forma de mentalidade civilizada, porém não cristã. A experiência irá falhar; mas devemos ser pacientes em esperar o colapso. Nesse ínterim, recuperemos o tempo: para que a fé possa ser preservada viva ao longo da era das trevas que surge diante de nós; para renovar e reconstruir a civilização, para salvar o mundo do suicídio.[120]

Salvar o mundo do suicídio é a principal finalidade do livro *O Julgamento das Nações*. O próprio Christopher Dawson reconhece que "a causa que defendemos é muito mais fundamental que qualquer forma de governo ou qualquer credo político", pois "está vinculada a toda a tradição da cultura ocidental e cristã", sendo, por um lado, relacionada "à tradição de liberdade social e de cidadania" e, por outro, "à liberdade espiritual e ao valor infinito da pessoa humana individual".[121] No prefácio à edição brasileira de *Hitler e os Alemães*, o filósofo português Mendo Castro Henriques (1953-) defende que o tema abordado no livro de Eric Voegelin "não é um assunto do

---

[119] Christopher Dawson, *The Power of the Spirit*. London, Sword of the Spirit, 1943, p. 9. Citado em: Joseph T. Stuart, *Christopher Dawson in Context*. Op. cit., p. 287.

[120] T. S. Eliot, "Thoughts after Lambeth". In: *Selected Essays: 1917-1932*. New York, Harcourt, Brace and Company, 1932, p. 332.

[121] Ver, nesta edição: "A Construção da Ordem Cristã", p. 227.

passado porque a consciência humana vive na tensão permanente entre o tempo e os valores espirituais eternos".[122] Nenhuma outra produção escrita na "hora das trevas" retrata melhor essa tensão permanente quanto *Assassínio na Catedral*. Em sua influente obra enciclopédica *T. S. Eliot's Poetry and Plays* [A Poesia e o Teatro de T. S. Eliot], o crítico literário Grover C. Smith (1923-2014) descreveu o drama histórico em questão como "um romance fictício", pelo fato de T. S. Eliot não "tomar o julgamento comum de Becket como absurdamente arrogante em raivosa batalha pessoal e eclesiástica", mas por retratar a personagem principal como "humildemente submisso, como alguém que aceita a morte e não a resiste".[123] Aqui lembramos das palavras em *Coros de A Rocha*, quando o poeta constatou de modo incisivo que "é difícil para aqueles que nunca foram perseguidos, / e para aqueles que jamais conheceram um Cristão, acreditar nas histórias da perseguição cristã".[124] Ao contrário do "julgamento comum" da década de 1930, que como já ressaltamos era influenciado pela propaganda da Reforma Protestante e pela anticlerical historiografia *whig*, a imagem do primaz inglês apresentada por Eliot está mais próxima das narrativas históricas medievais do já citado Gervase de Canterbury, das biografias escritas por John de Salisbury (1120-1180), Robert de Cricklade (1100-1179), William Fitzstephen (†1191), Abbas Benedictus de Peterborough (†1194), Herbert de Bosham (fl. 1162-1189), Guernes de Pont-Sainte-Maxence (fl. século XII), William de Canterbury (fl. século XII), Benet de St Albans (fl. século XII), Edward Grim (fl. século XII) e Alan de Tewkesbury (fl. século XII), bem como dos relatos de Robert de Torigni (1110-1186), de William de Newburgh (1136-1198), de

---

[122] Mendo Castro Henriques, "Hitler e os Alemães: Uma breve meditação". In: Eric Voegelin, *Hitler e os Alemães*. Op. cit., p. 9.

[123] Grover C. Smith, *T. S. Eliot's Poetry and Plays*. Chicago, Phoenix Books/ University of Chicago Press, 1960, p. 183-84.

[124] No original em inglês: *It is hard for those who have never known persecution, / And who have never known a Christian, / To believe these tales of Christian persecution*. T. S. Eliot, *Coros de A Rocha* VI, p. 284-86.

Jacopo de Varazze (1230-1298), de Ralph de Diceto (†1202) e de Roger de Hoveden (fl. 1174-1201). Transformado no ano de 1951 em um filme para a televisão produzido e dirigido por George Hoellering (1897-1980), estrelado pelo padre John Groser (1890-1966), o texto poético deste drama histórico eliotiano apresenta, em duas partes, os dilemas de Becket antes do martírio ao ser provocado por quatro tentadores. O primeiro tentador oferece uma prudência egoísta, ao propor que "o tolerante é que abocanha os jantares melhores",[125] na tentativa de despertar o gosto pelos prazeres mundanos e pela prosperidade da segurança que seriam fornecidos pelos bens temporais advindos do retorno à amizade com o monarca. O poder secular influência é oferecido de forma extremamente sutil pelo segundo tentador, ao ressaltar que "governar para o bem das boas causas", ao preço de submissão aos príncipes deste mundo, justificaria usar a influência no serviço ao rei, visto que "política privada é de proveito público".[126] Uma chance de resistir ao monarca, tornando-se um "chacal entre os chacais",[127] traindo o trono por intermédio de uma aliança com os barões para desafiar o rei, é a oferta do terceiro tentador. Narrado no filme pelo próprio Eliot, o quarto tentador torna-se uma figura desconhecida e paradoxal que, ao aconselhar "seguir em frente até o fim",[128] aponta para a glória do martírio. Após passar pelas tentações que o poderiam desviar de sua missão, ocorre um interlúdio na peça, com o sermão de Natal e, finalmente, chegam os quatro cavaleiros que matam o arcebispo. O martírio desperta no Coro, que representa os homens e as mulheres comuns, a consciência do pecado, por intermédio da qual a redenção se torna possível pelo temor a Deus. Como asseverou Russell Kirk, "ao morrer, Becket derrotara o monarca que esperara tornar o

---

[125] T. S. Eliot, *Assassínio na Catedral*. Op. cit., p. 28-29.
[126] Idem, ibidem, p. 32-33.
[127] Idem, ibidem, p. 38-39.
[128] Idem, ibidem, p. 40-41.

próprio poder absoluto",[129] contudo, não é uma derrota política, mas espiritual. No livro *A Ideia de uma Sociedade Cristã*, Eliot advertiu que "se você não aceitar a Deus (e Ele é um Deus ciumento), você deverá prestar homenagem a Hitler ou Stálin".[130] Esse não é apenas o trágico desafio enfrentado por São Thomas Becket, no século XII, na luta contra os anseios despóticos de Henrique II; mas, também, o dilema do estadista São Thomas More (1478-1535) e do bispo São John Fisher (1469-1535), no século XVI, ao enfrentarem o absolutismo de Henrique VIII; e o testemunho de São Maximiliano Maria Kolbe (1894-1941) e do beato Clemens August Graf von Galen (1878-1946), dentre tantos outros, durante a hora das trevas na luta contra os nazistas e contra os comunistas ou, até mesmo, contra os erros da democracia. "A fé cristã nunca minimiza a realidade das forças do mal na história e na sociedade, bem como na vida do indivíduo", tal como dito por Christopher Dawson, o cristianismo, em vez de ser um fator de alienação, "tem preparado a mente dos homens para enfrentar as consequências extremas do triunfo exterior do mal e a aparente derrota do bem".[131] Eis o questionamento feito nos *Coros de A Rocha*, em 1934, por T. S. Eliot: "'Nossa cidadania está no Céu'; sim, mas a que modelo e tipo pertence vossa cidadania sobre a Terra?"[132] Nesse período, após a ascensão de Adolf Hitler ao governo na Alemanha houve uma "desintegração na esfera temporal da ordem social" que "levou então à desintegração de todos os partidos", fazendo que na esfera político-temporal não houvesse "mais representantes que pudessem expressar-se publicamente para tomar uma posição contra o nacional-socialismo", o que levou Eric Voegelin a afirmar que:

---

[129] Russell Kirk, *A Era de T. S. Eliot*. Op. cit., p. 306.

[130] T. S. Eliot, *A Ideia de uma Sociedade Cristã e Outros Ensaios*. Op. cit., p. 101.

[131] Ver, nesta edição: "A Hora das Trevas", p. 69.

[132] No original em inglês: '*Our citizenship is in Heaven*'; *yes, but that is the model and type for your citizenship upon earth.* T. S. Eliot, *Coros de A Rocha II*, p. 36.

Uma vez que uma representação política de oposição ao regime já não existia depois de este ter chegado ao poder, a Igreja foi deixada como a representação da ordem espiritual do homem. Era um remanescente da representação do homem contra o nacional-socialismo e, a partir dessa situação estranha, coube a ela o papel de defender e manter os interesses e a dignidade do homem.[133]

Winston Churchill (1874-1965) foi o estadista que melhor compreendeu a natureza da ameaça totalitária, as responsabilidades morais e as grandes oportunidades desse período. No famoso discurso *This was their finest hour* [*Este foi seu melhor momento*], de 18 de junho de 1940, cunhou a expressão "the darkest hour", comumente traduzida como "a hora mais negra" ou como "o momento mais negro", para descrever a derrota dos franceses para as tropas nazistas. Entre os dias 9 de abril e 17 de junho de 1940, as forças militares da Alemanha invadiram e derrotaram Dinamarca, Noruega, Luxemburgo, Países Baixos, Bélgica e França. Devido ao fracasso tanto em manter a paz quanto de conter o avanço da *Blitzkrieg* [guerra-relâmpago] nazista na Europa Ocidental, o Parlamento forçou a renúncia de Neville Chamberlain (1869-1940), o que levou Winston Churchill a ser nomeado pelo rei George VI (1895-1952) para o cargo de primeiro-ministro, com a missão de reunir um gabinete de coalizão e de vencer a guerra. As tropas britânicas tiveram que evacuar o continente a partir de Dunquerque, forçadas pelos pesados ataques dos alemães, abandonando todo o equipamento pesado, mas resgatando na Operação Dínamo, entre 26 de maio e 4 de junho de 1940, quase trezentos e quarenta mil soldados aliados. Esses fatos são objeto de dois filmes produzidos em 2017, sendo o primeiro *Dunkirk*, dirigido por Christopher Nolan, e o segundo *Darkest Hour* [*O Destino de uma Nação*], baseado no livro homônimo de Anthony McCarten,[134] dirigido por Joe Wright e estrelado por Gary

---

[133] Eric Voegelin, *Hitler e os Alemães*. Op. cit., p. 210.
[134] Anthony McCarten, *O Destino de uma Nação: Como Churchill desistiu de um acordo de paz para entrar em guerra contra Hitler*. Trad. Eliana Rocha e Luis Reyes Gil. São Paulo, Crítica, 2017.

Oldman interpretando o primeiro-ministro britânico. Na monumental obra *The Second World War* [*Memórias da Segunda Guerra Mundial*], pela qual foi agraciado, em 1953, com o Prêmio Nobel de Literatura, Churchill relembra a circunstância na qual proferiu esta importante peça de oratória. "Após o colapso da França, a pergunta que surgia na mente de todos os nossos amigos e inimigos era: 'A Inglaterra também se renderá?'", dando continuidade ao relato, afirma que "havia declarado repetidamente em nome do governo de Sua Majestade nossa determinação de prosseguir na luta sozinhos", sustentando que reafirmou esse compromisso no discurso que proferiu à Câmara "em 18 de junho, no dia seguinte ao colapso de Bordeaux".[135] De acordo com nosso estimado amigo Ricardo Sondermann, no livro *Churchill e a Ciência por Trás dos Discursos: Como Palavras se Transformam em Armas*, "este longo discurso procura traçar um panorama da situação da guerra e dos riscos que se corriam naquele momento".[136] O primeiro-ministro reconheceu a importância que, nesse momento mais negro, poderiam "ter as declarações públicas diante dos acontecimentos", motivo pelo qual buscou dizer com realismo os verdadeiros perigos e o modo como deveriam ser enfrentados mas, ao mesmo tempo, apresentando as "boas e sensatas esperanças de uma vitória final".[137] Em alguns versos de *Little Gidding*, poema escrito entre julho de 1941 e setembro de 1942, que foi publicado, em outubro 1942, como o quarto e último dos *Quatro Quartetos*, ao reconhecer que esse momento "é o mais próximo, no espaço e no tempo, / agora e na Inglaterra",[138] em linguagem poética

---

[135] Winston Churchill, *Memórias da Segunda Guerra Mundial – Volume 1 (1918-1941)*. Ed. Denis Kelly; trad. Vera Ribeiro. Rio de Janeiro, Harper Collins, 2017, p. 374.

[136] Ricardo Sondermann, *Churchill e a Ciência por Trás dos Discursos: Como Palavras se Transformam em Armas*. Pref. Lucas Berlanza. São Paulo, LVM Editora, 2018, p. 177.

[137] Winston Churchill, *Memórias da Segunda Guerra Mundial*. Op. cit., p. 374.

[138] No original em inglês: *is the nearest, in place and time, / Now and in England*. T. S. Eliot, *Little Gidding* I, p. 39-40.

T. S. Eliot acredita que "a interseção do momento atemporal / é Inglaterra e parte alguma"[139] e se volta para a narrativa de "uma hora incerta que antecede a aurora / vizinha ao término da noite interminável / no recorrente fim do que jamais se finda",[140] pois diante das inquietudes e das expectativas da época sabia, fundado nas certezas da fé, que "um povo sem História / não está redimido do tempo, pois a História é o modelo / dos momentos sem tempo",[141] para declarar que "a História é agora e Inglaterra".[142] Como ressalta Sondermann, "notícias ruins são comunicadas para, justamente, causarem um efeito de coesão, e não de desalento".[143] Nesse que parecia "o momento mais negro", Churchill entendeu que não seria adequado continuar no Parlamento um debate para questionar as decisões errôneas tomadas, pois "se abrirmos uma disputa entre o passado e o presente, descobriremos que vamos perder o futuro", visto que "o inimigo é esperto e não há jogo sujo que não seja capaz de fazer", pois "desta batalha depende a sobrevivência da civilização cristã", e "se nós falharmos, o mundo inteiro" [...] "irá afundar no abismo de uma nova era de trevas, tornada mais sinistra e talvez mais prolongada pelas luzes da ciência pervertida", sendo necessário, acima de tudo, "nos unir em torno de nossos deveres".[144] Uma visão adequada do patriotismo, que, resgatado pela memória, transcende aos

---

[139] No original em inglês: *the intersection of the timeless moment / Is England and nowhere*. T. S. Eliot, *Little Gidding* I, p. 54-55.

[140] No original em inglês: *uncertain hour before the morning / Near the ending of interminable night / At the recurrent end of the unending*. T. S. Eliot, *Little Gidding* II, p. 80-82.

[141] No original em inglês: *A people without history / Is not redeemed from time, for history is a pattern / Of timeless moments*. T. S. Eliot, *Little Gidding* V, p. 252-53.

[142] No original em inglês: *History is now and England*. T. S. Eliot, *Little Gidding* V, p. 255.

[143] Ricardo Sondermann, *Churchill e a Ciência por Trás dos Discursos*. Op. cit., p. 192.

[144] As palavras entre aspas foram retiradas do próprio discurso do primeiro-ministro britânico, cuja versão completa traduzida encontra-se transcrita

meros elementos temporais e se volta para uma renovação espiritual, foi expresso, também, por Eliot nos seguintes versos de *Little Gidding*:

> Esta é a função da memória:
> Libertação – não menos amor, mas expansão
> De amor para além do desejo, como também libertação
> Do passado e do futuro. Assim, o amor a um país
> Começa como apego à nossa própria esfera de ação
> E acaba por julgar que tal ação seja de pouca importância
> Conquanto nunca indiferente. A História pode ser escravidão,
> A História pode ser liberdade. Vê, tudo agora se dissolve,
> As faces e os lugares, como o eu que, tal como pôde, os amou
> – Para se renovarem, transfigurados, em outro modelo.[145]

Entre os dias 25 de junho de 1940, com a derrota das últimas tropas francesas que resistiram aos nazistas, até 22 de junho de 1941, quando as potências do Eixo iniciam a invasão da União Soviética, a Grã-Bretanha lutou sozinha contra a Alemanha, mantendo essa resistência solitária na frente ocidental, contudo, até 11 de dezembro de 1941, quando a Alemanha declarou guerra aos Estados Unidos. "Nessas épocas tenebrosas", declarou Christopher Dawson que "muitos são tentados ao desespero quando veem a ruína das esperanças de paz e de progresso que inspiraram o idealismo liberal do último século", principalmente quando "a perversão dos grandes feitos do poderio e conhecimento humanos", tal como verificado no caso da máquina de guerra nazista, estava "a servir as forças demoníacas

---

em: Ricardo Sondermann, *Churchill e a Ciência por Trás dos Discursos*. Op. cit., p. 159-77.

[145] No original em inglês: *This is the use of memory: / For liberation – not less of love but expanding / Of love beyond desire, and so liberation / From the future as well as the past. Thus, love of a country / Begins as an attachment to our own field of action / And comes to find that action of little importance / Though never indifferent. History may be servitude, / History may be freedom. See, now they vanish, / The faces and places, with the self which, as it could, loved them, / To become renewed, transfigured, in another pattern*. T. S. Eliot, *Little Gidding* III, p. 173-83.

de destruição".[146] Foi nesse momento mais negro da Segunda Guerra Mundial que, em grande parte, se deu a composição de *O Julgamento das Nações*, cujo primeiro capítulo foi denominado "The Hour of Darkness", ou seja, "A Hora das Trevas". Ao se engajarem aos problemas cruciais e aos conflitos fulcrais de sua geração, desde 1930, os escritos do historiador galês apontaram para alguns questionamentos fundamentais sobre importantes temas, como, por exemplo, "a guerra, a desarticulação social, a depressão econômica, a destruição ambiental, o papel social da religião, a emergência da ideologia política e a interpretação do passado por intermédio da historiografia". Diante da conjuntura europeia no período entreguerras e, principalmente, quando rompeu o conflito total, o autor "visou moldar seu presente através de obras" como esta, assumindo a postura não apenas de um pesquisador acadêmico, mas de um "herói intelectual".[147] "Nenhum de seus livros anteriores vendeu como este",[148] de acordo com as palavras do editor Frank Sheed (1897-1982), em carta enviada para o autor no início de 1944. Todavia, a obra "foi melhor recebida pelos anglicanos do que pelos católicos".[149] Em grande parte, a menor aceitação da obra pela audiência católica pode ser explicada pelo fato de os esforços ecumênicos nesse período serem vistos como uma concessão aos erros protestantes. Não é pela controvérsia religiosa ou pela ação política que será possível a causa da unidade cristã ser ajudada, mas somente pelas virtudes teologais da Fé, da Esperança e da Caridade, que nas palavras do autor "devem ser aplicadas tanto na esfera intelectual como na religiosa",[150] dessa forma "o primeiro e maior passo em direção à unidade religiosa é interno e espiritual: purgar

---

[146] Ver, nesta edição: "A Hora das Trevas", p. 69.
[147] Joseph T. Stuart, *Christopher Dawson in Context*. Op. cit., p. 27.
[148] Bradley J. Birzer, *Sanctifying the World*. Op. cit., p. 205.
[149] Christina Scott, *A Historian and His World*. Op. cit., p. 148.
[150] Ver, nesta edição: "Retorno à Unidade Cristã", p. 209.

a mente de motivos baixos que possam contaminar nossa fé".[151] Amparados no relato de Christina Scott, sabemos que o historiador galês "nunca mudou sua visão" acerca da grave ferida representada pela desunião da cristandade, além de estar "muito à frente de seus contemporâneos na Igreja Católica em seus pontos de vista sobre a unidade dos cristãos".[152] Determinadas questões centrais acerca dessa temática discutidas no presente trabalho foram objeto de um ensaio publicado originalmente, em 1934, na prestigiosa revista *The Criterion*, editada por T. S. Eliot, no qual ressaltou Dawson que "o dever essencial da Igreja em relação ao Estado e ao mundo é testemunhar a verdade que está nela".[153] Ao ecoar as palavras de Eric Voegelin em uma análise sobre as correntes políticas modernas, Russell Kirk apontou que a grande linha divisória não é a que separa "os totalitários de um lado e os liberais (ou libertários) do outro", visto que a verdadeira segmentação de nossa época "se encontra em todos os que creem em uma ordem moral transcendente, de um lado, e, do outro, todos os que confundem a nossa existência efêmera de indivíduos com a origem e o fim de tudo".[154] Seguindo esse argumento, ressaltamos que "o grande embate de nossa era não deve ser travado entre católicos e protestantes, mas entre os cristãos e os ideólogos".[155] Este é o sentido verdadeiro da noção posposta dawsoniana de "retorno à unidade cristã", expressa no seguinte parágrafo:

> A missão mundial do cristianismo tem por base a concepção de uma sociedade espiritual que transcende todos os Estados e culturas e é o objetivo final da humanidade. Onde quer que o cristianismo exista, sobrevive uma semente de unidade, um princípio de ordem espiritual

---

[151] Ver, nesta edição: "Retorno à Unidade Cristã", p. 209.

[152] Christina Scott, *A Historian and His World*. Op. cit., p. 148.

[153] Christopher Dawson, "Religion and the Totalitarian State". *The Criterion*, vol. XIV, n. LIV (outubro de 1934): 1-16, p. 14.

[154] Russell Kirk, *A Política da Prudência*. Op. cit., p. 336.

[155] Alex Catharino, "Em Busca da Cristandade Perdida". Op. cit., p. 338.

que não pode ser destruído pela guerra, pelo conflito dos interesses econômicos ou pelo fracasso da organização política.[156]

Redimir o tempo,[157] "porque os dias são maus" (Efésios 5,16), foi a cruzada assumida por Christopher Dawson no presente livro, publicado pela editora Sheed and Ward "como um meio para reforçar o movimento The Sword of Spirit",[158] fundado pelo cardeal Arthur Hinsley (1865-1943), sendo o próprio historiador galês um dos mais proeminentes colaboradores, que, como uma referência ao apostolado dessa associação, denominou o nono capítulo "A Espada do Espírito", visto que, na condição tanto de pesquisador acadêmico quanto de publicista católico, assumiu como um dos objetivos da obra o de fazer "um grande elogio e ajudar as lideranças da organização durante a Segunda Guerra Mundial".[159] Na mesma *Epístola de São Paulo aos Efésios* em que se encontra o chamado à necessidade de "redimir o tempo", o Apóstolo dos Gentios lembra o dever dos cristãos de tomar "a espada

---

[156] Ver, nesta edição: "Cristandade, Europa e o Novo Mundo", p. 245.

[157] Proveniente do inglês *redeeming the time*, a expressão "redimir o tempo" foi utilizada com frequência, entre outros autores, por T. S. Eliot e por Russell Kirk, sendo retirada da primeira parte do versículo 17 do capítulo 5 da *Epístola de São Paulo aos Efésios* na tradução inglesa da *King James Bible*. O texto original em grego é ἐξαγοραζόμενοι τὸν καιρόν, que na Vulgata foi traduzido literalmente para o latim, por São Jerônimo (347-420), como "redimentes tempus". Na primeira tradução da Bíblia Sagrada para o português, feita pelo ministro pregador reformado João Ferreira de Almeida (1628-1691), a passagem em questão aparece como "remindo o tempo", que na *Nova Almeida Atualizada* foi modificada para "aproveitando bem o tempo". Elaborada pela Sociedade Bíblica do Brasil, a versão ecumênica na *Nova Tradução na Linguagem de Hoje* é "por isso aproveitem bem todas as oportunidades que vocês têm". O texto na católica *Bíblia de Jerusalém* aparece como "tirando bom proveito do período presente", ao passo que na, também católica, *Bíblia Ave Maria* foi redigido como "que aproveitam ciosamente o tempo". As próprias "variações" (ou deveríamos empregar o termo "deturpações"?) dessa expressão bíblica reforça a necessidade premente de "remir o tempo".

[158] Bradley J. Birzer, *Sanctifying the World*. Op. cit., p. 197.

[159] Joseph T. Stuart, *Christopher Dawson in Context*. Op. cit., p. 46.

do Espírito, que é a Palavra de Deus" (Efésios 6,17). Esta espada erguida em O *Julgamento das Nações*, para denunciar os erros ideológicos do comunismo, do fascismo, do nazismo e, até mesmo, do secularismo presente nas democracias liberais, apresentando como solução o "retorno da unidade cristã", foi forjada no mesmo espírito manifesto em outros trabalhos posteriores do autor, especialmente os livros *A Formação da Cristandade* e *A Divisão da Cristandade*. Quando o excesso de informações parece soterrar a memória, fazendo os tenebrosos acontecimentos do século XX, especialmente as tragédias das décadas de 1930 e de 1940, parecerem uma realidade muito distante do otimismo hedonista da nova era digital, é válido relembrar o julgamento dawsoniano sobre a hora das trevas, que sucedeu as luzes da razão. Nestes dias, além da ameaça externa do radicalismo islâmico, somos assombrados por uma série de outros demônios, em especial a corrupção espiritual e mental expressa pela "novafala" do politicamente correto, que faz a linguagem perder o sentido, levando as palavras "a significar o que deseja o arbítrio de quem as profere, fazendo com que os debates sobre qualquer temática não mais se submetam à razão e aos fatos objetivos", que, como já constatamos, "são substituídos por opiniões subjetivas expressas em jargões".[160] Em nossos dias, até o momento, parece que os Estados totalitários não constituem mais uma verdadeira ameaça aos regimes democráticos, mas o intervencionismo governamental cada vez mais expande sua atuação na sociedade, politizando as esferas culturais e econômicas, além de eliminar as questões morais do debate público. A necessidade de lermos atualmente os escritos de Chistopher Dawson, principalmente *O Julgamento das Nações*, pode ser resumida nos respectivos versos de T. S. Eliot em *The Dry Salvages*:

> A experiência vivida e revivida no significado
> Não é a experiência de uma vida apenas
> Mas a de muitas gerações – não esquecendo
> Algo que, provavelmente, será de todo inefável:

---

[160] Alex Catharino, *Russell Kirk: O Peregrino na Terra Desolada*. Op. cit., p. 20.

O olhar para além da certeza
Da História documentada, a olhadela,
Por cima dos ombros, lançada ao terror primitivo.
Agora, chegamos a descobrir que os momentos de agonia
(Se são eles devidos à má compreensão,
Após esperar-se pelo equívoco ou por ele haver temido,
Não vem ao caso) são a rigor permanentes,
Ungidos dessa permanência que ultrapassa o tempo.[161]

Comunidade Católica Pantokrator
Campinas, SP
Oitava da Quarta-feira de Cinzas, primeira semana do
Tempo da Quaresma do Anno Domini de 2018

Alex Catharino
Nasceu em 4 de julho de 1974 no então Estado da Guanabara, atual cidade do Rio de Janeiro. É editor responsável pela LVM Editora, vice-presidente executivo do Centro Interdisciplinar de Ética e Economia Personalista (CIEEP), gerente editorial do periódico COMMUNIO: *Revista Internacional de Teologia e Cultura* e pesquisador do Russell Kirk Center for Cultural Renewal, em Mecosta, Michigan. Cursou a graduação em História na Universidade Federal do Rio de Janeiro (UFRJ) e fez estudos complementares em áreas distintas em diferentes instituições no Brasil e no exterior. É autor do livro *Russell Kirk: O Peregrino na Terra Desolada* (É Realizações, 2015), de capítulos em livros ou de verbetes em obras de referência, e de inúmeros artigos publicados em periódicos acadêmicos, além de ter escrito os posfácios "Teologia e História na Reconstrução da Unidade Cristã" e "Em Busca da Cristandade Perdida" para *A Formação da Cristandade* (É Realizações, 2014) e *A Divisão da Cristandade* (É Realizações, 2014), ambos de Christopher Dawson.

---

[161] No original em inglês: *That the past experience revived in the meaning / Is not the experience of one life only / But of many generations – not forgetting / Something that is probably quite ineffable: / The backward look behind the assurance / Of recorded history, the backward half-look / Over the shoulder, towards the primitive terror. / Now, we come to discover that the moments of agony / (Whether, or not, due to misunderstanding, / Having hoped for the wrong things or dreaded the wrong things, / Is not in question) are likewise permanent / With such permanence as time has.* T. S. Eliot, *The Dry Salvages* II, p. 98-109.

Introdução

MICHAEL J. KEATING

> Passamos por um dos grandes pontos de inflexão da História – um julgamento das nações tão terrível quanto qualquer um daqueles descritos pelos profetas. Vimos todos os recursos da ciência e da tecnologia dos quais tanto nos orgulhamos metodicamente dedicados à destruição do nosso mundo. E por trás dessa destruição material estão males ainda maiores, a perda da liberdade e a perda da esperança, a escravidão de povos inteiros a uma ordem desumana de violência e opressão. No entanto, por mais tenebrosa que pareça a perspectiva, sabemos que a decisão última não repousa no homem, mas em Deus, e não é da Sua vontade deixar a humanidade à mercê dos próprios impulsos destrutivos ou à escravidão das potências do mal. (Cap. 8, p. 156)

O *Julgamento das Nações* apareceu em 1942, em meio aos horrores destrutivos da Segunda Guerra Mundial. Christopher Dawson (1889-1970) levou quatro anos para escrevê-lo, anos que, afirmou, "foram mais desastrosos que quaisquer outros que a Europa conhecera desde o século XIV".[1] Como ele mesmo reconheceu, este lhe dera mais trabalho e requerera mais reflexão que qualquer outro livro que escreveu. É, talvez, sua obra mais distinta; em poucas páginas repassou todos os pontos essenciais do conhecimento e fez com que sua mente profundamente erudita e versátil tivesse de lidar com realidades políticas e sociais imediatas.

O uso da linguagem bíblica profética por Dawson no título é indicativo da obra como um todo. Este não é um livro fácil de classificar.

---

[1] Christopher Dawson, *O Julgamento das Nações*. São Paulo, É Realizações, 2018.

Mescla História, em especial História da Cultura, Antropologia e Sociologia, como em todos os livros de Dawson. Entretanto, há uma dose de outro elemento, um que nunca esteve ausente da compreensão agostiniana da História de Dawson mas agora abertamente trazido à baila: a leitura apocalíptica dos sinais dos tempos e uma interpretação teológica dos acontecimentos históricos em relação aos desígnios de Deus. As duas cidades de Santo Agostinho (354-430) nunca estiveram em conflito, mas para Dawson, o conflito perene chegara a um ponto decisivo na luta europeia que testemunhava. Tinha esperança de que nessa obra descrevesse a natureza da contenda, mapeasse os verdadeiros contornos e apontasse um caminho em meio a um desastre iminente e, talvez, provável, à renovação da vida na Europa, uma renovação cujo sucesso ou fracasso teria um impacto decisivo em todo o mundo.

Poderíamos ficar tentados a considerar o vigoroso discurso profético de Dawson com uma dose de ceticismo. Admitindo que a Segunda Guerra Mundial foi uma convulsão potente de proporções históricas, dado que foi um ponto de inflexão histórico da mesma espécie, ainda assim, Dawson não estaria exagerando no argumento? Não seriam compreensíveis essas observações senão como reações nervosas de alguém que, na iminência brutal dos horrores da guerra, perdera a perspectiva dos acontecimentos? Afinal, a guerra contra o totalitarismo nazista foi, por fim, ganha pelos Aliados e o mundo marchou adiante. Seguiu-se à guerra um período de renovação econômica e política, um tempo de prosperidade geral e do restabelecimento das instituições liberais da Europa Ocidental, acompanhada pelo crescimento dos ideais democráticos ao redor do mundo. Especialmente com a queda do império soviético, o final da Guerra Fria e a libertação das nações da Europa Oriental, um desdobramento que podia ser perfeitamente compreensível como o ato final da Segunda Guerra, começamos uma nova era, uma época de tipo diferente, em que as necessidades e possibilidades são diferentes das pertencentes a meados do século passado. Dawson ainda pode nos ser interessante, mas apenas como uma peça de época: como exemplo de um determinado tipo de resposta a duas guerras mundiais dada por um intelectual público articulado de um certo matiz de inteligência. Interessante, mas essencialmente no passado e inaplicável às realidades atuais. O mundo seguiu em frente.

Seguiu?

Faz parte do vigor de Dawson como observador da cultura ser mais interessado nas causas básicas da convulsão europeia que nos detalhes imediatos. Dawson contemplava os trinta anos anteriores à sua obra, a começar pela eclosão da Primeira Guerra Mundial e naqueles trinta anos em que vira os sintomas de uma crise profunda que, sem hesitar, chamou de "desintegração da cultura ocidental". A paralisia política que levou a duas guerras excepcionalmente grandes e deixou cerca de sessenta milhões de mortos, o colapso das instituições livres em face aos regimes dominados por uma política totalitária, o desastre econômico representado pela Grande Depressão eram para ele sinais dos tempos que precisavam de uma leitura, sintomas de uma doença mais profunda que não podia ser diagnosticada somente segundo a lógica da economia ou da política.

Qual era, então, a verdadeira natureza da crise para Dawson? Qual era a fonte do mal que em 1942 parecia estar na iminência de engolir o mundo? Não era Adolf Hitler (1889-1945) e os nazistas, nem o comunismo ateu do regime soviético; para Dawson essas eram criaturas daquele mal, não os criadores, e, embora estes precisassem ser detidos e vencidos, um triunfo meramente econômico ou político não resolveria, em última análise, o problema. Dawson não esperava que a opressão nazista da Europa Ocidental nem, como depois tornaria claro, a dominação soviética da Europa Oriental durasse muito tempo. Considerava o totalitarismo político faustoso demasiado antitético às tradições culturais europeias de longa data para sobreviver nas formas atuais, na ocasião. Entretanto, um tipo errado de triunfo, uma espécie de triunfo obtido somente pela transformação sutil naquilo contra o que combatiam – um rumo dos acontecimentos considerado por Dawson uma possibilidade muito real –, somente exacerbaria os males que aqueles regimes representavam. Não, para Dawson a verdadeira crise era a espiritual, um ataque ao próprio modelo de civilização e à alma dos indivíduos que poderia manifestar-se de várias formas diferentes. Chegar ao âmago dessa crise espiritual era o quebra-cabeça que se propôs a solucionar.

Pode parecer estranho explicar as origens de uma guerra entre conglomerados de Estados-nação europeus do século XX, em grande parte seculares, ao começar, como o fez Dawson, com a discussão do Império Romano, ao notar a importância do cisma do século XI entre católicos latinos e os ortodoxos gregos e ao apontar a reforma protestante e a Europa dividida que esta criou como a chave da interpretação correta daquela guerra. Isso soa estranho, todavia, somente se Dawson estiver errado no pressuposto fundamental: de que a cultura é algo vivo que só pode ser compreendida de maneira apropriada ao ser vista no conjunto histórico; que seu centro, o princípio de coesão, é a religião e que as mudanças sociais e culturais importantes sempre têm uma dimensão religiosa essencial. De um modo ou de outro, Dawson seguia a mesma temática em muitas de suas obras. Insistia, contra várias correntes intelectuais de sua época, que a religião, longe de ser um epifenômeno, um resultado de fatores mais fundamentais, seja econômico, sociopolítico ou geográfico, era, ao contrário, o centro criativo da cultura. Sustentava que toda a cultura, até mesmo a mais primitiva, representava uma visão espiritual do mundo e que os diversos aspectos de uma determinada cultura, muito embora importantes por si sós, apenas poderiam se tornar inteligíveis ao compreender a visão espiritual conforme incorporada na sua religião. A religião era, portanto, a expressão exterior e comum da orientação interior de uma cultura para Deus e para o mundo.

Por ser assim, uma cultura que perde o contato com seu centro religioso era uma cultura que, nas palavras de Dawson, "começara a duvidar da própria existência".² Essa era a Europa que observava, uma Europa em profunda crise de identidade e sem recursos imediatos para aparentemente curar as chagas fatais. O problema com que se deparava o Ocidente e que se expressava com tal força destrutiva era, segundo ele, produzido por um desenvolvimento anormal e sem precedentes pelo qual a cultura da Europa fora apartada da religião, deixando-a secularizada. Com isso indicava não que muitos indivíduos não pudessem nutrir ideias ou compromissos religiosos, mas que a religião perdera sua força agregadora para a cultura como um todo. Não poderia mais oferecer à Europa seu princípio ordenador, a fonte de unidade, a visão espiritual subjacente e o senso de identidade.

O estado de dissociação entre a religião ocidental e a cultura era, para Dawson, uma situação necessariamente inconstante, dada a dinâmica interna da vida cultural. Essa mistura instável não podia mais se sustentar. Quais poderiam ser as perspectivas futuras nesse caso? O que estaria reservado para a Europa? *Grosso modo*, havia três possibilidades. A primeira era que a antiga expressão religiosa cedesse à uma nova, e a Europa seria transformada, como uma nova visão espiritual reunindo os feitos culturais e incorporando-os em uma nova ordem, tal como ocorrera quando o Império Romano se tornou cristão ou quando a Pérsia abraçou o islã. Dawson afirmava que isso, na verdade, já tinha acontecido na Europa em um passado relativamente recente. Surgida da cristandade dividida pela Reforma e ao obter o domínio supremo no século XIX estava a nova civilização do liberalismo secular, e com ela uma nova religião, a doutrina do progresso material e moral ilimitado. A catástrofe atual não foi, para Dawson, o fracasso da cultura da cristandade, mas, em vez disso, o colapso da cultura secular que a substituiu. E muito desse fracasso se deveu à séria inadequação da visão espiritual do liberalismo. Por ter um horizonte limitado ao secular e por não poder

---

² Idem, ibidem, p. 91.

responder aos anseios mais profundos da humanidade, o liberalismo fomentou um "vácuo espiritual", "um coração de trevas e caos sob a ordem mecânica e a inteligência científica do mundo moderno".[3] A possibilidade de outra síntese espiritual diferente brotar de uma cultura liberal secularizada e em colapso parecia improvável para Dawson. Não havia candidatos óbvios.

Uma segunda possibilidade era de que tudo poderia simplesmente entrar em colapso, caos e barbárie. Essa mal era uma consideração especulativa para os que liam as listagens de baixas e contemplavam horrorizados as ruínas enfumadas das principais cidades da Europa. Parecia apenas bastante provável. A terceira era a de que a Europa poderia redescobrir a visão espiritual original e, assim, reconquistar o equilíbrio e o dinamismo criativo interno. Não é de surpreender que Dawson preferisse a terceira.

O caos e a barbárie no horizonte, mas um tipo muito especial de barbárie e uma espécie única de caos, causavam dificuldade, de um tipo que o mundo nunca vira antes, e está aqui, de modo que acreditemos que o diagnóstico de Dawson é notável e contemporâneo. Dawson normalmente não é chamado de liberal. Foi discípulo de Santo Agostinho, e seus antepassados intelectuais mais próximos foram ingleses como Edmund Burke (1729-1797) e John Henry Newman (1801-1890) e franceses como Joseph de Maistre (1753-1821), Louis de Bonald (1754-1840) e Frédéric Le Play (1806-1882). Situava-se em uma tradição comumente chamada de conservadora. O título da segunda metade desta obra, "A Restauração da Ordem Cristã", seria o bastante para distanciar seu pensamento do liberalismo progressista de um John Stuart Mill (1806-1873) e mais ainda de Karl Marx (1818-1883). Não obstante, a principal preocupação de Dawson, que mais desejava detectar e deter, era, precisamente, a perda trágica da *tradição* liberal, como distinguia da moderna *ideologia* liberal.

---

[3] Idem, ibidem, p. 141.

Compreender esse interesse e suas fontes nos faz chegar ao âmago de sua crítica e oferece-nos o contexto para as sugestões práticas sobre a crise da Europa.

Dawson sustentava que a civilização cristã ocidental era única entre as culturas do mundo cuja visão espiritual não era de inatividade, mas de desenvolvimento dinâmico. Toda a história do Ocidente fora uma espécie de busca, a busca contínua por liberdade iniciada originalmente entre as cidades-Estado gregas. O que fora de início concebido em termos políticos amplos tornou-se a procura por uma liberdade interior mais profunda e mais rica, uma busca que encontrou a expressão plena com a chegada do cristianismo. Longe de ameaçar ou condenar à morte o ímpeto grego por liberdade – e aqui Dawson toma uma linha surpreendentemente diversa da escola de história liberal começada na Renascença Italiana e expressa de maneira clássica por Edward Gibbon (1737-1794) –, o cristianismo redirecionou e elevou essa busca, ao oferecer fontes de energia espiritual e social muito superiores a tudo o que os gregos conheceram. O mundo antigo "salvara a alma" ao converter-se ao cristianismo, que manteve e favoreceu o gênio do mundo greco-romano. No ocidente medieval, em particular, com a evolução de uma sociedade complexa, de autoridades interligadas, as potências temporais a manter as próprias esferas autônomas, mas participando e devendo fidelidade à sociedade supra-política maior da Igreja, foi criado um contexto que permitiu uma plasticidade notável de formas culturais para a expressão da liberdade. Dawson chegou a ponto de alegar que nunca existiu uma civilização que tivesse passado por mudanças tão profundas e contínuas como a da Europa Ocidental durante o segundo milênio. Esse dinamismo prospectivo, esse anelo pelo reino vindouro, ainda mais mesclado por uma postura realista para com as imperfeições da época presente, foi o que tornou o Ocidente o lugar natural para lançar as raízes das tradições de liberdade e deu à Europa uma surpreendente ascensão que, por fim, arrastou o restante do mundo para a sua história.

Visto a essa luz, o desenvolvimento da cultura liberal seguindo as divisões e os fracassos da cristandade não prescindiu das raízes cristãs, e, para Dawson, isso não aconteceu sem impressionantes realizações próprias. O movimento liberal mudara o mundo "por uma liberação imensa de energias humanas". Muitos dos feitos mais característicos, como a democracia política, o banimento da escravidão, ou os primórdios de uma comunidade de nações que pudesse coexistir em relativa paz, foram resultados lógicos de uma longa evolução ocidental rumo à liberdade que dificilmente poderia ser ideada em qualquer outro contexto. Entretanto, o movimento liberal moderno e a cultura que este criou fracassaram, e mesmo, no momento, estava em processo de colapso. Segundo Dawson, essa falha teve duas causas principais: apesar de terem sido influenciadas pela cristandade, subvalorizaram a importância da vida espiritual como foi incorporada na tradição religiosa ocidental e, por fim, subverteram-na, sendo incapazes, desse modo, de oferecer uma visão segura de Deus e do mundo, e se provou desproporcional à tarefa de controlar as forças que colocara em movimento. Essas forças tinham muita relação com o advento da máquina e do pensamento técnico-utilitário que o acompanhou.

A máquina, termo pelo qual Dawson indica toda a série de incrementos industriais e tecnológicos dos últimos duzentos anos, tinha ampliado o poder dos humanos sobre o meio ambiente e sobre os semelhantes. No entanto, não havia um desenvolvimento correspondente na visão espiritual e na tradição cultural para controlar aquele poder. No auge do otimismo liberal do século XIX, se acreditava que esse progresso só trabalharia para o bem, que o vasto aumento da capacidade econômica e científica resultaria em uma medida de liberdade, riqueza e esclarecimento ainda maior para o mundo. No entanto, essa era uma postura ingenuamente perigosa. "Descobrimos também que o mal é uma força progressiva e que o mundo moderno oferece perspectivas ilimitadas para seu desenvolvimento."[4] O colapso da cultura liberal estava deixando a Europa nas mãos dos planejadores, engenheiros sociais que eram insensíveis à natureza espiritual da humanidade e estavam tentando solucionar o problema do poder somente pela força. O que aconteceria com a liberdade e com o espírito humanos sob tais planos completos tão devastadores?

Uma marca da visão de Dawson é não pensar que o maior perigo da Europa estava no desenvolvimento de estados policiais totalitários. Ao contrário, ele pensava que a maneira característica pela qual a sociedade europeia, e por extensão a americana, perderia a tradição liberal e recairia na barbárie seria pelo estado burocrático tecnicamente planejado. Embora não eliminasse totalmente as liberdades sociais e políticas, o estado burocrático poderia impor uma ordem que não seria menos destrutiva para a liberdade que qualquer outro regime totalitário, mas muito mais perigosa, pois as implicações são menos óbvias. Acabaria, se não fosse inspirado por uma visão espiritual do humano, no governo de escravos por escravos, "a tirania dos escravos do gabinete para com os escravos da máquina".[5] É aqui que as percepções de Dawson parecem mais apropriadas ao mundo contemporâneo. A ameaça do totalitarismo, ao menos no Ocidente, não é evidente de imediato, mas o estado burocrata sub-reptício está muito presente para nós, e a tendência de engolir a esfera da liberdade humana, em especial, a liberdade de espírito, é clara e crescente. Sintomas de decadência e de falta de esperança dignos de nota, entre eles, o declínio a um excesso de erotismo, a perda do desejo de gerar filhos e a incapacidade de lidar com seriedade nas questões espirituais, ao passo que desenvolve novas formas de intolerância religiosa, estão presentes e ficam maiores. Se Dawson está correto, as fontes desses incrementos muito modernos são as mesmas que causaram tal

---

[4] Idem, ibidem, p. 31.
[5] Idem, ibidem, p. 198.

devastação durante os horrorosos trinta anos de 1914 a 1945. No meio daqueles horrores, pôde escrever: "o otimismo que permeou o século XIX com sonhos de uma utopia humanitária de progresso material e esclarecimento racional não engana mais ninguém".[6] Os horrores diminuíram, mas suas causas não foram removidas. Os sonhos de utopias humanitárias, mais uma vez, exercem seu poder traiçoeiro. O mundo, ao menos nesse sentido, não seguiu adiante. Ainda estamos em meio à mesma crise, agora manifestada de maneiras diferentes e mais sutis, mas, talvez, não menos destrutivas.

A recomendação de Dawson para sua época, que ecoou com grande vigor nos papas João Paulo II (1920-2005) e Bento XVI em nosso tempo, é simples e completa. A crise é uma crise espiritual; a solução precisa ser igualmente espiritual. Se a Europa deve sobreviver, se a grande tradição liberal representada pela Europa não deve ficar perdida para o mundo, a Europa deve redescobrir suas raízes espirituais, largar a cultura secularizada e reconstruir a ordem social cristã, de modo que "a máquina se torne serva do espírito e não sua inimiga ou mestra".[7]

Tal pretensão traz, imediatamente, dificuldades, e os críticos de Dawson não tardaram a apontá-las. Alguns sugeriram que Dawson sofria de um apego nostálgico ao passado cristão, tendo por base a própria criação tradicional no Castelo Hay, no País de Gales, ou por ter estado entre a população rural de Yorkshire. Ele tenta colocar o gênio novamente dentro da lâmpada, anelando retornar a uma arcádia que não existe mais, se é que existiu, incitando o mundo a parar de mover-se adiante; um ideal irremediavelmente romântico. Por mais que Dawson possa ter, de modo privado, olhado com gratidão e certo arrependimento para o tempo perdido da juventude, uma experiência que não é incomum, essa não é uma crítica legítima para seu trabalho acadêmico. Dawson via toda a história ocidental como um processo

---

[6] Idem, ibidem, p. 151.

[7] Idem, ibidem, p. 136.

extraordinariamente dinâmico, o que G. K. Chesterton (1874-1936) chamou de "uma aventura vertiginosa", "a ribombar pelas eras",[8] e a última coisa que imaginava ou esperava era que o futuro se assemelhasse ao passado. Isso nunca acontecera antes na história cristã, nem era algo a ser desejado. O que esperava era que os mesmos princípios e ideais cristãos que tão amiúde se enraizaram e engrandeceram as sociedades humanas no passado pudessem, mais uma vez, fazê-lo de novo, sem dúvida, de maneiras novas e nunca vistas. Reconhecia a dificuldade, até mesmo a improbabilidade, de isso ocorrer. Acreditava, todavia, na totalidade da influência do cristianismo na história humana que era extremamente improvável e, mesmo assim, ocorrera. Por que não poderia acontecer mais uma vez?

Outros criticaram o apelo de Dawson por uma nova ordem cristã como uma convocação para retomar a opressão inquisitorial e dar cabo da liberdade. É sabido que Joseph de Maistre foi tingido com uma pincelada de fascismo por Isaiah Berlin (1909-1997), e Dawson, no fim das contas, estava apenas buscando o mesmo caminho nada liberal e violento. Isso, no entanto, quando não é somente uma expressão de preconceito anticatólico, também é inaplicável a Dawson. A ordem que esperava

---

[8] O autor utiliza trechos de uma frase no fim do capítulo "The Paradoxes of Christianity" [Os Paradoxos do Cristianismo] no livro *Orthodoxy* [*Ortodoxia*] na qual a passagem completa em inglês afirma: "But to have avoided them all has been one *whirling adventure*; and in my vision the heavenly chariot flies *thundering through the ages*" (grifos nossos). Em língua portuguesa existem duas traduções dessa obra de G. K. Chesterton. Na edição mais antiga a passagem foi escrita com as seguintes palavras: "Mas ter evitado todas essas coisas foi uma alucinante aventura; e na minha visão, o carro celestial segue trovejando através das eras" (G. K. Chesterton. *Ortodoxia*. Apres., notas e anexos Ives Gandra da Silva Martins Filho. Trad. Cláudia Albuquerque Tavares. São Paulo, LTr, 2001, p. 135). A outra tradução apresenta o texto do seguinte modo: "Mas evitá-los a todos tem sido uma estonteante aventura; e na minha visão a carruagem celestial voa esfuziante atravessando as épocas" (G. K. Chesterton. *Ortodoxia*. Pref. Philip Yancey. Trad. Almiro Piseta. São Paulo, Mundo Cristão, 2008, p. 168). Optamos por fazer uma nova tradução das expressões aqui citadas. (N. T.)

ver era exatamente a ordem da liberdade, aquela que, como ele mesmo afirmou, encorajaria "os direitos elementares que são para o espírito humano o que o ar e a luz são para o corpo: liberdade para cultuar Deus, liberdade de expressão, liberdade do desejo e liberdade do medo. Sem essas coisas o homem não pode ser plenamente homem, e a ordem que as nega é uma ordem *desumana*".[9] Certamente, havia uma grande confusão a respeito do que servia à liberdade humana, e Dawson, aqui seguindo o papa Leão XIII (1810-1903), insistia que o cristianismo era a religião da verdadeira liberdade do espírito humano em comparação às tentativas mal orientadas e escravizantes para assegurar a liberdade representada pelo consumismo burguês ou pelo socialismo comunista. Entretanto, foi a liberdade o que ele defendeu. Dawson estava muito ciente de que tal ordem cristã renovada não poderia simplesmente ser imposta de cima para baixo; precisaria abrir caminho por intermédio de uma ação em coro de indivíduos e grupos dedicados, cujo poder estaria na persuasão pela palavra e ação, e não na coerção.

O que deveria ser feito, então? Qual era a tarefa que tinham à mão? Dawson se recusava a ser tomado por aqueles que buscavam um plano cuidadosamente elaborado ou uma série de técnicas pelas quais a nova espiritualização da Europa pudesse ser realizada. Em primeiro lugar, Dawson olhou para toda a história cristã como uma intervenção direta nos assuntos humanos iniciada pelo Ser Divino, cujos pensamentos não são os nossos pensamentos. Qualquer tentativa de controlar a ação de Deus ou de tornar o cristianismo uma ferramenta para o trabalho supostamente maior de construir uma civilização europeia estava, para Dawson, não só fadada ao fracasso mas era a traição do espírito do cristianismo. Em segundo lugar estava, contudo, precisamente a ideia de que o planejamento de uma sociedade com racionalidade pode ter sucesso, algo a que Dawson se opunha com estridência. Em resposta aos que buscavam um plano

---

[9] Christopher Dawson. *O Julgamento das Nações*. p. 189 (grifo no original).

detalhado, Dawson afirmou: "Não é necessário discorrer muito sobre os caminhos e os meios, pois os caminhos do Espírito são essencialmente misteriosos e transcendem a compreensão humana".[10]

Não obstante, ele acreditava que existia um trabalho prático imenso a ser feito, e apontava para certas vias adiante, pelas quais a ação necessariamente misteriosa do espírito poderia fazer sua obra. Dentre elas, a primeira era a tarefa de superar as divisões da cristandade, curando a ferida que inicialmente colocara a Europa naquele curso destrutivo. Ele mesmo estava envolvido nesse esforço durante a guerra, ao reunir cristãos conhecidos e influentes de diferentes denominações no que chamou de "O Gládio do Espírito", que oferecia um ponto de união de forças para a renovação da visão espiritual. Uma segunda tarefa vital envolvia a educação. O longo percurso da civilização ocidental dos gregos em diante era entendido por Dawson como uma unidade cujo fio condutor era a tradição da educação liberal. Essa tradição fora incorporada em instituições religiosas e educacionais de longa data cujos feitos característicos foram a formação de um determinado tipo humano. Esse fio foi rompido, e a Europa estava em risco de cair em um tipo de amnésia histórica, ao esquecer as fontes de seus ideais e as instituições mais amadas, e, portanto, mais propensa a perdê-las. Para Dawson, a crise espiritual do Ocidente encontrou sua expressão prática na crise da memória educacional, e os que buscavam a renovação da sociedade precisavam encontrar maneiras de readmitir e recordar a realidade histórica do passado cristão europeu como o solo necessário do qual uma cultura cristã renovada poderia crescer. Outras sugestões incluíam observações acerca das relações internacionais em uma época de globalização e princípios para ordenar o mundo do trabalho com humanidade em uma cultura burocrática emergente, discussões que ainda provam ser de interesse. Dawson, contudo, estava mais preocupado que a verdadeira natureza

---

[10] Idem, ibidem, p. 186.

espiritual da crise fosse propriamente compreendida. Uma vez esclarecida, acreditava que a cristandade tinha fontes arraigadas de criatividade cultural que encontraria novos modos para revitalizar uma sociedade em mudança rápida.

Dawson, com raro vigor profético, denuncia os males de seu tempo e prediz a desgraça, caso não seja tomada a ação apropriada. No entanto, o que é mais surpreendente em sua obra, escrita sob a nuvem negra da barbárie nazista e entre as sirenes e os escombros dos ataques aéreos, é a presença de um elemento completamente diverso, que parece fora de lugar, mas de algum modo não está: uma corrente forte e constante de esperança viva. Dawson é um observador severo, mas, de modo algum, desesperado. Seu propósito ao escrever não é predizer o erro e o desastre, mas, ao contrário, estimular para a ação os que tinham em seu poder a possibilidade de regenerar. A esperança, fica claro, é a primeira força motivadora por trás de sua escrita, e a esperança, juntamente com a seriedade sóbria acerca do caminho a seguir, é o que comunica aos leitores. Nisso, capta bem os marcos da visão cristã do humano: a profundeza da queda e a altura do chamado a que somos destinados. Pois, como observa Dawson, se a cristandade "tivesse reconhecido de maneira mais franca que a maioria das filosofias humanas a realidade do mal e a extensão da influência do mal na natureza humana", não teria, contudo, insistido que "esse animal carnívoro lascivo, cujas paixões são infinitamente mais destrutivas e incalculáveis que a das feras da selva porque guiadas pela inteligência, é, apesar disso, *capax Dei*, capaz de adquirir uma natureza espiritual e alcançar uma finalidade divina".[11] Foi na esperança de levar, mais uma vez, essa visão atraente a fim de dar suporte a uma sociedade ocidental que esquecera Deus para produzir a própria ferida que Dawson gerou sua obra – uma esperança e um chamado à renovação espiritual mais necessária hoje do que jamais foi.

---

[11] Idem, ibidem, p. 139.

PARTE I

A DESINTEGRAÇÃO DA CIVILIZAÇÃO OCIDENTAL

Capítulo 1 | A Hora das Trevas

Um século é um período relativamente curto. Não chega nem mesmo a exceder a extensão de uma única vida humana. No entanto, os últimos cem anos mudaram a vida humana de maneira mais absoluta que qualquer outro período da história do mundo. É como se o fluxo do tempo se transformasse de um lento rio corrente em uma catarata ruidosa. Há cem anos, grande parte da raça humana ainda vivia como sempre viveu. O Extremo Oriente ainda era um mundo fechado, tão distante do pensamento da Europa como se fosse um planeta diferente, ao passo que o Extremo Ocidente ainda estava vazio e a África tropical ainda era desconhecida. No espaço de três gerações todo o mundo foi aberto, unido e modificado. Houve um progresso esbaforido na população, nas riquezas e no conhecimento. As cidades não só aumentaram em números e tamanho; uniram o mundo em uma única sociedade. Está chegando o tempo em que as cidades se tornarão uma cidade – uma Babilônia que deixa sua marca na mente de todos os homens e mulheres e impõe o mesmo padrão de conduta a todas as atividades humanas.

Em certo sentido, essa evolução cumpre, e até mesmo excede, as expectativas dos homens de um século atrás. Era o auge do otimismo liberal, quando o desespero romântico da geração anterior abrira caminho para a fé nas possibilidades ilimitadas da ciência, no progresso material e na liberdade política.

[...] na marcha da razão,
No barco a vapor, na ferrovia, nos pensamentos
Que abalam a humanidade.[1]

Entretanto, mesmo os mais otimistas deixaram de perceber a velocidade e a escala do movimento que começara a ganhar ímpeto e que levaria, em muito pouco tempo, à conquista do tempo e do espaço e à submissão completa da natureza aos propósitos humanos. Para a geração de 1840 a 1870, as coisas iam muito bem, como esperavam os liberais, desapontando as expectativas visionárias de idealistas como Giuseppe Mazzini (1805-1872) e satisfazendo plenamente a opinião pública progressista do século XIX, personificada em estadistas como Camilo Benso (1810-1861), o Conde Cavour, e William Gladstone (1809-1898).

Assim, por quarenta anos houve um período de paz incômoda, em que os homens, gradualmente, perderam a fé nos ideais do liberalismo do século XIX, embora a prosperidade material e o conhecimento científico continuassem a aumentar. Nessa calma inquieta, quando as energias do mundo ocidental pareciam absorvidas no ganho financeiro e na exploração dos povos mais fracos, umas poucas vozes proféticas foram ouvidas ao anunciar o fim de uma era – mas eram vozes de homens possuídos, como Friedrich Nietzsche (1844-1900) e Fiódor Dostoiévski (1821-1881), que não tinham espaço no paraíso de tolos chamado de mundo real.

Durante os últimos trinta anos, contudo, essa realidade artificial ruiu como um castelo de cartas. Os demônios que assombravam as cabeças desses párias invadiram o mundo dos homens e tornaram-se os senhores. Os antigos pontos de referência de bem e mal, de verdade e falsidade, foram lançados fora, e a civilização navega diante de uma

---

[1] No original: [...] *in the march of mind,/ In the steamship, in the railway, in the thoughts/ that shake mankind.* Os versos de Alfred Tennyson (1809-1892) aqui citados são do poema "Locksley Hall", escrito em 1835 e publicado em 1842. (N. T.)

tempestade de destruição como um navio sem mastro e sem leme. Os males que o século XIX pensara ter banido para sempre – proscrição e perseguição, tortura, escravidão e o medo da morte súbita – retornaram, e com eles novos terrores que o passado desconhecia. Descobrimos também que o mal é uma força progressiva e que o mundo moderno oferece perspectivas ilimitadas para seu desenvolvimento.

Portanto, não é acidental que o período que assistiu o culminar do desenvolvimento do poder científico e econômico modernos deva conduzir a civilização ocidental à beira da ruína. Nosso poder é a nossa destruição, e o mundo está embriagado e envenenado pelo poder, como os povos primitivos foram envenenados pelo gim, pelos germes e pela pólvora de uma civilização mais avançada.

Existe, de fato, um golfo ainda maior entre as condições exteriores de nossa vida e a de nossos ancestrais há um século do que existia entre a civilização dos conquistadores espanhóis e a dos nativos do Novo Mundo. O carro motorizado e o aeroplano representam uma mudança muito mais revolucionária na relação do homem com o meio que a vinda dos cavaleiros armados que destruíram o México e o Peru. Essas mudanças, no entanto, são demasiado súbitas para que os homens se adaptem às novas condições. A natureza humana muda lentamente, e os homens que conquistaram o tempo e o espaço e adquiriram um poder material quase ilimitado não são mais super-homens que seus bisavôs em 1840. Todavia, foram tornados super-homens apesar deles mesmos – foram retirados dos arados e dos bancos de sapateiro e deram-lhes um poder que mesmo os autocratas deificados dos antigos impérios do mundo nunca possuíram.

Essas são as condições que levaram ao surgimento do Estado totalitário. É a tentativa de solucionar o problema do poder massificado pela força e, dessa maneira, produzir uma nova série de tensões e conflitos que intensificam o caráter destrutivo da crise. Os problemas não podem ser resolvidos somente pelo poder, nem podem ser resolvidos pela ciência, já que a ciência se tornou serva do poder. A liberdade e a razão estão sendo destruídas pelos poderes que criaram e a humanidade escorrega, cega e impotente, para o abismo. A humanidade não pode salvar-se pelos próprios esforços. Quando é deixada só, perece, e quanto maior o poder e os recursos materiais, mais completa é a catástrofe.

Eis a verdade que foi reconhecida por todas as civilizações que o mundo já conheceu, mas que foi esquecida ou negada pelo homem moderno, intoxicado pelo poderio recém-adquirido. Não ficamos, contudo, sem uma testemunha. Ao longo do último século, a Igreja não deixou de defender o princípio da dependência da sociedade e das leis humanas para com uma ordem que transcende a política e a economia, e de advertir os homens da catástrofe inevitável que resultaria da tentativa de criar uma civilização que não tivesse outra lei senão as próprias necessidades e ambições do homem. No primeiro dos três períodos que mencionei, essas admoestações eram sumariamente rejeitadas como mero obscurantismo reacionário. Entretanto, quando Pio IX (1792-1878) condenou o liberalismo na encíclica *Quanta Cura*, promulgada em 8 de dezembro de 1864, o fez não porque libertava as nações do despotismo e dos poderes limitados do Estado, mas porque viu nisso a negação de uma subordinação da sociedade humana à lei divina e a afirmação de um novo princípio de poder irrestrito, mais extenso que qualquer prerrogativa real.[2]

As consequências desse princípio se tornaram ainda mais claras no segundo período, quando o idealismo liberal de Giuseppe Mazzini e de Alphonse de Lamartine (1790-1869) deu lugar ao secularismo triunfante do final do século XIX. Foi então que Leão XIII (1810-1903) resumiu os princípios sociais católicos na grande série de encíclicas que são a expressão clássica dos ideais do humanismo cristão e do liberalismo cristão, inspiradores da cultura ocidental. Essas advertências, todavia, foram igualmente desconsideradas. Quando

---

[2] Cf. Leão XIII sobre o falso liberalismo em *The Pope and the People*. p. 88.

em 1878 o papa declarou que a raça humana estava sendo precipitada para a beira da ruína e preveniu a sociedade que se preparasse para uma crise iminente antes que fosse tarde demais, suas palavras não causaram efeito algum na civilização que crescia em prosperidade material e ainda era relativamente estável. Somente nos os últimos trinta anos o mundo acordou para a realidade dos perigos dos quais o papado havia muito falava. Durante os três últimos pontificados, as verdadeiras questões foram reveladas com clareza aterradora, e a Igreja não aparenta mais ser uma testemunha negligenciada de verdades esquecidas, mas figura no cerne da batalha em que cada ser humano está envolvido. Hoje, o inimigo não é o liberalismo humanitário, que é uma espécie de versão secularizada do idealismo moral cristão. É um novo poder que esmaga aos pés todos os direitos e ideais humanos. Sob a sombra dessa ameaça, os conflitos parciais que dividiram a cultura ocidental não têm mais o mesmo significado, e as causas de Deus e da humanidade tornaram-se uma só. A lei da caridade não é estranha à natureza humana e não se opõe aos ideais de liberdade e progresso social que inspiraram a cultura ocidental nos tempos modernos. Ao contrário, é a única lei que pode salvar a humanidade da lei de ferro do poder que destrói os fracos pela violência e os fortes pela traição. O neopaganismo nada tem em comum com a idealização poética do mito helênico criado pelos humanistas e classicistas dos séculos recentes: solta os poderes do abismo – as forças das trevas que estiveram acorrentadas por mil anos de civilização cristã e que agora são libertadas para conquistar o mundo. A vontade de poder também é a vontade de destruição e, no último caso, torna-se vontade de autodestruição.

Nessas épocas tenebrosas, muitos são tentados ao desespero quando veem a ruína das esperanças de paz e de progresso que inspiraram o idealismo liberal do último século e a perversão dos grandes feitos do poderio e conhecimento humanos a servir as forças demoníacas de destruição. Nunca, talvez, uma civilização tenha sofrido uma total subversão dos próprios padrões e valores, ao passo que seu poder e sua riqueza materiais tenham permanecido praticamente intatos, e, em muitos aspectos, estejam maiores do que nunca.

Para os cristãos, no entanto, o choque e a desilusão devem ser menos severos que para os que põem a fé no evangelho de progresso secular do século XIX. A fé cristã nunca minimiza a realidade das forças do mal na história e na sociedade, bem como na vida do indivíduo; tem preparado a mente dos homens para enfrentar as consequências extremas do triunfo exterior do mal e a aparente derrota do bem. Não obstante, essa não é uma filosofia derrotista; é uma afirmação triunfante da vida – da vida eterna vitoriosa sobre a morte, do Reino de Deus triunfando sobre os governantes deste mundo de trevas.

Há quinze séculos o mundo antigo enfrentou uma crise que ameaçou a civilização de ser destruída quase no momento em que a Igreja estava peto da vitória sobre o paganismo. Por mil anos o mundo mediterrâneo viveu em segurança à luz da cultura helênica. Agora o sol tinha se posto e a escuridão e o frio do Norte bárbaro invadira o mundo. Os povos guerreiros da Germânia Oriental expulsos do sul da Rússia e do Danúbio pelo avanço das hordas mongóis para além do Volga abriram caminho através das defesas do Império e arruinaram o tecido grandioso da ordem romana. Santo Agostinho, todavia, tinha uma resposta. Pôde permanecer acima do conflito porque pensava ser um romano leal e um erudito que percebeu o valor do pensamento grego; ele via essas coisas como temporárias e acidentais. Não viveu à luz de Atenas e Alexandria, mas sob uma nova luz, que repentinamente raiara no mundo do Oriente apenas uns séculos antes. A Roma Imperial era, afinal, filha da Babilônia, a encarnação do orgulho humano e da riqueza material, a perseguidora dos santos e a opressora dos pobres. Os verdadeiros destinos do homem eram imaginados em outro lugar, em Jerusalém, a Cidade de Deus, que estava sendo construída por toda a ruína e destruição dos reinos e impérios humanos pelo impulso irresistível de um propósito divino.

Entretanto, para nós, hoje, a resposta é ainda mais difícil. A civilização que é solapada, e agora ameaçada pela subversão total, é a civilização cristã, erigida sobre os valores espirituais e os ideais religiosos de Santo Agostinho e seus semelhantes. O adversário não é o barbarismo simplório de povos estrangeiros que estão em um nível cultural mais baixo, mas as novas potências armadas de todos os recursos da técnica científica moderna, inspiradas por uma vontade de poder cruel, que não reconhecem lei alguma, salvo as próprias forças. É quase a situação reversa vislumbrada por Santo Agostinho. Em seus dias, o mundo ruía e os portões da Igreja permaneciam abertos como uma cidade de refúgio para a humanidade derrotada. Hoje, o mundo é forte: e não há piedade para a fraqueza e o sofrimento. Não gosta do cristianismo, o despreza como a forma mais perigosa de escapismo e derrotismo. Tem a própria religião – a religião que reverte os valores morais do cristianismo e que diz "Bem-aventurados os fortes, pois possuirão a Terra", mas que, não menos que o cristianismo, exige sacrifícios sem limites e fidelidade indivisa do homem todo. Dessa maneira, a situação que os cristãos têm de enfrentar atualmente tem mais em comum com a descrita pelo autor do Apocalipse que com a era de Santo Agostinho. O mundo é forte e tem senhores do mal. Estes senhores, contudo, não são autocratas viciosos como Nero (37-68) e Domiciano (51-96). São os engenheiros do mecanismo do poder mundial: um mecanismo mais formidável que qualquer outra coisa que o mundo antigo conhecera, pois não está confinado aos meios externos, como os despotismos do passado, mas utiliza todos os recursos da psicologia moderna para tornar a alma humana o motor de seu propósito dinâmico.

Por isso, enquanto os princípios fundamentais agostinianos dos dois amores e das duas cidades mantiverem a validade, adotarão uma nova forma nestes tempos, diferente de tudo na experiência anterior da Igreja. Hoje está sendo feita uma tentativa deliberada de unificar e ativar a sociedade humana a partir das profundezas mais inferiores: trazer Jerusalém – o espírito do homem como receptáculo do Espírito de Deus – à servidão da Babilônia – o espírito do homem degradado em um instrumento cego de uma vontade de poder demoníaca. Não há espaço aqui para discutir a origem e a evolução desse mal. Basta dizer que as tendências revolucionárias da civilização moderna inspiradas originalmente por um otimismo humanitário positivo se perverteram em uma "revolução da destruição". E a principal causa disso, como Nietzsche ressaltou, foi a perda dos valores morais cristãos que "evitava que o homem se desprezasse, enquanto homem, que tomasse partido contra a vida, e desesperasse do conhecimento".[3]

Quando a moralidade é privada dos fundamentos religiosos e metafísicos, inevitavelmente, subordina-se a fins mais inferiores; e quando os fins são negativos, como na revolução e na guerra, toda a escala de valores morais se reverte. É possível compreender como esse niilismo moral pode ser combinado com um tipo de idealismo fanático em um movimento revolucionário subterrâneo. Entretanto, torna-se uma coisa muito mais maligna quando é adotado como credo de um governo e utilizado pelo poder governante para defender a violência e a injustiça, quando o terrorismo revolucionário de uma sociedade secreta se mescla com o terrorismo repressivo de uma polícia secreta para produzir uma nova técnica totalitária de governo pela força e pelo medo que mina os fundamentos psicológicos da liberdade moral.

---

[3] A citação original em inglês é: "prevented man from despising himself as man, from turning against life, and from being driven to despair by knowledge" [impediram o homem de menosprezar-se como homem, de voltar-se contra a vida e de ser levado ao desespero pelo conhecimento]. O texto em questão é uma passagem do livro primeiro da obra *Der Wille zur Macht* [*A Vontade de Potência*], que optamos por substituir pela tradução em português da seguinte edição: Friedrich Nietzsche. *Vontade de Potência*. Pref. e trad. Mário Ferreira dos Santos; apres. Luís Mauro Sá Martinho; pref. Elisabeth Foester-Nietzsche. Petrópolis: Vozes, 2011. p. 147. (N. T.)

Do ponto de vista cristão, a característica mais séria da situação é que o mal se tornou, por assim dizer, despersonalizado, apartado da paixão individual e do apetite e exaltado acima da humanidade em uma esfera na qual todos os valores morais estão confusos e transformados. Os grandes terroristas, de Maximilien de Robespierre (1758-1794) e Louis Antoine Léon de Saint-Just (1767-1794) a Felix Dzerzhinsky (1877-1926), não foram homens imorais, mas puritanos rígidos que faziam o mal de maneira fria, por princípio, sem nenhuma vantagem pessoal, ao passo que a nova massa de ditaduras associa as qualidades mais altas e mais baixas da natureza humana – o autossacrifício e a devoção irrestrita, bem como uma violência ilimitada e um caráter vingativo – na afirmação de sua vontade de poder.

Esse é o novo mal que se espraiou da Rússia para o Ocidente, até o coração da Europa. Não está mais necessariamente associado ao comunismo. Ao contrário, alastra-se por oposição, mais do que por imitação. Assim que os homens chegam à conclusão de que todos os meios são permitidos para combater um mal, então o bem se torna indistinguível do mal que tiveram à intenção de destruir. A subordinação da ética à política, ao reino do terror, da técnica de propaganda e da agressão psicológica pode ser usada por qualquer potência ou partido corajoso o bastante para abandonar os escrúpulos morais e mergulhar no abismo.

Essa é a grande dificuldade com que nos deparamos no tempo presente. É um mal que floresce pela guerra, e a necessidade de nos opormos ao espírito de agressão ilimitada pela força das armas cria a atmosfera mais favorável ao seu crescimento. Temos, portanto, a árdua tarefa de conduzir, simultaneamente, a guerra em duas frentes. Temos de combater, pelas armas, a agressão do inimigo externo e, ao mesmo tempo, resistir ao inimigo interno – o crescimento em nossa sociedade do poder do mal com o qual lutamos. E essa segunda guerra é a mais perigosa das duas, já que pode ser perdida pela vitória, bem como pela derrota. O próprio fato de sermos levados a identificar o mal com a sua manifestação que ameaça nossa existência nacional tende a cegar-nos para tendências mais insidiosas na mesma direção que devem ser encontradas na própria ordem social. A desintegração da cultura ocidental sob o esforço de guerra não é um perigo que possa ser descartado levianamente, nem pode ser aceito pelos cristãos com o mesmo espírito que aceitaram a queda do Império Romano. Esse foi um desastre externo que deixou as fontes de vitalidade espiritual inalteradas, ao passo que essa é uma catástrofe espiritual que golpeia diretamente os fundamentos morais de nossa sociedade e destrói não a forma externa da civilização, mas a alma do homem, começo e fim de toda a cultura humana.

Capítulo 2 | Democracia e Guerra Total

Quando a guerra começou, havia uma tendência, de muitas partes neutras, de minimizar a importância das questões, de vê-la como uma guerra no estilo antigo entre certas potências europeias em que somente o próprio interesse nacional e o prestígio estivessem em jogo, ou mesmo olhá-la como um simulacro de disputa construído para acobertar uma retirada estratégica para novas posições diplomáticas.

Hoje não é mais possível para ninguém se enganar com tais ilusões. Essa "guerra falsa" revelou-se como uma guerra total que não leva em conta a soberania nacional, as convenções internacionais ou os direitos humanos, e a conflagração espalha-se com tal rapidez que nenhum Estado é tão forte ou tão distante que possa contar com a permanência no isolamento. Qualquer que seja a questão, deve afetar todo o mundo e o futuro de todos os povos e de toda a civilização.

Muito foi escrito a respeito dos propósitos da guerra e das intenções de paz dos Aliados, mas a verdadeira questão é muito simples: refrear o poderio da maior máquina militar mundial antes que conquiste a Europa e domine o mundo.

Dessa maneira, quaisquer que sejam as faltas e quaisquer que sejam os defeitos dos próprios sistemas sociais, a Grã-Bretanha e os Estados Unidos figuram, hoje, como os bastiões da liberdade no mundo. Se esses baluartes forem despedaçados, ninguém sabe o que virá a seguir – o caos e a escravidão universais. De qualquer modo, é tolice supor que as consequências podem estar limitadas à Europa.

O mundo do Atlântico em si é uma unidade da qual o mundo do Pacífico, por sua vez, é dependente. Se os dois pilares do Atlântico se fragmentarem, todo o hemisfério ocidental será abalado.

Nem os efeitos de tal catástrofe são limitados à política e à economia. Envolvem mudanças profundas no caráter da civilização de um modo que só ocorreu no passado no caso de uma revolução religiosa. O traço mais típico do sistema totalitário contra o qual lutamos é a pretensão de controlar a mente dos homens, bem como seus corpos, e, para reforçar tal reivindicação, mobiliza todos os recursos na nova magia negra do sugestionamento das massas e da propaganda. Trava guerra não só com meios militares e econômicos, mas com armas espirituais dirigidas contra a mente e a vontade das pessoas que se lhe opõem – não somente contra elas, mas contra todos os povos cujas simpatias possam afetar o resultado do combate – o que quer dizer todos os povos do mundo.

Essa expansão imensa do caráter da guerra não só transforma em contrassenso a antiga concepção de neutralidade juntamente com todas as outras leis e convenções instituídas que resguardam as relações internacionais, mas engloba questões morais para as quais nenhum cristão pode ficar indiferente. No passado era possível considerar a guerra como um infortúnio externo, como a peste e a fome, que deveriam ser suportadas como julgamento divino, mas que não afetava a responsabilidade pessoal do homem ou a liberdade religiosa. Ao contrário, os males da guerra muitas vezes reforçam o interesse pela religião ao voltar a mente dos homens da labuta diária para a visão da paz eterna. Entretanto a guerra total não respeita nenhuma dessas coisas e não deixa intato nenhum valor espiritual. Trata a própria religião como uma arma de seu arsenal, e, se buscarmos refúgio no pacifismo, descobriremos que o pacifismo é explorado da mesma maneira, como uma arma útil para enfraquecer a resistência e desintegrar o estado de espírito nacional.

O impulso copioso pelo poder que constitui o totalitarismo está abolindo os limites impostos por séculos de cristianismo e civilização por instintos primitivos de violência e agressividade. Esses limites, todavia, não são apenas necessários para a preservação da liberdade individual, são nada mais que essenciais à ordem social. Quando destruídos, nada resta entre a alma humana desarmada e as forças da destruição. Assim, a guerra atual, com sua destrutividade ilimitada e completa desconsideração pelas restrições legais e morais, é somente um sintoma externo da doença da qual não só a Alemanha e não só a Europa, mas todo o mundo está sofrendo.

Qual é a fonte desse mal? Certamente, ele não foi inventado por *Herr* Adolf Hitler (1889-1945) e seus companheiros. Essas são as criaturas, não os criadores. São apenas homens que foram arrastados ao poder na crista da onda de destruição, como os líderes da Convenção durante a Revolução Francesa, os advogados e jornalistas que surgiram do nada, mudaram a face da Europa e desapareceram tão subitamente quanto haviam surgido. Mas, enquanto a força motriz da Revolução Francesa era uma imensa onda de idealismo e de esperança no futuro, a nova revolução é um movimento de desintegração e desespero que tira forças da liquidação dos ideais nos quais o mundo do século XIX pôs as esperanças.

A visão de que a civilização moderna tendia, inevitavelmente, para essa catástrofe não é, de modo algum, nova. Já no século XIX foi o tema da filosofia da cultura de Nietzsche, que teve profunda influência tanto no pensamento alemão quanto no russo. Nietzsche também não está sozinho. Um contemporâneo mais velho, na Rússia, Konstantin Leontiev (1831-1891), que é objeto da última obra de Nikolai Berdiaev (1874-1948), proferiu um juízo muito similar a respeito da cultura ocidental.

> Uma ordem demasiado móvel, que dá à humanidade as ideias do século XIX de progresso, de igualdade e de emancipação é muito instável, e [...] deve acabar em catástrofe ou em uma transformação profunda e lenta das sociedades humanas com base em princípios totalmente novo e – não mais princípios liberais, mas, ao contrário,

princípios extremamente repressores e tirânicos. Talvez a escravidão retorne, assumindo forma diferente, muito parecida com a da rígida subserviência de pessoas a comunidades grandes e pequenas e dessas, por sua vez, ao Estado.

De qualquer modo, essa nova cultura será bastante opressora para muitos, e os homens do século XX, que já estão próximos, longe de amolecê com o açúcar e a água de rosas da liberdade regulada, a humanidade a combinará com algo mais, com algo desconhecido ou até mesmo aterrador.

De modo que "a vida desses *homens novos* deva, no fim, provar ser muito mais opressiva e insalubre que a vida dos bons monges escrupulosos dos monastérios austeros".[1]

Esse extraordinário prognóstico, ou mesmo profecia, foi cumprido quase ao pé da letra. Durante os últimos vinte anos a democracia liberal se deparou com derrota atrás de derrota. Por uma grande parte do mundo vemos a ab-rogação daquelas liberdades que o século XIX via como a base da civilização moderna e a instituição de uma nova ordem social que nega os direitos humanos mais elementares e destrói todas as classes e povos com tanta crueldade quanto qualquer despotismo oriental no passado. E isso acontece não pelo triunfo das forças "reacionárias" ou conservadoras na sociedade ocidental, mas pela derrota e pelo triunfo dos inimigos. É a obra dos movimentos de massa e dos partidos revolucionários liderados por homens do povo.

É verdade que esse movimento começou quando a democracia liberal estava mais enfraquecida e teve as mais importantes vitórias nos países que estavam acostumados por séculos à disciplina rígida da autocracia teocrática ou de uma monarquia militar. Na Rússia, sobretudo, a democracia ocidental foi uma importação estrangeira, e não só reacionários, como Konstantin Leontiev, mas socialistas como Aleksandr Herzen (1812-1870) e anarquistas como Mikhail Bakunin

---

[1] Nicholas Berdyaev, *Leontiev*. London, Geoffrey Bles, 1940, p. 100-02.

(1814-1876) detestaram as cartolas e casacas da burguesia ocidental como uma enfadonha imissão de posse servil aos ideais estrangeiros que eram mais estranhos a suas tradições e instintos do que jamais foram a servidão e o obscurantismo do czarismo.

É importante, portanto, distinguir dois elementos na reação moderna à democracia liberal. Há a reação que surgiu da própria democracia como resultado do progresso da organização humana e da mecanização de nossa cultura que destruiu a base econômica e social do individualismo liberal e, em segundo lugar, há a reação nacional daqueles países que não possuíam tradição democrática nativa e que aceitaram as ideias liberais como parte da cultura material da Europa Ocidental, que consideravam não só ser símbolo de progresso, mas também de exploração estrangeira.

Somente quando esses dois elementos se uniram na defesa e na revolução do período pós-guerra é que fizeram nascer a nova ordem totalitária, agora, uma ameaça à existência da democracia na Europa Ocidental e no mundo. Como a democracia ocidental do século XIX assegurou a hegemonia pelo processo de penetração econômica e ideológica, pelo livre-comércio, pela liberdade de imprensa e pela propagação dos ideais liberais, da mesma maneira, hoje, o novo regime totalitário busca expandir a dominação pelos próprios métodos – pela organização e disciplina das massas e por derrubar toda a oposição interna e externa ao combinar pressão psicológica e agressão militar.

Será que a democracia ocidental é forte o suficiente para resistir a esse ataque, ou a Europa Ocidental está destinada a seguir o caminho tomado pela Alemanha e pela Rússia e suportar uma revolução totalitária? A resposta não depende somente de fatores militares, pois nem mesmo o sucesso na guerra, por si só, evita a decadência da democracia se as condições modernas forem desfavoráveis à sua sobrevivência; ao passo que, por outro lado, se os fundamentos da democracia ocidental forem sólidos, nem mesmo uma derrota militar a destruirá.

É necessário, primeiro, compreender o que queremos indicar por democracia e, em segundo lugar, distinguir o que está vivo do que está morto na tradição democrática que herdamos do século XIX. Por democracia queremos expressar não o mero autogoverno ou governo popular, mas, ao contrário, a forma particular de autogoverno que tinha por base o ideal da liberdade pessoal e que estava incorporado às instituições representativas e parlamentares.

Essa forma particular de democracia é peculiar à civilização ocidental moderna e está especialmente associada a três grandes nações políticas do Ocidente: Inglaterra, França e Estados Unidos, de onde se espraiou no curso do século XIX por quase todo o mundo civilizado. Entretanto, embora só tenha atingido o pleno desenvolvimento como resultado de três revoluções ocidentais – as revoluções inglesas de 1642 (Revolução Puritana) e de 1688 (Revolução Gloriosa), a Revolução Americana e a Revolução Francesa – suas raízes permanecem profundas na cristandade ocidental, de modo que é impossível compreendê-la corretamente se a apartarmos do plano de fundo religioso e cultural. Assim, o ideal ocidental de liberdade que é a inspiração de toda a tradição democrática não é mera consequência de novas instituições políticas. Como notou Edmund Burke (1729-1797), ele permeou toda a ordem cristã da sociedade cristã e "surgiu não das leis do Estado (no qual floresceu mais por negligência que por atenção), mas do sistema de costumes e de hábitos da vida".[2]

---

[2] No presente livro Christopher Dawson cita o texto invertendo a ordem da afirmação de Edmund Burke, mas sem comprometer o sentido da frase, que no original foi expressa do seguinte modo: "has rather arisen from the system of manners and the habitudes of life than from the laws of the state, (in which it flourished more from neglect than attention)" ["tem surgido mais do sistema de costumes e de hábitos da vida do que das leis do Estado (do qual floresceu mais por negligência que por atenção)"]. Ver: Edmund Burke, *Three Letters Addressed to a Member of the Present Parliament on the Proposals for Peace with the Regicide Directory of France*. In: *The Works of the Right Honorable Edmund Burke, Volume V*. Boston, Little, Brown and Company, 1865. Letter II, p. 374. (N. T.)

Acima de tudo, tirou forças da crença cristã no absoluto e no valor único da alma humana que transcende infinitamente toda a riqueza, poder e glória do mundo.

As consequências políticas e sociais de tal crença são duplas. De um lado, gera uma postura ascética e voltada para outro mundo – a depreciação dos bens terrenos e do poder mundano, bem como a transferência do centro de pensamento e de ação para a esfera supratemporal e religiosa. De outro lado, todavia, também tende a afirmar-se dentro da ordem social e política pela modificação de tipos sociais e de instituições em um sentido cristão.

Assim, da mesma maneira que a monarquia cristã se tornou uma coisa muito diferente dos reinados bárbaros dos quais historicamente descendia, a liberdade cristã, igualmente, combinada com elementos da liberdade bárbara e da cidadania clássica, tornou-se algo novo. A raiz espiritual mais profunda da democracia ocidental não deve ser encontrada nem na irmandade de sangue dos guerreiros tribais, nem nos privilégios cívicos da cidade-Estado, mas na inversão espiritual de valores que fizeram os homens honrar a pobreza e o sofrimento e ver no pobre a imagem do próprio Cristo.

Esse sentido de liberdade cristã e de democracia cristã – para utilizar a expressão de Leão XIII – foi difundido por todo o corpo da cristandade e formou o plano de fundo espiritual de uma ordem social que, do ponto de vista externo, muitas vezes parece extremamente hierárquica e autoritária. Na Europa Oriental, graças em grande parte ao imperialismo oriental a que foi por tanto tempo submetida, esse plano de fundo estava distante demais das realidades políticas, de modo que a consciência social cristã se expressava em termos místicos e apocalípticos. No Ocidente, contudo, a ordem social era mais plástica e estava organicamente relacionada às crenças e aos ideais dos povos. Na verdade, nenhuma civilização, nem mesmo a da Grécia Antiga, jamais se submeteu a um processo contínuo e profundo de mudança como a Europa Ocidental durante os últimos novecentos anos.

É impossível explicar esse fato em termos puramente econômicos por uma interpretação materialista da história. O princípio da mudança foi espiritual, e o progresso da civilização ocidental está relacionado de modo íntimo ao *éthos* dinâmico da cristandade ocidental, que, aos poucos, tornou o homem cônscio de sua responsabilidade moral e do seu dever de mudar o mundo. Tal alegação está implícita na visão cristã de mundo; de fato, foi declarada em termos muito explícitos por São Paulo (5-67): "Não sabeis que os santos julgarão o mundo? E, se o mundo há de ser julgado por vós, seríeis indignos de julgar os processos de mínima importância? Não sabeis que julgaremos os anjos? Quanto mais as pequenas questões desta vida!".[3] A história da cristandade é o relato da defesa progressiva dessa pretensão tremenda que não só tornou a Igreja uma força social muito mais dinâmica que qualquer outro organismo religioso já conhecido, mas difundiu sua influência por toda a civilização ocidental e afetou esferas de pensamento e de ação muito distantes da influência direta da religião.

De fato, não foi até o final da Idade Média, quando a unidade da cristandade medieval se perdera, que os plenos efeitos dessa mudança espiritual revolucionária foram sentidos. Por conseguinte, a ascensão da democracia ocidental bem como a do humanismo ocidental não foram realmente criação de uma nova cultura secular, mas os resultados de séculos que araram o solo virgem do Ocidente e espalharam novas sementes que se difundiram por toda a face da Terra. Sem dúvida, a semente muitas vezes se misturou com o joio, foi sufocada pela sarça, semeada em solo infértil, onde ressecou; não obstante, a colheita foi boa e o mundo ainda vive disso.

Devemos perceber, portanto, que, ao dizer que lutamos pela democracia, não lutamos apenas por determinadas instituições políticas ou mesmo por princípios políticos. Muito menos lutamos pela prosperidade sórdida do industrialismo moderno que foi o resultado do

---

[3] I Coríntios 4,2-3.

liberalismo econômico do último século. O que temos de defender, para citar as palavras do cardeal Achille Liénart (1884-1973), é "uma civilização cristã e humana, construída com infinita paciência": uma obra que recebeu contribuição de muitas raças e povos diferentes e escolas de pensamento, século após século.

E, apesar do conflito que marcou sua evolução, é uma obra de unidade. Cristianismo, humanismo e liberdade social não são ideias conflitantes que dominam a mentalidade europeia alternativamente; têm uma afinidade espiritual que não era aparente aos reformadores e revolucionários envolvidos na poeira do conflito, mas que agora se torna visível, quando todos estão igualmente ameaçados por forças desumanas que não possuem, com elas, nenhuma afinidade.

O grande perigo que temos de enfrentar se deve à falta de uma compreensão clara dessa comunidade espiritual. A cultura europeia passou por um período de individualismo e atomização que abriu caminho para a mais formidável desintegração do niilismo que nos ameaça hoje. Por isso, é demasiado fácil, no naufrágio da Europa, para cada partido ou grupo separado tentar deslocar a culpa pelo desastre para os ombros dos outros ou mesmo explorá-la para os próprios interesses, algo como aconteceu na dissolução do Império Romano, em que cada exército de província, derrotado pelas próprias mãos, utilizou o perigo comum como oportunidade para o próprio enaltecimento. Os inimigos da Europa estão muito conscientes dessa fraqueza e prontos a explorar as divisões e dissensões entre partidos e facções, classes e escolas de pensamento com o intuito de produzir uma atmosfera de desconfiança universal e desintegração que preparará as veredas para a obra de destruição.

Essa é a causa da gravidade da situação presente. A democracia ocidental não luta somente uma batalha em duas frentes com os totalitarismos rivais de direita e de esquerda. Está, ao mesmo tempo, sendo minada por dentro, por um processo de desintegração que esgota a vitalidade e enfraquece nosso poder de resistência.

É inevitável que busquemos enfrentar esses perigos por um imenso esforço concentrado que una todas as forças da nação – militares, econômicas e psicológicas – em uma causa comum. Isso significa que é impossível para a democracia derrotar o totalitarismo sem se tornar, ela mesma, totalitária? O grande problema que os estados democráticos têm de resolver é como conciliar as necessidades das organizações de massa e o poder mecanizado, que encontra a expressão extrema na guerra total, com os princípios da liberdade, justiça e humanidade das quais deriva sua força espiritual. Parece existir uma contradição inerente entre a técnica totalitária que é uma forma modernizada da antiga tradição do governo absoluto, baseado na disciplina militar, na repressão do pensamento e no regime de polícia secreta, e o sistema democrático, que engloba a limitação do poder do executivo, o governo pelo debate e pela cooperação voluntária e a liberdade de opinião pública. E não há planejamento científico que supere essa oposição. Não obstante, ainda deve ser provado que um sistema, que é pela própria natureza mais adaptável que a ordem rígida do absolutismo, é incapaz de se opor ao desafio do estado totalitário e das novas condições de conflito armado.

É verdade que a guerra, que é um estado de violência organizada, é, pela própria natureza, oposta ao ideal de liberdade pessoal sob o Estado de Direito e o sistema de governo por debate, que são características da democracia ocidental. A guerra, no entanto, vista no sentido absoluto, não se opõe menos ao cristianismo e, de fato, a qualquer forma elevada de vida civilizada. A guerra, na verdade, é barbárie, e "as nações que se deleitam com a guerra" – "*gentes quae in sua feritate confidunt*"[4] – eram vistas pelos cristãos da Antiguidade

---

[4] Trecho de uma antiga oração católica, composta no século IV, que ainda faz parte da liturgia tradicional latina da Sexta-Feira da Paixão. Ver: Edmond Moeller & Joanne Maria Clément (eds.). *Corpus Orationum*. Turnholti: Brepols Editores, 1992. 14 v. Corpus Christianorum, Series Latina, 160. §3846 (N. T.)

como "bárbaras" no sentido estrito e representantes do princípio social oposto ao que personificava a ordem da cristandade.

De modo recorrente, ordem da cristandade foi ameaçada pelas investidas dessa barbárie externa que muitas vezes infectou a própria sociedade cristã com o espírito de violência brutal e de desejo ardente pela conquista. Apesar disso, a cristandade sobreviveu à era das trevas em que a lei era somente a da espada, e as nações que aceitaram o evangelho da paz e da adoração da cruz de Cristo provaram ser mais fortes que os adoradores do deus da guerra.

E assim deverá ser no conflito entre a nova barbárie, que sacrifica todos os valores humanos à conquista do poder, e a democracia ocidental, que é a herança da cristandade. A democracia não será destruída nem pela derrota militar nem pela disciplina e organização que tem de se impor para obter a vitória, se puder manter seu valor espiritual e preservar-se dos perigos da desmoralização e da desintegração. Entretanto, essa não é uma tarefa fácil. Por mais de duzentos anos a mentalidade da cultura ocidental dividiu-se contra si mesma diante do conflito entre religião e racionalismo, como havia se cindido nos séculos anteriores entre catolicismo e protestantismo. Esse conflito, contudo, que dividiu o mundo moderno não foi realmente entre forças religiosas e antirreligiosas em nossa civilização, mas entre duas religiões rivais: de um lado, o cristianismo tradicional, e, de outro a religião secular do progresso que faz surgir fé entusiástica, esperança ilimitada e amor pela humanidade, nada menores que os de qualquer revivescimento religioso. Todos os movimentos "progressistas" – iluminismo, liberalismo, democracia, humanitarismo, socialismo – alinharam-se ao lado da nova religião, ao passo que os "reacionários", defensores da antiga ordem –, regalistas, tradicionalistas, conservadores – reuniram-se para a defesa do cristianismo tradicional e da Igreja como instituição.

Esse alinhamento de forças ficou definido de maneira mais nítida entre os povos católicos, sobretudo os da Europa meridional.

Entre os protestantes, em especial na Inglaterra, a divisão apresentava um corte menos claro, pois havia várias gradações de opinião religiosa dos religiosos *tories* da High Church aos Unitaristas. Na verdade, a força motriz por trás do liberalismo político inglês era a consciência não conformista que, de um ponto de vista puramente religioso, era rigidamente conservadora e tradicionalista. No entanto, mesmo na Inglaterra e nos Estados Unidos, os líderes intelectuais da religião do progresso, como Jeremy Bentham (1748-1832), James Mill (1773-1836), John Stuart Mill (1806-1873), Robert Owen (1771-1858), Herbert Spencer (1820-1903), Thomas Henry Huxley (1825-1895) e John Morley (1838-1923), eram hostis ao cristianismo tradicional e estavam, mais ou menos, em contato com os liberais e socialistas do continente.

Durante os últimos trinta anos esse alinhamento de forças deixou de representar as realidades da situação. Um novo poder surgiu, que não é menos hostil aos ideais liberais e humanitários dos apóstolos do progresso do que o é à fé histórica do cristianismo. O mundo foi lento para compreender a natureza desse poder, pois tem pouco em comum com as teorias políticas e religiosas que governaram a humanidade no passado. Sua força deriva não de ideias ou crenças, mas da negação delas, das forças cegas da destruição que repousam, profundas, na alma humana e que agora entraram em erupção das profundezas da civilização como um vulcão adormecido que explode em atividade destrutiva:

> Ele se mantinha distante como uma montanha vulcânica
> Por vezes em chamas (*soltando fogo*), outras vezes esfumaçante
> Triste e divino
> Talvez somente um vilarejo não longe que por ele estremece
> Porém, aos outros, a lira santa erguemos
> Quais divindades estão a caminho
> E agora ele se levanta:
> Posiciona-se mais altivo que as torres edificadas

Ainda mais elevado que ar por nós respirado em outro dia
Firma-se. Excede-se. E nós?
Inflame-se em um, uma nova criação

Mortalmente na qual vive ele.⁵

É particularmente difícil para um inglês compreender a importância dessa "revolução da destruição", para utilizar a expressão de *Herr* Hermann Rauschning (1887-1982), pois o niilismo é um fenômeno muito distante do nosso temperamento e das tradições nacionais, de modo que somos capazes de rejeitar a visão direita do que foi dado a Fiódor Dostoiévski ou a Friedrich Nietzsche como um pesadelo metafísico. Entretanto, permanece o fato de que a revolta contra o idealismo moral, a cultura humanista e a democracia liberal não é uma realidade histórica menor que a Reforma ou a Revolução Francesa, e que esses movimentos afetaram toda a cultura ocidental, embora estivessem originalmente associados a determinado país, do mesmo modo que acontece com a nova "antirreligião". Como demonstrou o Dr. Franz Borkenau (1900-1957) de maneira tão clara em seu livro *The Totalitariam Enemy*,⁶ o nacional-socialismo na Alemanha, assim como o bolchevismo na Rússia, é uma reação nacional específica para um estado mental mundial. Na Alemanha, assumiu um feitio distintivamente militar e agressivo, devido à violência peculiar e à rapidez da dissolução da ordem do século XIX que se seguiu ao colapso do Império de 1918, e ao fato de que a ordem do século XIX como a conhecemos no Ocidente, com o liberalismo parlamentar e o individualismo econômico, era uma evolução superficial comparada com a

---

⁵ No original: *Wie ein vulkanisher Berg lag e rim weiten. Manchmal/ Flammend. Manchmal im Rauch. Traurig und gottlich./und nun aufstand er: steht: höher/ Als stehende Turme, höher/ Als die geatmete Luft unseres sonstigen Tags./ Steht. Ubersteht. Und wir? Glühen in Eines züsammen/ In ein neues Geschöpf, das er todlich belebt.* Rainer Maria Rilke. *Fünf Gesänge.* Agosto de 1914.

⁶ Franz Borkenau, *The Totalitarian Enemy*. London, Faber & Faber, 1940.

tradição militar que construíra o Estado Prussiano pela guerra e para a guerra em um patamar que nenhum outro estado europeu alcançou. Pareceu, portanto, mais fácil para a Alemanha unir toda a força do Estado à vontade de poder revolucionária e lançá-la como uma avalanche no plano da agressão externa. Da mesma maneira, o caráter pagão da ética nazista não deixa de ter um plano de fundo histórico. Enquanto a Alemanha Ocidental fez parte do corpo da cristandade desde o início, a conversão da Alemanha Oriental e, especialmente, das províncias do Báltico não só foi tardia, como levada a cabo por guerras e violência, de modo que a desunião e a falta de equilíbrio que marcam o temperamento nacional alemão estão enraizadas nas origens raciais e históricas da entidade nacional alemã. O espírito dos antigos deuses foi exorcizado de maneira imperfeita pela espada e continuou a assombrar os fundamentos da mentalidade alemã.

No Ocidente, por outro lado, o paganismo teve morte natural e não deixou vestígios. Quando nos referimos aos seguidores da nova religião do progresso como "pagãos", empregamos a palavra em sentido diferente. John Locke (1632-1704), Benjamin Franklin (1706-1790), Jean-Jacques Rousseau (1712-1778) e Alphonse de Lamartine, John Stuart Mill, François Guizot (1787-1874) e Alexis de Tocqueville (1805-1859) estavam muito mais distantes do paganismo que seus ancestrais medievais. Na verdade, ainda eram uma espécie de cristão, embora não acreditassem mais que criam. Atualmente, esse tipo de cristianismo sublimado caiu em descrédito. De fato, foi objeto de uma crítica mordaz e mais intensa que o cristianismo dogmático. É fácil compreender que esta mudança tenha sido saudada pelos cristãos piedosos como sinal de reavivamento religioso e de um novo despertar da fé religiosa. Contudo, não é nada disso. Simplesmente significa que o movimento de desintegração que estava, de início, direcionado contra o cristianismo institucional e dogmático agora foi concentrado contra o *éthos* cristão, contra a moral e o idealismo humanitário que dele decorrem. Isso não surpreende, visto que na Europa Ocidental o cristianismo institucional há muito deixou de ser dominante na sociedade e na cultura, ao passo que o cristianismo sublimado dos liberais e humanitaristas, apesar do caráter vago e desorganizado, foi a religião ativa da democracia ocidental e exerceu verdadeira influência na consciência social. Não obstante, os cristãos não têm motivo para olhar para a derrota desse espírito com complacência ou indiferença. A causa de Deus e a causa do homem são uma só. Os cristãos foram perdoados ao condenar a separação dos ideais de justiça, liberdade e razão dos fundamentos da fé e da prática cristãs. Estes ideais, entretanto, não são abstrações vazias. São as bases da vida humana, e quando são aniquilados, todo o edifício da civilização é desfeito em desintegração e caos.

Capítulo 3 | As Origens Religiosas da Desunião Europeia

A questão fundamental escondida por trás da presente guerra e que, em grande parte, a produziu, é a desintegração da cultura ocidental. Não é que a civilização esteja diante da perspectiva de uma nova idade das trevas da mesma maneira que o mundo romano estava na época das invasões bárbaras, é, ao contrário, uma desintegração que parte de dentro, tal como Roma experimentou séculos antes da chegada dos bárbaros, quando seu poderio material estava no auge. Estamos em posição de compreender o estado mental de Tácito (55-120) quando escreveu o prefácio de suas *Histórias*.

> Ingressamos [diz ele] na história de um período rico em desastres, lúgubre pelas guerras, cismático por sedições e selvageria mesmo nas horas de paz – havia profanação dos ritos sagrados, adultérios em altos postos, o mar estava apinhado de exilados, as ilhas rochosas encharcadas de assassinatos [...] tudo era um delírio de ódio e terror; os escravos eram subornados para traírem os senhores, os homens livres, os patrões. Aquele que não tinha inimigo era destruído pelo amigo.[1]

A explicação desse processo de desintegração era relativamente simples. Devia-se à impossibilidade de adaptar as liberdades que foram desenvolvidas no campo limitado da cidade-Estado às condições de império mundial. Nossos problemas são resultado de uma

---
[1] Tacitus. *Histories*. I,2. (N. T.)

situação muito mais complexa, não obstante exista certo paralelismo entre os dois. Assim como a cultura e as liberdades políticas do mundo antigo eram produtos da cidade-Estado e da classe de cidadãos, do mesmo modo, a cultura e a liberdade ocidentais foram desenvolvidas por privilegiados ou classes de cidadãos de sociedades de relativa menor escala do sistema de Estados europeus que incluíam as monarquias nacionais ocidentais, as cidade-Estado italianas e os principados alemães. Nosso problema surge da dificuldade de adaptar os ideais culturais e as instituições políticas que evoluíram nesse campo restrito para o novo mundo de Estados para multidões em larga escala, da mesma maneira que o mundo antigo foi forçado a adaptar as instituições e os ideais da cidade-Estado para as condições cosmopolitas do império mundial.

Assim, em ambos os casos, vemos a mesma tendência da cultura de deteriorar na qualidade ao aumentar em quantidade e das tradições políticas mais brutas e menos desenvolvidas reafirmarem-se em face das mais delicadas e civilizadas. A tendência geral do mundo antigo era a ressurgência das tradições do despotismo oriental diante da cidadania ocidental, e no mundo de hoje vemos um processo semelhante no declínio da democracia e no reavivamento de um novo tipo de absolutismo na Europa Central e na Europa Oriental, que anteriormente foram governadas por autocracias militares e monarquias autoritárias.

Se seguirmos essa analogia, a conclusão poderá ser de que a causa da democracia é inauspiciosa e que a Europa Ocidental está fadada a se tornar presa de autocracias totalitárias progressivamente maiores e piores. Pessoalmente, não sou um fatalista, e uma analogia desse tipo, ao mesmo tempo em que lança luz sobre a situação histórica, não tem o caráter de uma lei mecânica de fatalidade e determinação. Ademais, as divisões de nossa civilização, ainda que exageradas pela propaganda racial e nacionalista, são muito mais superficiais que aquelas que separavam os povos do mundo antigo.

Esta era composta de elementos essencialmente díspares. As antigas monarquias do Oriente, as cidades-Estado do Mediterrâneo e as sociedades tribais da Europa Ocidental foram forçosamente unificadas pela força militar de Roma, mas não tinham um plano de fundo espiritual comum nem origens comuns. Tinham raízes em mundos diferentes. No mundo moderno, ao contrário, temos uma situação completamente diversa. Por mil anos, os povos e Estados da Europa se desenvolveram sob influências similares e partilharam um patrimônio cultural comum. Todos receberam educação da escola da cristandade e, ainda que tenham sido desobedientes aos ensinamentos e à disciplina, ainda trazem-na impressa e mantêm uma memória semiconsciente da antiga unidade espiritual.

Entretanto, se assim o é, por que o cristianismo não é o ponto de convergência da unidade ocidental? Por que parece impotente para se contrapor às forças que separam a Europa?

O motivo é que a própria religião é uma força desunida e, portanto, desunificadora. Antes de a Europa ser secularizada, a cristandade já estava dividida. De fato, o Estado secular liberal moderno emergiu como solução para o problema da falta de unidade religiosa que fazia quase todos os povos da Europa mergulhar em guerra civil. A reação ao Iluminismo e o colapso do Estado liberal nos trouxeram de volta, não à era de unidade religiosa, mas a uma era de guerras de religião.

Sob os conflitos ideológicos que dividem o mundo moderno repousam os antigos conflitos teológicos, ignorados durante os últimos dois séculos de progresso material, mas que, no entanto, causaram profundo trauma na alma europeia. Quanto mais pudermos aclarar essas fontes ocultas de desentendimento e conflito, mais esperança teremos de uma reconciliação espiritual, que é o único fundamento verdadeiro de paz e ordem internacionais, de modo que o problema da reunião da cristandade tem uma relação muito mais íntima com a causa da paz mundial do que, em geral, se percebe.

Neste ponto, há três problemas a considerar. Existe o cisma entre a cristandade oriental e ocidental, existe a divisão entre a Europa católica e a protestante e, em terceiro lugar, existem as próprias divisões internas do protestantismo.

O primeiro desses problemas é relativamente simples e óbvio. A divisão religiosa entre Oriente e Ocidente coincide com a divisão cultural muito clara que separa a Europa Oriental da Europa Ocidental. A cristandade ortodoxa da Rússia e dos Bálcãs foi, por séculos, um mundo fechado para o ocidente latino, em que todas as correntes de pensamento, cultura social e tradições religiosas corriam em canais separados. Para a Rússia ortodoxa da Alta Idade Média, o ocidente cristão não existia e, depois da queda de Bizâncio e da conquista turca dos Bálcãs, nada mais existia, exceto a própria Rússia, a terceira Roma. Como escreveu o monge Filoféi de Pskov (1465-1542) a Ivan III (1440-1505), o Grande:

> Notai, ó pio e clemente Czar, que todos os reinos cristãos se incorporaram ao vosso, que duas Romas caíram, mas a terceira permanece altiva, e não haverá quarta. Vosso reino cristão não será a sina de outro.[2]

Assim, por trás do mundo fechado das repúblicas soviéticas, identificadas de maneira absoluta com a ideologia comunista e a submissão total ao ditador comunista, resta o mundo secreto da Rússia ortodoxa, plenamente identificado com a igreja ortodoxa em totalmente submisso ao czar ortodoxo. Nicholas Berdyaev, para citar um entre muitos, mostrou de maneira clara como um mundo se transformou no outro como consequência da expansão vitoriosa da cultura ocidental para a Rússia e o conflito que se desenvolveu entre o estado policial militar da Rússia pós-petrina e o antigo ideal da Santa Rússia, profundamente incrustado na mentalidade popular. A tensão não foi resolvida até que o próprio Estado foi tomado pelo

---

[2] Citado em: Nicolas Berdyaev, *The Origin of Russian Communism*. Trad. R. M. French. London, Geoffrey Bles, 1937, p. 4-5. (N. T.)

messianismo secular da *intelligentzia* revolucionária que criou, assim, a forma mais recente e completa de novo absolutismo totalitário. Não podemos insistir com demasiado vigor que a ideia totalitária não seja fascista ou alemã na origem. Foi uma indubitável reação russa, que não teria surgido sem os séculos de segregação cultural e unidade político-religiosa, formadores da consciência nacional russa.

Na cristandade ocidental, por outro lado, tanto a evolução religiosa quanto a cultural são infinitamente mais complexas e multiformes. Aqui as divisões religiosas são, em comparação, recentes, e em grande parte da Europa são confusas e indistinguíveis. Nossa civilização ocidental é, de fato, caracterizada por uma notável falta de uniformidade religiosa, e o problema das minorias religiosas foi uma questão muito mais abrasadora no passado que qualquer questão de minorias raciais hoje.

Há, é claro, o catolicismo latino uniforme da Itália, da Espanha, de Portugal e da América do Sul e o bloco sólido do luteranismo escandinavo, mas os países que assumiram a liderança no fomento da cultura moderna – França, Alemanha, Suíça, os Países Baixos, o Reino Unido e os Estados Unidos – também estavam divididos pela religião em vários níveis. Em alguns casos, como na França, a minoria religiosa mal sobreviveu por séculos de ostracismo e perseguição. Na Alemanha e na Suíça, os países estavam subdivididos territorialmente em uma colcha de retalhos de confissões rivais. Ao passo que, na Inglaterra, e ainda mais nos Estados Unidos, o princípio sectário era cada vez mais dominante, até que a religião se tornou uma questão pessoal dependente da livre escolha do indivíduo. Os problemas que surgem desse estado de desunião religiosa em uma sociedade que, não obstante, tem uma tradição cultural comum não foram, até agora, apreciados de maneira eficiente por historiadores ou sociólogos.

É óbvio que não posso tentar lidar aqui com todos eles, mesmo de modo sumário. O que me proponho é dizer algo sobre as consequências sociais da divergência entre as duas principais tradições religiosas no mundo protestante, pois aí encontramos as sementes do conflito espiritual que divide a civilização ocidental atual, e embora as divisões teológicas nunca tenham sido profundas e, no momento, quase ignoradas, elas tiveram consequências históricas de importância incalculável.

Nada, na verdade, é mais extraordinário que o modo pelo qual o luteranismo e o calvinismo, apesar da concordância teológica fundamental, geraram ou ajudaram a gerar posturas sociais totalmente diferentes e como encarnaram tradições políticas opostas. Enquanto o luteranismo quase desde o início adotou uma atitude passiva perante o Estado e aceitou uma concepção de autoridade política altamente conservadora e até patriarcal, o calvinismo provou ser uma força revolucionária na história europeia e americana, oferecendo um elemento dinâmico na grande expansão da cultura burguesa dos séculos XVI ao XIX.

Como esse contraste pode ser explicado? Em grande parte, sem dúvida, isso se deve às circunstâncias acidentais que confinaram o luteranismo aos estáticos Estados territoriais da Alemanha e da Escandinávia e levaram o calvinismo a se relacionar com as comunidades comerciais em ascensão dos Países Baixos e da Inglaterra. Entretanto, isso não é tudo. O contraste já está presente no pensamento e na personalidade dos dois protagonistas. O quietismo político de Martinho Lutero (1483-1546) não é apenas o resultado de seu ambiente social. Surge das raízes mais profundas de sua experiência religiosa. Isso é claramente demonstrado nas famosas passagens que cito do livro de Ernst Troeltsch (1865-1923), *Social Teaching of the Christian Churches* [*O Ensinamento Social das Igrejas Cristãs*], uma obra que contém extraordinária riqueza de referências sobre todo o problema que estamos a discutir.

> Uma criança [escreve Lutero] não compreende desses ditos [de Nosso Senhor] que é uma lei cristã não combater o mal, não tomar a espada, não se defender, não se vingar, mas entregar o próprio corpo e

as posses, e deixar quem quer que queira tomá-los. De fato, vemos bastante disso em Nosso Senhor, que não nos deixará conforme prometeu, "Sofrimento, sofrimento, cruz, cruz". Essa é a lei cristã e não há nenhuma outra.

Se vós sofreis violência e injustiça, deveis dizer que é o governo deste mundo. Se viveis no mundo, é o que deveis esperar. De outro modo, nunca sereis bem-sucedidos em efetuar o que haveis de fazer. Se deveis viver em meio aos lobos, então deveis uivar como eles. Aqui, neste mundo, permanecemos em uma estalagem, onde o Diabo é o senhor, o mundo é a senhoria e todas as espécies de paixões más são as servas; esses são os inimigos e opositores do Evangelho. Assim, se vosso dinheiro é roubado e sois injuriados em vossa honra, isso é justamente o que deveis esperar nesta habitação.[3]

Sobre essa passagem, Erich Brandenburg (1868-1946) faz o seguinte comentário, que vale ser citado:

Em nenhum lugar encontro o elemento essencial do ponto de vista de Lutero sobre o mundo expresso de maneira tão clara como nessa ilustração. O monge deseja escapar do serviço do senhorio demoníaco pela fuga, a igreja combatente deseja rasgar as regras das mãos do estalajadeiro por meios externos de autoridade e para obter o controle do que é doméstico. Inicialmente, Lutero esperava converter os habitantes e instilá-los no espírito cristão; agora, no entanto, perdeu tal esperança, mas, apesar disso, quer permanecer nessa terrível habitação, pois não está ali por vontade própria, mas porque foi posto neste lugar pelo seu Deus.

Portanto, deseja ali cumprir seu dever, deixar-se ser castigado e maltratado se isso for do agrado do senhor demoníaco e de seus servos, mas não sairá do posto até que o seu Senhor lhe chame, e a cada hora boa que desfruta, rejubilar-se-á como se fora uma graça especial.[4]

---

[3] Ernst Troeltsch. *The Social Teaching of the Christian Churches*. Trad. Olive Wyon. London: Allen & Unwin, 1931. 2 v. Vol. II, p. 867ss.

[4] Erich Brandenburg. *Martin Luthers Anschauung von Staat und Gesellschaft*. Halle: Verein für Reformationsgeschichte, 1901. p. 5.

Ao tomar tais passagens (e outras semelhantes) por si mesmas, é fácil interpretar a postura de Lutero como uma forma extrema de pacifismo cristão e de experiência extramundo, semelhante às que encontramos nos primeiros quacres. Entretanto, existe outro lado dessa reflexão. Apesar da oposição supra-agostiniana da Igreja e do mundo, Lutero nunca encarou o Estado como um mal ou criticou a autoridade temporal. Ele mesmo disse: "Escrevi sobre a autoridade secular como gloriosa e útil, como nenhum mestre fizera desde o tempo dos apóstolos, exceto, possivelmente, Santo Agostinho".[5] Ainda mais importante é a ênfase que dá na aceitação, por parte do indivíduo, de seu lugar na ordem social como meio divinamente ordenado de santificação. As palavras do catecismo da Igreja da Inglaterra "encomendar-me, o melhor possível, servil e reverente e cumprir o meu dever no estado de vida que aprouver Deus chamar-me" são de espírito totalmente luterano. Na verdade, existe uma semelhança incrível entre a doutrina da antiga *High Church* anglicana sobre o caráter sagrado da autoridade – o direito divino dos reis –, a doutrina correlata da obediência passiva por parte do súdito e o patriarcalismo conservador do luteranismo alemão, embora este tenha sobrevivido por um período muito posterior àquele e tivesse um caráter mais nitidamente feudal.

Existe outro elemento, contudo, que é específico do luteranismo e, em especial, do próprio Lutero. É a tendência instintiva para a agressão e a violência, bastante característica dos escritos polêmicos de Lutero e que surge particularmente forte nos escritos contra os camponeses rebelados. "Não podemos argumentar razoavelmente com um rebelde, mas devemos respondê-lo com o punho, de modo que seu nariz sangre", ou, "É melhor que todos os camponeses sejam mortos do que pereçam todos os príncipes e magistrados, pois os rústicos tomam a espada sem a autoridade divina".

---

[5] Martin Luther. *Vom Kriege wider die Türken*. In: *Weimarer Ausgabe IV*. Weimar: Kritische Gesamtausgabe, 1883. I, 441.

Essas declarações talvez possam ser rejeitadas como expressões violentas de uma natureza passional, mas há mais do que isso. Existe um plano de fundo de religião, quase de misticismo, no culto ao poder de Lutero. Embora ele acreditasse que todo o poder vem de Deus e que a autoridade do Estado repousa na Lei Natural e na vontade divina, vê a lei não como Santo Tomás de Aquino (1225-1274), como lei da razão, mas como o poder misterioso e divino que governa o presente mundo maligno, "o reino da ira e da punição". "Neste reino não há nada senão punição e oposição, julgamento e condenação, para forçar o mal e proteger o bem. Portanto, também este reino possui e empunha a espada".[6]

Em consequência, pôde até ir mais adiante, como ao dizer: "a mão que empunha a espada secular não é uma mão humana, mas a mão de Deus. É Deus, e não o homem, que enforca e tortura na roda, que decapita e açoita. É Deus quem trava a guerra".[7]

A tradição luterana, com o estranho dualismo de pessimismo e fé, experiência extramundo e afirmação do mundo foi a força mais potente na formação da mentalidade alemã e na postura social alemã. Teve uma parte considerável no desenvolvimento do idealismo alemão. Está por trás da exaltação de Georg Wilhelm Friedrich Hegel (1770-1831) do Estado prussiano como a expressão suprema do Espírito Absoluto e na concepção de História como a manifestação de Deus no tempo, de modo que a *Welt-Geschichte* e a *Welt-Gericht* – a história do mundo e o juízo do mundo – são iguais. Aqui também encontramos o mesmo culto ao poder e a força que encontrou a expressão extrema entre os discípulos de Hegel e inspirou o famoso ensaio de Vissarion Belínski (1811-1848) sobre a batalha do Borodino que causou rancores entre a *intelligentzia* russa dos anos 1940.

---

[6] Martin Luther. *Ob Kriegsleute selig warden koennen*. In: *Weimarer Ausgabe*. XIX, 626.

[7] Idem, *Ibidem*.

No entanto, teve uma influência ainda maior e muito mais direta no pensamento político alemão, e se fundiu com elementos católicos do revivescimento romântico para produzir o novo conservadorismo prussiano de Friedrich Julius Stahl (1802-1861) e de Otto von Bismarck (1815-1898).

Aí o culto à força de Lutero e sua "lei natural do irracionalismo" se transformam no culto ao militarismo e à ausência de moral ou na supermoral da *Machtpolitik*. Por isso Troeltsch vê na restauração do luteranismo prussiano alemão "um dos acontecimentos mais importantes na história social" durante o século XIX:

> Juntamente com a política de restauração católica [escreve], que lhe era afim, todavia, tão diferente e com a qual mantém contato por vezes amigável, por outras, hostil – o luteranismo ocupa a posição-chave dos problemas mais difíceis e significativos que afetam a vida da Alemanha e faz sua parte para aumentar o golfo entre as forças que apoiam a causa da democracia e do progresso, um golfo em que todas as tentativas moderadas de reconciliação afundam, pois o anseio de cruzar por cima de tal golfo na Alemanha com o programa social-cristão foi um sonho idealista e louvável, mas evanescente e rapidamente refutado.[8]

O conjunto dessa tradição, o pensamento e os ideais que ela produziu, é quase ignorado na Inglaterra, e essa é, na minha opinião, uma das causas mais profundas do conflito e dos mal-entendidos que dividem a civilização ocidental hoje. Por trás da democracia ocidental está o mundo espiritual do calvinismo e das igrejas livres que são, como disse, completamente diferente em perspectiva política e social do mundo do luteranismo e que teve uma influência ainda maior e uma conexão mais próxima com o que conhecemos como civilização ocidental ou como civilização sem maiores adjetivações.

---

[8] Ernst Troeltsch. *The Social Teaching of the Christian Churches*. Op. cit., Vol. II, p. 576.

Essa divergência só se manifestou plenamente ao longo dos séculos, mas não foi um simples resultado da circunstância histórica. Teve raízes nas próprias origens das duas confissões e na personalidade dos fundadores. À primeira vista, parece difícil sustentar isso, pois há no ensinamento de João Calvino (1509-1564) o mesmo pessimismo com relação à natureza humana e ao arbítrio humano, a mesma visão extramundana, a mesma exaltação do poder divino e, até mesmo, a arbitrariedade que é encontrada em Lutero. Não obstante, todas essas concepções foram transformadas pelo espírito intenso de ativismo moral que caracterizou Calvino e o calvinismo. O gênio de Calvino foi o de um organizador e legislador. Severo, lógico e inflexível no propósito; consequentemente, foi ele, e não Lutero, que inspirou o protestantismo na vontade de dominar o mundo e de mudar a sociedade e a cultura. Por isso, embora o calvinismo sempre tenha sido visto como a antítese do catolicismo muito mais que o luteranismo, permanece muito próximo do catolicismo na concepção da relação Igreja e Estado e na afirmação da independência e supremacia do poder espiritual. A este respeito, segue as tradições do catolicismo medieval e do movimento gregoriano de reforma num nível mais elevado que o fez o próprio catolicismo da Contrarreforma.

Na época em que o papado era dependente das monarquias Habsburgo e os católicos aceitavam as teorias de obediência passiva e de direito divino dos reis, os calvinistas afirmaram o direito divino do presbitério[9] e declararam que "a igreja era o fundamento do mundo" e que era dever dos reis "jogar ao chão suas coroas diante dela e lamber a poeira de seus pés"[10]. Entretanto esses clamores teocráticos não eram hierárquicos e impessoais como na Igreja medieval; tinham

---

[9] John Saltmarsh. *The Divine Right of Presbytery Asserted by the Present Assembly*. London: G. Calvert, 1646.

[10] Thomas Cartwright. "A Reply to an Answer Made of Master Doctor Whitgift Against the Admonition to Parliament" (1573). Citado em: J. W.

por base um individualismo intenso derivado da certeza da eleição e do dever do indivíduo cristão de cooperar para realizar o propósito divino diante de um mundo de pecados e hostil. Assim, o calvinismo é, ao mesmo tempo, aristocrático e democrático. Aristocrático na medida em que os "santos" foram uma minoria eleita da massa da humanidade decaída e infinitamente superior aos filhos do mundo, mas democrática ao dizer que cada um era diretamente responsável para com Deus sem respeitar pessoas. O calvinismo é, de fato, uma democracia de santos, eleitos por Deus, mas também no sentido de autoeleitos, já que é a consciência do indivíduo a testemunha suprema de sua eleição.

Não é, contudo, no calvinismo genebrino, mas no puritanismo inglês e americano que esses conceitos de Comunidade Sagrada e de missão cósmica dos santos atingem expressão máxima. Na Inglaterra, a tradição calvinista pura uniu-se com os anabatistas e com seitas independentes para produzir um novo movimento político e religioso que marca o surgimento da primeira democracia verdadeira no mundo moderno. A essa tentativa revolucionária de transformar o Estado inglês em uma Comunidade Sagrada, de "construir Jerusalém nos verdejantes e aprazíveis prados ingleses", a concepção de aristocracia democrática dos santos ofereceu inspiração e força motriz.

Ilustrarei isso com o sermão de Thomas Goodwin (1600-1680), um dos calvinistas mais ortodoxos entre os líderes independentes, proferido diante da Câmara dos Comuns em fevereiro de 1645.

O tema do sermão era "O grande interesse dos Estados e dos reinos"; e a conclusão é "*os santos da Inglaterra são o interesse da Inglaterra*".

> Esta é nossa grande segurança; e o interesse mais especial do reino em que vivemos, sua *magna carta*. E quando digo santos, não me refiro a

---

Allen. *A History of Political Thought in the Sixteenth Century*. London: Methuen, 1928. p.221.

ninguém da parte dos homens. Não sabemos se a nova criatura é circuncisa ou incircuncisa e se, nessa ou naquela, é igualmente eminente? Seria o maior sacrilégio do mundo lavrar o título de santo e de recepção divina a qualquer pessoa. Características dos santos não preciso vos dar; tem sido objeto principal da pregação neste reino, de quarenta anos em diante, descrever-vos e distingui-los, homem por homem.

Como existem multidões de pessoas, chamados e escolhidos, neste reino, vós, honrados e valorosos senadores, sois os chamados e os escolhidos para essa grande obra [...] Considerai a confiança depositada por Deus em vós. Tendes o mais rico tesouro que sei Deus ter em qualquer outra parte da Terra. Os santos da Inglaterra são o interesse da Inglaterra. Escrevei em vossos muros para que tenhais isso diante dos olhos em todas as vossas reuniões, nunca desviar-vos disso ou de qualquer outro interesse. E respeitai os santos e a todo o grupo deles. Se deveis manter vossa influência inteira e ilesa, tendes estima pelos santos, pequenos e grandes.

Entretanto, não foi no Parlamento, mas no Exército que a aristocracia dos santos encontrou a expressão mais completa. É nota dominante nos *Army Debates* [Debates do Exército] em Putney, em 1647, quando os delegados dos regimentos encarregaram-se das questões e apresentaram-se como representantes do povo e dos santos contra o Rei e o Parlamento. O exército e o próprio Oliver Cromwell (1599-1658) se consideravam como o braço executivo da Comunidade Sagrada, divinamente comissionados por um chamado especial para defender os direitos de Deus e do povo. O espírito que os animou encontra expressão notável na declaração proclamada no acampamento em Muscleborough, durante a campanha da Escócia em 1650:

No princípio dos grandes e maravilhosos feitos de Deus nestas duas nações da Inglaterra e da Escócia, nós, os suboficiais e soldados do Exército inglês, ora na Escócia, éramos, a maioria (senão todos) homens de vocações privadas e não estávamos interessados nas questões públicas ou nos assuntos de Estado. No entanto, depois do início da guerra civil tivemos nossos corações extraordinariamente agitados pelo Senhor para socorrer o Parlamento do Rei, ficando muito satisfeitos em nossos corações e consciências de que fomos chamados pelo Senhor para ser instrumentos de realização daquilo que nossas preces contínuas a Deus, a saber, a destruição do anticristo e a libertação de Sua Igreja e seu povo. E, depois desse simples relato que enredamos, sem conhecer as políticas profundas dos estadistas deste mundo e, desde então pondo em perigo nossas vidas nos altos postos do campo onde vimos as maravilhas do Senhor contra todos os inimigos dessa obra de Jesus Cristo, a quem vimos nos acompanhar o tempo todo e aplainar as veredas diante de nós [...]

Aqui, permitimo-nos dizer, estamos convencidos de que somos pobres instrumentos indignos nas mãos de Deus para destruir Seus inimigos e preservar Seu povo [...] Desejamos que saibais, nosso rebanho da Escócia, que não somos soldados de fortuna, não somos meros servos dos homens; não só proclamamos Jesus Cristo, o Rei dos Santos, como nosso rei por profissão, mas o desejo de submetermo-nos a Ele em Seus próprios termos e admiti-Lo exercer Sua autoridade real em nosso coração e segui-Lo para onde quer que Ele vá. Ele, por Sua boa vontade, ingressou em uma aliança de graça com seus pobres santos.[11]

Essa tradução da concepção de Comunidade Sagrada do ideal eclesiástico para um princípio de ação política revolucionária não estava restrita aos extremistas sectários, como os Batistas, e aos homens da Quinta Monarquia; era aceita pelos principais clérigos independentes, como Thomas Goodwin e John Goodwin (1594-1665), por intelectuais como *Sir* Henry·Vane (1613-1662), o Jovem, e John Milton (1608-1674), e pelos líderes do próprio exército, como Oliver Cromwell e Henry Ireton (1611-1651). John Goodwin, o grande apóstolo da tolerância, chegou ao ponto de comparar o espírito "heroico cristão" do Exército com o exemplo do "Senhor

---

[11] Declaração do exército inglês, ora na Escócia, do aliado em Muscleborough, 1 de agosto de 1654. Em: A. S. P. Woodhouse. *Puritanism and Liberty: Being the Army Debates (1647-49) from the Clarke Manuscripts*. London: J. M. Dent and Sons, 1938. p. 474-76.

Jesus Cristo, para sempre bendito, que desceu à mansão dos mortos para, dali, atrair para si um mundo perdido".[12] E, de fato, isso dá início a um novo mundo, pois, como assinala Troeltsch, o grande experimento da comunidade cromwelliana, ainda que de curta duração, pelo ímpeto do impulso religioso, abriu caminho para um novo tipo de civilização baseado na liberdade da pessoa e da consciência como direitos conferidos, de modo absoluto, por Deus e pela natureza. A conexão é vista com mais clareza nos Estados Unidos, onde os Calvinistas Congressionalistas da Nova Inglaterra, uma manifestação paralela do Puritanismo Independente da velha Inglaterra, provenientes das mesmas raízes em um ambiente diferente, levam diretamente para a afirmação dos Direitos do Homem na Constituição americana e ao surgimento da democracia política. Entretanto, também inspirou a ascensão da cultura liberal da nova burguesia na Inglaterra, embora aí o desenvolvimento tenha sido complicado pelo colapso catastrófico do experimento cromwelliano (Revolução Puritana), pela secularização desses ideais em Locke e pela Segunda Revolução Inglesa (Revolução Gloriosa).

Tomada de um ponto de vista amplo, portanto, é impossível negar a importância da tradição da Igreja Calvinista Livre na evolução da democracia liberal anglo-saxã, de modo que (como disse Troeltsch) a diferença entre os ideais políticos de um William Gladstone ou de um Abraham Lincoln (1809-1865), e a de Friedrich Julius Stahl ou de Otto von Bismark, assinalam as grandes diferenças entre o luteranismo continental e o mundo do pensamento anglo-saxão, determinado ou influenciado pelo calvinismo e pelas igrejas independentes. Por trás destas repousa o ideal da Comunidade Sagrada, secularizado, visto que agora aplica-se às grandes nações civilizadas, mas ainda preservando o ativismo moral e a vontade de dominar e reformar o

---

[12] John Goodwin. *Might and Right Well Met*. Citado por: A. S. P. Woodhouse. *Puritanism and Liberty: Being the Army Debates (1647-49) from the Clarke Manuscripts. Op. cit.*, p. 220.

mundo. Assim, a crença ocidental moderna no progresso, nos direitos do homem e no dever de conformar a ação política aos ideais morais, o que quer que devam a outras influências, derivam, em última instância, dos ideais morais do puritanismo e da fé na possibilidade de realização da Comunidade Sagrada na Terra pelos esforços dos eleitos, visto que a combinação alemã de realismo e misticismo, de disciplina externa e anarquia interna, tão estranhos ao nosso modo de pensar, têm raízes na visão de mundo do luteranismo com sua concepção de humanidade como instrumento passivo das forças poderosas da natureza irracional e da graça irresistível.

Assim, os dois principais tipos de protestantismo representam não somente duas ideias diferentes de igreja e da relação com o mundo, mas também dois conceitos opostos de Lei Natural. A concepção de lei natural de Lutero, visto que afeta o Estado, é o reconhecimento realista de uma ordem concreta de sociedade elaborada pela Providência ao longo da história; ou, para usar a expressão de Felix Kaufmann (1895-1949) e de Ernst Troeltsch, é a Lei Natural do irracionalismo.[13] Calvino, por outro lado, via a Lei Natural da maneira tradicional como idêntica à lei moral, como a norma a que todo o comportamento social e individual deve se conformar e que se apoia, em última instância, na vontade de Deus, como revelada à razão e à consciência humanas.

E essa oposição continua em vigência hoje, apesar das centenas de anos de secularização que transformaram a cultura europeia. O conflito entre a democracia ocidental e a Alemanha nazista é, no fundo, um conflito entre duas concepções opostas de lei natural e, consequentemente, de moralidade pública. Para o alemão, o apelo anglo-saxão à moralidade na política internacional e a asserção de ideais éticos humanitários parecem irreais, hipócritas e um disfarce

---

[13] Ernst Troeltsch. *The Social Teaching of the Christian Churches. Op. cit.*, Vol. II, p. 616.

para o imperialismo egoísta. Ao passo que, para nós, a exaltação alemã do poder pelo poder, a glorificação da guerra, o desrespeito pelos direitos dos indivíduos e o desacato aos ideais humanitários parecem ser irracionais, imorais e anticristãos. Onde a tradição cristã ainda permanece viva, ainda que não esteja intata, permanece a possibilidade de entendimento, como vemos no caso de Otto von Bismark e seu amigo, o típico anglo-saxão, J. L. Motley (1814-1877). Entretanto, quando o cristianismo desaparece, o golfo se torna insondável, como é atualmente entre o neopaganismo nazista e o liberalismo secularizado ou o socialismo liberal do mundo anglo-saxão.

Até agora, contudo, nada dissemos a respeito da tradição religiosa que subjaz a toda a evolução da cultura ocidental e que contribuiu, mais que qualquer outro fator, para a formação de sua unidade espiritual e social. O catolicismo foi a matriz da qual emergiram as duas tradições religiosas de que falávamos, e, do ponto de vista histórico protestante, teria sido mais simples se o catolicismo deixasse de existir com o advento da Reforma. No entanto, de fato, o catolicismo não só existe como coexiste com o protestantismo, de modo que hoje em dia não há área cultural que seja exclusiva e homogeneamente protestante. E, como o catolicismo atravessa as fronteiras nacionais políticas e culturais, também está nas diferenças ideológicas que estivemos a discutir.

De um lado, a tradição política católica em sentido estrito, isto é, o tipo histórico de Estado católico, concorda com a tradição luterana continental no autoritarismo, no conservadorismo, no tradicionalismo e na aceitação de uma ordem estritamente corporativa da sociedade. Por outro lado, permanece mais próxima da tradição calvinista ocidental na visão da relação Igreja-Estado, no primado do poder espiritual e, acima de tudo, na concepção de Lei Natural. A ideia calvinista de Lei Natural é fundamentalmente idêntica à da filosofia católica, exceto por esta dar maior ênfase ao caráter racional em comparação ao voluntarismo calvinista. No desenvolvimento do pensamento político do século XVI há um paralelismo curioso entre a doutrina política de jesuítas como Luís de Molina (1535-1600), Juan de Mariana (1536-1624) e Francisco Suárez (1548-1617) e a dos publicistas huguenotes franceses.

De maneira similar, no que diz respeito à questão da soberania do povo em oposição ao direito divino dos reis, o protesto calvinista fomentado de todo na Escócia e na França, e não em Genebra, está diretamente relacionado com o ensinamento da escolástica tardia via John Major (1467-1550), que foi professor tanto de John Knox (1513-1572) quanto de George Buchanan (1506-1582) e cuja influência deve remontar ao pensamento huguenote – como, por exemplo, no *Vindiciae contra Tyrannos*.[14]

Esses elementos comuns explicam o fato de que, em períodos posteriores, houve um processo de influência mútua e fertilização cruzada entre o pensamento político do protestantismo ocidental e o das sociedades católicas, de modo que as modernas democracias liberais não estão confinadas a uma ou outra corrente, ou mesmo derivam exclusivamente de uma ou de outra, uma vez que cada uma delas possui a tradição comum de Lei Natural que pôde fundamentar os Direitos do Homem. Ao mesmo tempo, contudo, o catolicismo também teve ligações com o mundo luterano, e esse elemento comum emergiu no pensamento político da Restauração,[15] devido à

---

[14] Um influente tratado huguenote publicado em Bruxelas no ano de 1579 sob o pseudônimo de Stephanus Junius Brutus, que os estudiosos contemporâneos acreditam ter sido escrito em colaboração por Hubert Languet (1518-1581) e Philippe de Mornay (1549-1623), tendo sido incluído em 1613 no *Index librorum prohibitorum*. (N. T.)

[15] Referência aos pensadores tradicionalistas católicos franceses, dentre os quais se destacam os nomes de Joseph De Maistre (1753-1821) e Louis De Bonald (1754-1840), que emergiram durante o chamado período da Restauração, após a experiência republicana e o império de Napoleão Bonaparte (1769-1821), após a Revolução Francesa, iniciada em 1789, a monarquia dos Bourbon, sob os reinados de Luís XVIII (1755-1824) e Carlos X (1757-1836), entre 1814 e 1830. Acerca das principais características do

interpretação de elementos germânicos e católicos influenciada pelo movimento romântico do início do século XIX.

Atualmente, com a decadência da democracia liberal é natural que as tradições de autoritarismo político e de tradicionalismo nos países católicos devam se reafirmar, mas os princípios da lei natural estão implantados de maneira tão profunda na tradição católica que nunca podem ser ignorados. Na verdade, a primeira preocupação do papado desde o período de Leão XIII foi rememorar esses princípios para a mentalidade do mundo moderno, e o papa Pio XII (1876-1958), na encíclica *Summi Pontificatus*, de 20 de outubro de 1939, sobre a guerra, destacou expressamente a negação moderna ou o desdém à lei natural como a fonte profunda de que se originam todos os males característicos do Estado moderno. Assim, a crença na base ética da vida política e social que foi a inspiração original da democracia ocidental encontra justificação na Doutrina Social da Igreja e na tradição da cristandade ocidental. Encontra oposição, hoje, na lei natural antiética de raça e classe e no realismo maquiavélico que transforma o poder no valor político supremo e que não se esquiva da traição mais perversa ou da crueldade mais brutal para atingir seus fins.

O centro dessas forças hostis deve ser encontrado nos Estados da Europa Central e da Europa Oriental que, apesar dos grandes feitos culturais, estão relativamente atrasados no desenvolvimento político, e falta-lhes o *éthos* político que os povos ocidentais adquiriram pelo treino intensivo em autogovernar-se. Espalham se rapidamente por todo o mundo moderno graças à deterioração dos padrões culturais que acompanha o desenvolvimento da civilização de massa, pois na política, assim como na economia, moeda vil tende a afastar a moeda boa. E esse é, sobretudo, o caso em tempo

---

tradicionalismo, ver: MACEDO, Ubiratan Borges de. *A Ideia de Liberdade no Século XIX: O Caso Brasileiro*. Rio de Janeiro: Expressão e Cultura, 1997. p. 47. (N. T.)

de guerra, quando todos os poderes e recursos do Estado moderno estão organizados para a destruição humana. Na guerra a tentação de "uivar com os lobos" é esmagadoramente forte. Não obstante, o fim da guerra do ponto de vista cristão não é libertar-se das forças da desordem, mas dominá-las pelo esforço violento da vontade disciplinada. A única coisa que torna os males da guerra suportáveis é a esperança da paz – não apenas a paz negativa da cessação das hostilidades, mas a verdadeira paz de justiça e liberdade. A mentalidade ocidental não pode aquiescer de modo permanente à ideia de um estado de sociedade sem justiça ou liberdade, um estado que, como diz Santo Agostinho (354-430), nada é senão roubo por atacado.[16] A civilização ocidental, a despeito de todas as deficiências, está vivamente cônscia do valor da justiça social: de fato, a verdadeira força por trás do desenvolvimento da democracia ocidental foi o desejo de criar uma sociedade que não fosse mero instrumento do poder, mas se apoiasse em um fundamento moral que protegesse os direitos dos mais fracos perante o privilégio dos fortes e a liberdade

---

[16] Santo Agostinho, *A Cidade de Deus*. IV,4. Na passagem citada o teólogo cristão endereça a questão com as subsequentes palavras:
Desterrada a justiça, que é todo reino, senão grande pirataria? E a pirataria que é, senão pequeno reino? Também é punhado de homens, rege-se pelo poderio de príncipe, liga-se por meio de pacto de sociedade, reparte a presa de acordo com certas convenções. Se esse mal cresce, porque se lhe acrescentam homens perdidos, que se assenhoreiam de lugares, estabelecem esconderijos, ocupam cidades, subjugam povos, toma o nome mais autêntico de reino. Esse nome dá-lhe abertamente não a perdida cobiça, mas a impunidade acrescentada. Em tom de brincadeira, porém a sério, certo pirata preso por Alexandre Magno, que lhe perguntou que lhe parecia o sobressalto em que mantinha o mar, com arrogante liberdade respondeu-lhe: "O mesmo que te parece o manteres perturbada a Terra toda, com a diferença apenas de que a mim, por fazê-lo com navio de pequeno porte, me chamam de ladrão, e a ti, que o fazes com enorme esquadra, imperador".
Utilizamos aqui o texto em português da seguinte edição: Santo Agostinho, *A Cidade de Deus: Contra os Pagãos*. Trad. Oscar Paes Leme. Petrópolis, Vozes; Bragança Paulista, Universitária São Francisco, 2003. 2 vols. Parte I, p. 153. (N. T.)

individual perante a autoridade ilimitada do próprio Estado. Eis por que a negação moderna dos princípios da lei natural é mais fatal ao Estado democrático, fundado nessas bases, que ao Estado de tipo autoritário, que vê o poder como a própria justificação. E quanto à perda da base ética da vida política e internacional ser a principal causa da desintegração da cultura ocidental, o único caminho para reintegração foi apontado por Pio XII em seu discurso aos cardeais na véspera do Natal de 1939, quando proclamou uma nova cruzada que fizesse as nações retornarem "das cisternas rachadas dos interesses materiais e egoístas para a fonte viva do direito divina".[17]

---

[17] Pio XII, Alocução *In Questo Biorno* aos membros da Cúria e da Prelazia romana para a apresentação das felicitações natalinas. §15. (N. T.)

Capítulo 4 | O Fracasso do Liberalismo

Durante os últimos vinte anos vimos o colapso do governo constitucional por toda a Europa e, com ele, a perda da liberdade pessoal, econômica e intelectual – de fato, todas as liberdades que o século XIX acreditara ter conquiastado ou que estavam a ser conquistadas como bens permanentes para a humanidade. Deveríamos acreditar que essas liberdades eram falsas e provaram sua falta de valor logo que foram conquistadas? Ou estavam tão interligadas às circunstâncias sociais e econômicas do século passado que foram necessariamente transcendidas pelos novos desenvolvimentos da cultura do século XX? Ou, finalmente, foram traídas pelos próprios liberais? Será que a derrota se deveu à falta de fé em princípios eternamente válidos?

Há algo a ser dito sobre cada uma dessas explicações que poderíamos descrever, respectivamente, como fascista, marxista e democrática. O colapso do governo constitucional e o renascimento do despotismo são demasiado reais e momentosos para ser explicados de maneira superficial. Equivalem a uma mudança em todo o espírito de nossa civilização que não poderia ter ocorrido a menos que o processo de desintegração fosse de longo alcance e multifacetado.

O fracasso em reconhecer isso por parte dos liberais ao longo de duas ou três gerações é responsável, em grande parte, pela gravidade da presente situação. Antes que possamos olhar adiante para o futuro, devemos reconhecer os erros do passado e compreender a verdadeira natureza das forças que estão transformando o mundo moderno.

O grande obstáculo que se põe no caminho dessas questões é a confusão de pensamento que criou tais desentendimentos sobre a verdadeira natureza do liberalismo tanto entre os apoiadores quanto entre os opositores. É essencial definir nossos termos, pois não há palavra – nem mesmo democracia – que não seja empregada de modo impreciso para cobrir uma variedade de elementos divergentes. O termo conservadorismo tem uma associação tão próxima com a política partidária que não dá azo a nada no mesmo grau de confusão, ao passo que o liberalismo sempre teve caráter ideológico e vai muito além do campo da política partidária. Por exemplo, quando o professor Harold Laski (1893-1950) escreve a história da ascensão do liberalismo europeu, ele escreve a história de uma filosofia ou um *Weltanschauung*, e toda a história do liberalismo como um movimento político inglês fica fora do escopo desse livro, que, creio, termina com a Revolução Francesa. Por isso devemos distinguir liberalismo como partido político, liberalismo como ideologia e liberalismo como tradição.

As raízes da *tradição* liberal encontram-se tão profundas na história inglesa e na história americana que são quase inseparáveis, ao passo que a *ideologia* liberal se deve tanto à França quanto à Inglaterra. Liberalismo como *nome de partido*, por outro lado, tem origem na Espanha e se espalhou por grande parte da Europa e da América do Sul antes de ser oficialmente adotado na Inglaterra. Empregado nesse sentido, o liberalismo, é claro, fica limitado a determinado ambiente político e social. De fato, existem tantos liberalismos quanto os partidos liberais, de modo que o que é liberalismo em um país pode ser conservadorismo em outro e revolução em um terceiro. Assim, o liberalismo político na Inglaterra, em sentido estrito, tomou forma em meados do século XIX sob a liderança de Richard Cobden (1804-1865), John Bright (1811-1889) e William Gladstone, intimamente associado ao movimento de livre-comércio e ao não conformismo protestante. A identificação do interesse econômico e do idealismo religioso que resultou da combinação dessas duas influências pode parecer ingênua para a era moderna pós-marxista, mas estava na própria essência do movimento. Quando, por exemplo, Cobden escreveu: "Nada defendemos senão o que é agradável às mais altas ordens do cristianismo – comprar no mercado mais barato e vender mais caro",[1] estava sendo totalmente sincero e representava de maneira plena o espírito do pietismo utilitário que inspirou o liberalismo inglês no período clássico.

O liberalismo francês, por outro lado, tem um caráter muito mais intelectual e doutrinário. Foi principalmente a criação de filósofos e homens e mulheres de letras que se opunham a Napoleão Bonaparte (1769-1821) e aos quais ele descreveu, em estilo fascista, como "doze ou quinze metafísicos que deveriam ser lançados ao mar". Assim, o liberalismo francês, desde o início, tinha um senso mais vívido do perigo do despotismo que o inglês e, já que vira a França passar do despotismo do *Ancien Régime* para o totalitarismo revolucionário dos jacobinos e, depois, para a ditadura militar de Napoleão, percebeu que esse perigo não estava confinado a um extremo político. Portanto, os grandes liberais franceses, como Benjamin Constant (1767-1830), Maine de Biran (1766-1824), Pierre Paul Royer-Collard (1763-1845) e Alexis de Tocqueville, são, em certo sentido, mais modernos e, sem dúvida, estão mais conscientes das questões fundamentais da política que os liberais ingleses que lhes sucederam no tempo. Não obstante, eram melhores filósofos que políticos. A eles faltava a tradição solidamente instituída da liberdade política e social que a Inglaterra possuía e, em consequência, erigiram fundamentos tão elevados de modo que, repetidas vezes, todo o edifício político ruiu com o choque da revolução.

No caso do terceiro país que mencionei, a Espanha, o liberalismo ainda estava muito mais distante das tradições políticas e culturais da

---

[1] Richard Cobden, "Speech in the House of Commons (27 February, 1846)". In: John Bright and J. E. Thorold Rogers (Eds.), *Speeches on Questions of Public Policy by Richard Cobden, M.P. Volume I*. London: T. Fisher Unwin, 1908. p. 198. (N. T.)

nação que na França. O liberalismo espanhol foi um produto importado que, em determinados períodos, desfrutou de toda a popularidade que um modismo estrangeiro no plano das ideias muitas vezes adquire. E, pela mesma razão, despertou contra si o fanatismo nativo do caráter espanhol. Essa situação se agudizou, cada vez mais, pela identificação da antiga ordem espanhola com a Igreja e pelo caráter teocrático que a monarquia espanhola adquirira por sua relação com a Inquisição. Assim, tanto na Espanha quanto na América do Sul, o liberalismo foi forçado à posição de rival da religião, e essa identificação de liberalismo com anticlericalismo não teve somente uma repercussão permanente na história espanhola, mas teve efeitos nos católicos em todos os lugares, sobretudo no sul da Itália, onde as origens do liberalismo estavam associadas ao movimento espanhol, ao contrário da Lombardia e da Toscana, onde o liberalismo tinha afinidade muito maior com o tipo francês.

Fiz esse breve mapa de alguns dos principais tipos de liberalismo europeu porque é inútil discutir o liberalismo em abstrato a menos que tenhamos em mente os planos de fundo social e histórico concretos das diferentes formas de liberalismo. Na Inglaterra, por exemplo, quando a doutrina do *laissez-faire* e o culto do individualismo econômico ficaram desacreditados houve uma tendência de o liberalismo se tornar um ideal abstrato, de alguma maneira, relacionado ao mecanismo partidário. E quando o mecanismo quebrou, como ocorreu em muitos países muito antes da ascensão do fascismo, esse idealismo abstrato não ofereceu uma base sólida para atividade política alguma.

Devemos concluir como o Dr. Karl Mannheim (1893-1947) em seu livro *Mensch und Gesellschaft im Zeitalter des Umbaus*[2] [Homem e Sociedade na Era da Reconstrução] que "dos destroços do liberalismo nada pode ser salvo a não ser os valores"? Por certo esse seria o caso se víssemos o liberalismo como inseparável do antigo

---

[2] Karl Mannheim, *Mensch und Gesellschaft im Zeitalter des Umbaus*. Leiden, A. W. Sijthoff's Uitgeversmaatschappij N. V., 1935. (N. T.)

individualismo econômico ou o explicássemos, como faz o professor Laski, como "o subproduto do esforço das classes médias para ganhar um lugar ao sol". Entretanto a ideologia liberal é muito mais que isso, e a tradição da qual surgiu tal ideologia é ainda maior. Essa tradição é central à civilização ocidental e, apesar das derrotas e desilusões dos últimos trinta anos, ainda é uma força viva no mundo atual. Admito que liberalismo não seja um nome completamente satisfatório para lhe dar, pois significa estreitar essa tradição a uma das manifestações particulares. Por outro lado, o termo democracia, que hoje é de uso geral, é, em alguns aspectos, menos satisfatório ainda, já que a democracia igualitária pode muito facilmente ser usada (e, de fato, muitas vezes o é) como instrumento de despotismo de massa, diametralmente oposto ao princípio liberal, seja no sentido mais estrito, seja no universal.

É a liberdade, e não a igualdade, que tem sido a inspiração da cultura ocidental, e toda a história do homem ocidental é a longa busca pela liberdade. A civilização ocidental nunca foi uma unidade racial ou geográfica. Nasceu no litoral do mar Egeu, entre o barbarismo da Europa continental e o despotismo civilizado da Ásia, naquele mundo novo de pequenas cidades-Estado, que foram a fonte de um novo modo de vida e de novas concepções de direito e cidadania. No entanto essa liberdade não era um individualismo sem lei como o dos bárbaros. Era fruto de um intenso esforço de disciplina social e organização. Como disse Heródoto (485-420 a.C.) no discurso que pôs na boca do rei espartano Demarato (530-479 a.C.) exilado na corte persa de Xerxes I (518-465 a.C.): "De fato, sendo livres eles não são livres em tudo; eles têm um déspota – a lei – mais respeitado pelos lacedemônios que tu por teus súditos"[3].

---

[3] Heródotos, *História*. VII, 104. A citação em inglês foi substituída pela passagem equivalente em português retirada da seguinte edição: Heródotos, *História*. Trad. do grego, intr. e notas Mário da Gama Kury. Brasília: Editora Universidade de Brasília, 2ª ed., 1988. p. 368. (N. T.)

Essa nova concepção de vida foi testada na grande guerra em que as cidades gregas livres resistiram aos ataques em massa do despotismo asiático e saíram triunfantes. Nos séculos seguintes, o mundo helênico provou, pela primeira vez e de uma vez por todas, do que o espírito humano é capaz quando liberto da escravidão da lei da força. Como esta tradição da civilização ocidental sobreviveu ao declínio da cidade-Estado e à perda de sua liberdade política sempre foi o maior dos problemas históricos. A resposta da antiga escola de historiadores liberais foi que não sobreviveu: que a luz da civilização clássica se extinguiu na noite da Idade das Trevas e renasceu, miraculosamente, na Renascença, que foi o ponto de partida de um novo período de progresso e esclarecimento. A outra visão, que eu mesmo admito, é que o mundo antigo salvou a própria alma pela conversão ao cristianismo e a tradição dessa cultura viveu na cristandade ocidental. A perda da liberdade política no mundo antigo foi, de fato, contrabalançada pela revelação de uma nova liberdade espiritual; de modo que, quando a cidade terrena foi escravizada, os homens adquiriram a fé na existência de uma cidade espiritual "que é livre e mãe de todos nós".[4] E como a primeira época na história da liberdade é marcada pela ascensão das cidades gregas livres e sua luta com a Pérsia, a segunda é marcada pela ascensão da igreja cristã e sua luta contra o Império Romano, que perdera os ideais de cidadania e liberdade política e, rapidamente, tornava-se um vasto estado servil como os do Oriente antigo. A batalha foi travada sob a sombra dos bastões e machados nos pretórios, anfiteatros e campos de concentração da Germânia à África e da Espânia à Armênia – e os heróis eram os mártires – *martirius candidatus*

---

[4] São Cirilo de Jerusalém, *Aulas Catequéticas*, XVIII,26. Não encontramos tradução em língua portuguesa desta catequese de São Cirilo de Jerusalém (313-386 a.C.). Originalmente o autor do presente livro não colocou nenhuma referência nesta citação. Em língua inglesa esta catequese pode ser encontrada no seguinte volume: St Cyril of Jerusalem, *Catechetical Lectures of St Cyril*. Trad. Edwin Hamilton Gifford. Pickerington: Beloved Publishing LLC, 2015. (N. T.)

exercitus. Daí em diante, sempre que a fé cristã era pregada, não só na Europa mas de uma ponta a outra do mundo, do Japão e Annam ao Canadá, os nomes dos homens que testemunharam com sangue a verdade e a liberdade espiritual foram honrados, e só hoje, com a ascensão de um novo desafio autoritário aos valores cristãos, o princípio do martírio e da honra dos mártires foi posto em dúvida.

A força dinâmica desse ideal espiritual deu nova vida à civilização decadente do mundo antigo e deu à cristandade latina o poder de incorporar os bárbaros do Norte em uma nova síntese de civilização medieval ocidental. Aqui, novamente, o princípio da liberdade foi central ao novo desenvolvimento cultural, difícil como possa parecer ao democrata moderno reconhecer algo em comum entre seus ideais e aqueles do mundo feudal católico. Não obstante, os antigos liberais perceberam isso de modo semiconsciente ao idealizarem a Magna Carta, as comunas medievais e o movimento constitucional. É verdade que aquilo que a Idade Média chamava de "liberdades" eram coisas muito diferentes da liberdade da Declaração de Independência dos Estados Unidos e, mais ainda, da liberdade da Revolução Francesa. No entanto, nas raízes da evolução da liberdade e da democracia ocidentais repousa a ideia medieval de que os homens possuem direitos até mesmo contra o Estado e que a sociedade não é uma unidade política totalitária, mas uma comunidade composta de uma variedade complexa de organismos sociais, cada um com uma vida autônoma e as próprias instituições livres.

Foi na Inglaterra do século XVII que o ideal cristão de liberdade espiritual e a tradição das liberdades políticas medievais se uniram para produzir uma nova ideologia liberal: a principal inspiração da civilização ocidental por mais de dois séculos e da qual o liberalismo político estrito senso, por fim, se desenvolveu. O fracasso do liberalismo ao longo do último século se deveu, sobretudo, ao fracasso dos partidos liberais em dar uma expressão adequada a essa ideologia e à tradição social ainda mais profunda que lhe subjaz. O movimento liberal, em sentido amplo, transformou o mundo pela liberação imensa de energias humanas, mas o liberalismo, no sentido mais estrito, se mostrou incapaz de guiar as forças que liberara. Tornou-se um credo negativo e defensivo que do ponto de vista socialista representava nada mais que um interesse de classe. Entretanto a crítica socialista ao liberalismo era, ao menos na forma inicial, um produto da ideologia liberal. Foi a extensão para uma classe mais ampla do ideal que, no princípio, fora limitado a uma minoria politicamente consciente. A atração fundamental do socialismo se assenta na afirmação de verdadeiros direitos sociais em contraposição a direitos políticos abstratos. Foi uma recordação do mesmo princípio que inspirou os precursores do liberalismo inglês e que foi afirmado de modo tão admirável por Thomas Rainsborough (1610-1648), porta-voz do exército de Oliver Cromwell, quando declarou: "O mais pobre que há na Inglaterra tem de viver como o mais rico".[5]

Essa afirmação do direito de todo homem viver uma vida humana plena é a essência do socialismo e, assim, longe de ser a oposição à tradição liberal, é a extensão dessa tradição da esfera da lei e da política à esfera da economia e da cultura. É impossível, contudo, ignorar a existência de um elemento antiliberal no socialismo que contribuiu mais que qualquer outro fator isolado para a decomposição da liberdade no mundo moderno. O socialismo continental, como representado sobretudo por Karl Marx (1818-1883), é responsável não só pelo descrédito da ideologia liberal, mas pelo desafio totalitário à liberdade sob a sombra que vivemos hoje. A ditadura revolucionária do proletariado, o uso do poder do Estado como uma arma para destruir todo elemento social que se opõe aos interesses da classe dominante, a substituição do indivíduo pela massa como centro de todos os valores culturais e morais – todos

---

[5] Coronel Thomas Rainsborough falando contra Henry Ireton em Putney no dia 29 de outubro de 1647.

esses princípios que repousam na raiz do estado totalitário derivam do socialismo marxista e revolucionário. Uma vez que a tradição liberal seja abandonada, as forças rivais do totalitarismo rapidamente perdem as máscaras ideológicas e se tornam apenas modos diferentes de fazer a mesma coisa: ser a destruição da liberdade e o sacrifício da vida humana – seja a vida do rico ou do pobre, do burguês ou do proletário – ao culto do poder da massa.

Será possível, por um lado, recuperar todos os valores humanos e liberais no socialismo das forças totalitárias que os sobrepujaram e, por outro, libertar a tradição liberal de si mesma, da associação com o individualismo econômico estrito do último século? Essas são perguntas que temos de resolver, caso a democracia deva se adaptar, tão bem ou melhor, às ideologias totalitárias ao mundo transformado de meados do século XX. Estas, afinal, brotam de um solo bem diferente do nosso. São sistemas pelos quais sociedades que foram disciplinadas durante séculos por meio de tradições de autocracia teocrática ou monarquia militar se adaptaram ao novo mundo. Tais sociedades podem ser revolucionadas por uma minoria de maneira mais fácil e rápida que qualquer sociedade democrática. Entretanto, essa é a fonte de sua fraqueza, bem como de sua força. A fachada imponente da unidade totalitária pode esconder a fraqueza interna da estrutura ou impor um esforço que os fundamentos sociais não são capazes de suportar.

Ademais, os sucessos exteriores de tais movimentos nada diminuem os perigos que o Estado moderno confronta logo que abandona as tradições políticas que até este ponto guiaram a civilização ocidental. A coisa terrível não é a violência revolucionária dos primeiros anos da Revolução Russa ou o *putsch* de 1933 na Alemanha; não é o reino da polícia secreta, da crueldade e da traição que a acompanham. É não haver limite ao movimento de regresso: é, em poucos anos, uma sociedade poder passar de um alto idealismo revolucionário a um estado de desumanidade organizado que planeja a liquidação das classes, a transplantação de populações e a destruição de povos inteiros de modo tão cruel quanto o dos antigos assírios ou dos tártaros medievais. Esse novo barbarismo é, de fato, pior que o do passado, visto que não é inspirado por uma crueldade ingênua ou em uma simples sociedade guerreira, mas pela ciência pervertida de uma civilização corrupta.

No entanto, embora esse barbarismo já esteja sobre nós, é, em grande parte, inconsciente e involuntário e não é bem-vindo ou abertamente aprovado, mesmo por aquelas pessoas que mais contribuíram para seu início. Por isso, as nações democráticas, ao resistir a esse progresso para o abismo, podem se fiar não só no apoio daqueles que ainda são fiéis às tradições espirituais da civilização ocidental mas também, em alguma medida, na simpatia secreta dos próprios povos totalitários.

A ideia da liberdade é praticamente universal, e não existe povo, ainda que desprovido de capacidade política ou de experiência, que seja totalmente insensível ao seu encanto. Onde diferem é na qualidade de liberdade que mais prezam e no poder de alcançá-la contra forças hostis da natureza ou da circunstância. A vida humana sempre foi atada às necessidades supremas do trabalho, do conflito e da morte, de modo que muitos homens em todas as épocas foram forçados a renunciar a todas as outras liberdades que prezavam pelo simples direito de apenas viver. A essência da civilização consiste na limitação desse império de necessidade e na ampliação da esfera de liberdade, mas no passado houve tanta desigualdade na distribuição dos ganhos sociais que fez parecer verdadeira a crítica de Jean-Jacques Rousseau à civilização. Foi somente no século XIX, com o avanço da ciência e com o crescimento do controle do homem sobre a natureza, que foi possível repelir as fronteiras da necessidade a um ponto que teria parecido incrível aos pensadores do passado, de maneira que a liberdade e a oportunidade de viver uma vida boa não precisavam mais ser privilégio de uma minoria, mas poderiam se tornar o direito de nascença de todo ser humano.

O otimismo liberal, todavia, que foi inspirado na expansão da democracia do século XIX, terminou em desilusão. As novas forças geradas pela ciência e pela indústria são tão gigantescas que parecem tornar a humanidade anã e necessitar de gigantes que as controlem. Portanto, o conflito que vemos hoje é entre um liberalismo que abandonou o controle social tradicional em um excesso de otimismo prematuro e o novo coletivismo que sacrifica a liberdade política e social ao ideal de uma organização total da sociedade no interesse da eficiência e do poder da massa.

O antigo liberalismo, com todos os seus defeitos, tinha raízes profundas no solo da cultura ocidental e cristã. Como certa vez escreveu Madame de Staël (1766-1817): "Na França a liberdade é antiga, o despotismo que é moderno".[6] Entretanto o novo coletivismo está em desalinho com todo o desenvolvimento ocidental. Tem mais comunhão com as monarquias orientais – com a Pérsia, a Ásia e o Egito, com o espírito que inspirou a construção das pirâmides e a Grande Muralha da China.

É fácil compreender o encanto desse espírito a povos como o russo, moldados por séculos por ideais teocráticos de ortodoxia e czarismo. É até mesmo possível reconciliar isso com uma parte da tradição da Alemanha e da Europa central. No entanto, para a civilização ocidental como um todo, a vitória de tal espírito representa a morte, pois é a negação e a destruição dos princípios espirituais pelos quais viveu o Ocidente. A grande tradição da civilização ocidental perdurou por tanto tempo e sobreviveu a tantas crises que também podemos crer que é demasiado forte para ser destruída por um novo inimigo totalitário. Ela, contudo, não pode ser salva somente por meios econômicos e militares. Como disse, a crise nunca teria surgido se as forças espirituais da cultura ocidental não tivessem sido divididas e

---

[6] Anne-Louise Germaine Stäel-Holstein, *Des circonstances actuelles qui peuvent terminer la Révolution et des principes qui doivent fonder la république de France*. Ed. Lucia Omacini. Geneva: Droz, 1979. p. 273. (N. T.)

desintegradas. Assim, a necessidade transcende a política e demanda nada menos que uma reorientação espiritual da sociedade ocidental e a recordação dos valores essenciais que devem ser preservados a todo custo, apesar das mudanças revolucionárias que destruíram os fundamentos do antigo individualismo liberal. É uma tarefa imensa que exige a cooperação de todas as forças vivas de nossa cultura, em um esforço sustentado de reorganização social e intelectual. Nessa obra, parece a mim, o liberalismo ocupa posição-chave porque é a única força política na Europa que é identificada com a causa da liberdade e que não pode abandonar tal causa sem deixar de existir. Socialismo, conservadorismo e nacionalismo, nenhum deles é imune às influências totalitárias, seja pela propaganda política ou pelo poder da assimilação interna. Não podem adotar formas totalitárias sem uma traição consciente de seus princípios. Até mesmo a democracia não está em posição muito firme, já que sempre foi fácil para uma ditadura de massa utilizar palavras de ordem democráticas, em especial no presente momento em que os líderes do ataque à liberdade não são monarcas hereditários ou aristocratas, mas demagogos em sentido estrito – talvez os maiores demagogos que o mundo já conheceu. Entretanto, embora seja impossível exagerar o valor da tradição liberal na cultura ocidental e a importância do renascimento liberal, é inútil buscar uma solução para reviver os antigos partidos liberais e fazê-los readquirir poder pelos velhos métodos políticos. Toda a situação se modificou de maneira tão fundamental que nos deparamos, hoje, com problemas que ficam fora do escopo da política no sentido antigo. O novo estilo das ditaduras partidárias totalitárias contra as quais lutamos tenta resolver esses problemas, e essa é a razão de seu poder; mas o faz pela simplificação brutal das questões que sacrifica todos os valores supremos da cultura por amor ao sucesso material imediato. É uma tentativa de encontrar um breve corte essencial, e como a maioria dessas tentativas, só foram bem-sucedidas em perder o rumo. A tarefa é trazer a civilização ocidental de volta ao caminho certo, mas isso não pode ser realizado por intermédio de antigos programas ou coalizões políticas. Só pode ser feito pela livre cooperação de todos os que reconhecem sua inerência na tradição espiritual comum da civilização ocidental e a necessidade de criar uma comunhão orgânica entre os elementos de liberdade dispersos e desorganizados que ainda existem, apesar de estar politicamente dividida e quase impotente. Um ideal como esse pode parecer vago e utópico, mas a história demonstra que, embora os elementos permanentes em uma cultura como a da tradição liberal na Europa possam estar temporariamente submersos ou forçosamente suprimidos, é inevitável que se reafirmem, mais cedo ou mais tarde, muitas vezes de modos novos e inesperados. O essencial é ajustar nosso pensamento às novas condições; ver o que está vivo e o que está morto na tradição ocidental e perceber que a imensidão de novas capacidades que o homem adquiriu durante a última metade de século pode ser usada a serviço da liberdade de maneira tão fácil quanto foi usada para destruí-la.

Capítulo 5 | O Fracasso da Liga das Nações

I - O ROMPIMENTO DA LIGA

Por mil anos a Europa cristã existiu como uma verdadeira sociedade supranacional – uma sociedade que estava bastante cônscia de sua comunidade de cultura, apesar das guerras contínuas e divisões internas que fizeram a sua história. Assemelhava-se à unidade do mundo helênico que não cedeu ao mundo não helênico como uma sociedade de povos livres diante do despotismo do Oriente, e como o mundo civilizado – o mundo da "vida boa" – diante do mundo dos bárbaros.

Hoje isso não é mais assim. A Europa perdeu a unidade e a consciência da missão espiritual. Não há mais uma linha divisória clara entre povos cristãos e não cristãos, e com o desaparecimento de sua consciência cristã, a Europa começou a duvidar da própria existência. Cada um de uma maneira própria, o nacionalismo moderno e o internacionalismo moderno, ambos ignoraram a existência de uma cultura europeia e de uma sociedade de nações europeia e tentaram construir um novo mundo em bases diferentes.

A última guerra marcou a ruptura do sistema de Estados europeu que remonta ao Tratado de Vestfália, no século XVII, e que conseguiu adaptar-se, de certo modo, ao desenvolvimento do nacionalismo e da democracia durante o século XIX. Entretanto a queda das três grandes monarquias europeias em 1917-1918 destruiu a estrutura do antigo sistema de Estado e obrigou os pacificadores de Versailles a incumbirem-se de reorganizar a vida internacional de modo mais fundamental que qualquer outra coisa já tentada em períodos anteriores.

Não se restringiram à reorganização da Europa; tentaram criar uma ordem internacional baseada em princípios gerais que englobavam todo o mundo. A Liga das Nações e o Tratado de Versailles, ao qual estava inseparavelmente relacionado, foram os produtos, por um lado, do idealismo liberal da democracia anglo-saxã, representada pelo presidente Woodrow Wilson (1856-1924), e por outro lado, pelo realismo nacionalista dos vitoriosos europeus, representados por Michel Clemenceau (1873-1964). Enquanto estavam forjando um acordo, novas forças eram liberadas na Europa do Leste e Central, destinadas a arruinar o novo edifício de ordem internacional antes que fosse plenamente concluído.

A Liga foi inteiramente concebida no espírito da democracia liberal anglo-saxã, ao passo que o mundo que aspirava organizar era um mundo há muito já distante daquela tradição espiritual e que estava sendo levado para mais longe ainda por acontecimentos catastróficos de guerra, revolução e desastre econômico.

Assim, a nova ordem internacional de Versailles e de Genebra estava fadada ao fracasso desde o princípio, já que cada ano e cada nova crise política e econômica contradiziam os ideais do século XIX e tornavam as realidades do século XX mais palpáveis e óbvias. Não obstante, os fins para os quais a Liga das Nações existiu – a preservação da paz e a conquista da ordem internacional – permaneceram vitais à existência de nossa civilização, e cada novo revés da política da Liga somente tornava a necessidade de paz e de ordem mais urgentes do que antes. Dessa maneira, é de importância vital distinguir entre o que está vivo do que está morto nos ideais da Liga das Nações e salvar a causa da paz e da ordem internacional de ser identificada com aspectos mais estritos e, por assim dizer, mais sectários, do internacionalismo moderno.

Nas circunstâncias existentes, para os idealistas a tendência era se unir à causa da Liga das Nações, de tal modo que a união da Liga das Nações se tornou uma cruzada idealista que mobilizou todas as forças de sentimento humanitário e indignação moral, tão potentes no mundo protestante anglo-saxão, contra os fautores da guerra e os ditadores que representavam as forças das trevas e da reação.

No entanto, uma vez que a Liga das Nações não era, na origem, uma construção puramente ideal, mas uma criação histórica com base em alinhamento de forças políticas definidas, a tendência da oposição à Liga também foi recorrer a uma espécie de idealismo que a via como a personificação de forças das trevas das finanças internacionais e do imperialismo ocidental. Apelou às forças das nações e classes subjugadas, cujos direitos foram sacrificados pelo entendimento do pós-guerra, que se revoltassem contra a ordem internacional de Versailles e de Genebra.

Ora, a característica mais paradoxal dessa situação é o fato de que ambos os grupos de idealistas basearam em suas reivindicações no mesmo princípio – o princípio da autodeterminação nacional; consequentemente, a controvérsia sobre a Liga das Nações nunca foi uma luta direta entre nacionalistas e internacionalistas, como a controvérsia acerca da Santa Aliança fora um século antes. Mesmo a forma extremada de ultranacionalismo e racismo que agora identifica-se com a política antiliga não foi característica originária, pois as grandes potências que ficaram fora da Liga desde o início, os Estados Unidos da América e a União das Repúblicas Socialistas Soviéticas, eram, ambas, notoriamente antirracistas, e uma delas, a Rússia soviética, alegava ser mais verdadeiramente internacional em política e ideais que a própria Liga das Nações.

Portanto, a Liga das Nações não foi desde o começo nem totalmente nacionalista nem internacionalista de modo consistente; não era nem idealista no sentido puro nem meramente realista. Foi quase um paralelo completo à Santa Aliança – ou seja, foi a liga dos Estados que existiu, em primeiro lugar, para preservar o acordo internacional que fora estabelecido como resultado da vitória sobre o imperialismo militar e, em segundo lugar, para estabelecer uma ordem internacional baseada na lei dos tratados que assegurariam a paz ao aplicar sanções contra qualquer Estado que tentasse mudar o *statu quo* pela força das armas.

Assim, só era de esperar que a ruptura do Tratado de Versailles devesse ser seguida pelo rompimento da Liga das Nações e, se esta sobreviver e servir a um propósito mais amplo do que o que se afigurava diante dos olhos dos apoiadores, é necessário restaurá-la em bases mais abrangentes que corresponda às realidades da nova situação.

Os fundadores da Liga das Nações erraram ao não levar em conta as novas tendências da vida internacional que não encontrava espaço na filosofia otimista da democracia liberal, mas que explica o estado existente de tensão mundial e a hostilidade internacional, embora não absolva as nações e seus líderes de responsabilidade pelos atos políticos. O fato é que o mundo moderno está sendo conduzido, ao mesmo tempo, em duas direções opostas. Por um lado, as nações estão sendo postas em contato maior pelo avanço dos feitos científicos e técnicos; os limites de tempo e espaço que as distanciavam são contraídos ou abolidos, e o mundo está se tornando fisicamente uno, como nunca se viu antes. Por outro lado, as nações estão sendo separadas umas das outras por um processo de organização intensiva que enfraquece os elos espirituais que unem os homens independentemente de fronteiras políticas e concentra toda a energia da sociedade na consecução de um propósito coletivo, de modo tão inevitável que causa uma colisão com a vontade coletiva de outras sociedades.

O que torna o perigo da guerra tão grande hoje não é que os homens sejam mais guerreiros que no passado, mas que estão organizados de modo muito superior. A guerra não é mais passatempo de reis e o negócio dos exércitos profissionais, é o arpéu mortal de imensas potências impessoais massificadas que trituraram toda a vida de populações inteiras nas rodas de seus mecanismos sociais.

O crescimento desses organismos monstruosos é a característica dominante do sistema político moderno e é irreconciliável tanto com o antigo sistema de Estado europeu como com a tradição de democracia liberal que inspirou a Liga das Nações.

II - O ESTADO-NAÇÃO E A UNIDADE EUROPEIA

A tragédia do rompimento da Liga das Nações não foi simplesmente o resultado da ganância inescrupulosa dos homens no poder. Deveu-se, sobretudo, como assinalei antes, ao conflito e à confusão entre dois idealismos rivais de nacionalismo e democracia liberal que foram os dois grandes motivos da mudança política no mundo moderno.

Em teoria, o presidente Wilson reconheceu plenamente o princípio da nacionalidade ao basear a Liga na autodeterminação e soberania do Estado-nação. No entanto, falhou em perceber a força das paixões coletivas que se escondiam por baixo dessas fórmulas e a dificuldade de aplicar estas a Estados como a monarquia dos Habsburgos, que fora criada com base em princípios dinásticos e religiosos.

Por isso, embora os pacificadores de Versailles tentassem basear as mudanças territoriais no princípio da autodeterminação nacional, foram incapazes de resolver o problema das minorias, ou mesmo incorporar os próprios princípios wilsonianos na Aliança da Liga. A Liga das Nações foi, de fato, desde o início, nada mais que uma liga de Estados, e a associação à Liga era totalmente baseada na soberania política, sem nenhuma referência ao caráter nacional das sociedades em questão.

Essa não é mera questão de nomenclatura. Envolve a própria essência do problema da ordem internacional. As nações são fatores permanentes que perduram caso recebam reconhecimento jurídico ou não; ao passo que os Estados, como temos muitíssimo fundamento para compreender nos últimos anos, podem mudar de forma e ser multiplicados ou diminuídos por guerras e revoluções com ou sem justiça ou envolvendo a vontade dos povos. Um período como o das Guerras Napoleônicas testemunhou um massacre total dos Estados; alguns dos quais desapareceram para sempre, enquanto outros ressurgiram em novas formas quando a tempestade passou. Assim, uma Liga das Nações criada no ano de 1800 teria sido totalmente diferente em composição e números da que na verdade surgiu depois da queda de Napoleão. E o caráter transitório dessas formações políticas demonstrou que qualquer ordem que seja baseada nelas como potências soberanas supremas deve, necessariamente, ser transitória e deficiente em autoridade mundial. Na Itália, por exemplo, o número de Estados que possuíam soberania *de facto* só reforçou o caso dos partidários da unidade nacional, embora, ao mesmo tempo, tenha tornado a tarefa de obter a unidade por acordo internacional (ou melhor, interestatal) extremamente difícil.

Assim, a maior das causas únicas de ruptura do internacionalismo, tanto em teoria como em prática, é o erro em reconhecer o caráter artificial e instável da unidade política sobre o qual repousam todos os planos de organização internacional. A palavra *Estado* significa simplesmente uma organização política independente e não nos informa coisa alguma a respeito da natureza da sociedade que está organizada. Um Estado pode ser uma cidade pequena como Lucca ou um grande império como Roma; um território diminuto que foi formado por propriedades de família de alguma casa real, como Liechtenstein ou Mônaco, ou uma vasta civilização como a China, que por milhares de anos é um mundo fechado e autossuficiente. Temos apenas que olhar para trás na história e ver a multiplicidade e incomensurabilidade das organizações políticas para perceber o absurdo de qualquer sistema internacional que as trata todas de modo semelhante, como se fossem indivíduos políticos com direitos iguais e natureza comum. Comparar a China com a Libéria ou os Estados Unidos com a República Dominicana é como comparar o Banco da

Inglaterra com o banco privado de um vilarejo ou um navio transatlântico com um barco de pesca.

Ora, a comparação de formas tão diversas pode ter um certo valor para propósitos filosóficos ou científicos, já que esclarece nossas ideias sobre a natureza dos barcos ou do sistema bancário, mas não tem utilidade para propósitos de organização prática. Se tentarmos organizar a indústria naval com base no princípio de um voto por barco, simplesmente desorganizaremos a ordem existente e produziremos anarquia e caos. E o mesmo é verdade, apesar do absurdo menos flagrante, se tentarmos criar uma organização internacional com base em direitos iguais das nações, e presumindo que todo Estado *de facto* seja uma nação *de jure*. Entretanto isso é, efetivamente, o que a Liga das Nações tentou fazer, pois encontramos, entre os membros originários da Liga do Tratado de Versailles, os Estados Unidos ao lado do Panamá, a Grã-Bretanha com o Reino do Hejaz, a Itália e a Libéria, a França e o Haiti.

Se essa fosse uma mera concessão às necessidades temporárias da situação pós-guerra, não seria tão importante, mas vai muito além disso, e envolve pressupostos sociológicos básicos e ideais do movimento internacional moderno, seja nos aspectos humanitários seculares ou nos católicos. Por exemplo, a simples afirmação de que conheço os princípios internacionais católicos – o Código de Ética Internacional preparado pela União Internacional de Estudos Sociais –, ainda que lide exaustivamente com os direitos e deveres dos Estados, dá uma atenção superficial ao problema sociológico fundamental da *natureza* do Estado. Aceita quase tudo, sem modificações, da concepção aristotélica de cidade-Estado e, em seguida, aplica isso aos Estados-nação da Europa moderna; de modo que o *domus*, a *urbs* e o *orbis* agostinianos são tomados como uma classificação adequada à estrutura social do mundo moderno.

Ora, a teoria política aristotélica tinha por base uma análise razoavelmente completa das formas de sociedade daquele tempo, e mesmo na época de Santo Agostinho ainda mantinha a validade. A sociedade civilizada ainda era organizada na base da cidade-Estado, e o Império Romano formou um tipo de sociedade mundial composto de cidades-Estado que eram células de um organismo internacional. Além disso havia o mundo caótico dos bárbaros que viviam em uma espécie de existência subpolítica e que eram uma ameaça constante à sociedade civilizada do *orbis terrarum* romano. Ali permanecia apenas um grande Estado civilizado – a Pérsia, que era um Estado em hostilidade permanente com Roma e formava uma espécie de antítese oriental à monarquia mundial romana. Essa estrutura sociopolítica ainda detinha significado para a mentalidade medieval, apesar das mudanças que tinham ocorrido no mundo. Para os filósofos medievais, como Santo Tomás de Aquino, a cidade ainda era um órgão político essencial, e o lugar do Império Romano fora tomado pela Cristandade, vista como uma sociedade universal una. Além disso havia o islã – o anticristo social, com quem o mundo cristão estava em estado de guerra permanente – e havia os pagãos do Báltico Oriental que, aos poucos, eram conquistados e incorporados, contra a vontade, à sociedade da cristandade.

No entanto, ao fim do século XV, esse quadro tradicional foi subitamente estilhaçado, dentro e fora da Europa. A Europa, de repente, tomou consciência de todo um mundo de povos, os selvagens da América e da África e os povos civilizados do Extremo Oriente, de modo que a escala de seu universo histórico e geográfico foi ampliada de maneira incalculável. Ao mesmo tempo, o mundo cristão foi dividido pela heresia em campos de guerra, e dentro e fora das ruínas dos principados feudais e das cidades livres surgiu a nova monarquia armada de poder absoluto e dotada da majestade da prerrogativa divina.

Doravante, o Estado – o organismo político típico – não era mais a cidade, mas a monarquia nacional. Tinha um caráter distintivamente imperial e modelava no padrão do Império Romano em vez de no padrão das cidades-Estado. Não possuía, contudo, o caráter universal do Império, já que suas ambições e reivindicações sempre estavam limitadas pela existência de outros Estados similares, cujos direitos reconhecia em teoria, muito embora pudesse desconsiderá-los na prática.

Assim, embora a cristandade, no sentido medieval de uma grande comunidade cristã governada por uma hierarquia binária, não mais existisse, suas tradições eram fortes o bastante para formar um laço cultural entre os povos da Europa que os unia em uma sociedade imprecisa de Estados soberanos. E, apesar de todas as mudanças ocorridas no mundo nos últimos dois séculos com a ascensão da democracia e da autoconsciência nacional, esse padrão social ainda continua a moldar nossa concepção de relações políticas e internacionais. Nossa ideia do Estado ainda deriva, mais ou menos, dos Estados-nação fomentados na Europa Ocidental durante os últimos quatrocentos anos. Nossas ideias de sociedade internacional e mesmo de uma Liga das Nações mundial ainda são modeladas segundo o padrão da antiga sociedade de Estados europeia – ao passo que, da mesma maneira, o novo nacionalismo dos povos não europeus é influenciado, consciente e inconscientemente, pelo exemplo dos Estados nacionalistas europeus e por seus ideais.

Na realidade, todavia, esses fenômenos são profundamente diferentes. A Índia e a China não são nações no mesmo sentido da Suécia e da Irlanda. São unidades culturais que não possuem analogia *na* Europa, a não ser *com* a própria Europa. A Turquia, por outro lado, tornou-se uma nação no pleno sentido ocidental, mas somente o fez por uma ruptura com o passado, que transformou nada menos que a cultura do povo, assim como o governo do Estado. E, assim, o nacionalismo oriental, que surgiu como protesto e reação à hegemonia europeia, é, em si, a prova mais contundente do poder da Europa de mudar o mundo.

Devemos, no entanto, encarar o fato de que não há, como antes, civilização mundial no mesmo sentido que houve uma civilização europeia no passado. Existem forças poderosas rompendo as antigas divisões entre povos e culturas, mas existem, igualmente, forças poderosas agindo em direção contrária, e estas ameaçam despedaçar e destruir a unidade da cultura ocidental que, até agora, tem sido a verdadeira fonte da tal ordem internacional que o mundo já teve.

III - A UNIDADE EUROPEIA E A LIGA DAS NAÇÕES

Vimos que está se tornando cada vez mais difícil aplicar o padrão político tradicional do passado europeu – uma sociedade de Estados nacionais soberanos que partilham de uma cultura e de um plano de fundo espiritual comuns – ao mundo dos superestados, em que raças rivais e civilizações lutam, sem compaixão, por supremacia. A antiga ordem europeia pode parecer irracional e desordenada, mas manteve a unidade pelo respeito verdadeiro aos direitos e precedentes históricos e pelo prestígio social da monarquia, que muito fez para contrabalançar a desigualdade do poder político entre os Estados maiores e menores. Entretanto, as origens revolucionárias de uma nova forma de Estado destruíram o respeito pelo direito histórico, ao passo que a oposição de princípios e ideais não proporciona uma base comum a que os estadistas possam se unir, como faziam na vida da corte do *Ancien Régime*. A tendência moderna de cada Estado ou grupo de Estados de identificar-se com um dos tipos rivais de ideologia política é tão fatal para qualquer tipo de ordem mundial como foram as guerras religiosas do passado. Na verdade, é ainda mais fatal, já que no passado a distinção entre Igreja e Estado tornava possível para Estados de diferentes credos cooperarem em questões de interesse político comum, embora hoje o Estado totalitário seja identificado de maneira tão íntima com sua ideologia que se torna impossível distinguir a guerra de ideias do conflito de interesses políticos.

Se aceitarmos o princípio totalitário, parecerá que a única esperança de paz mundial deve ser encontrada no triunfo de uma única ideologia. E esse era, de fato, o interesse do comunismo na fase militante inicial, quando Grigori Zinoviev (1883-1936) e Leon Trotsky (1879-1940) acreditavam que a cidadela do capitalismo ruiria ao primeiro soar de trombetas do Exército Vermelho. Os últimos vinte anos, contudo, provaram a soberba dessas esperanças, e o verdadeiro resultado da ofensiva comunista é acentuar o conflito de ideologias – para destruir ou enfraquecer os partidos moderados e os Estados constitucionais em benefício do extremismo e da ditadura.

Assim, a tentativa de unir o mundo ao lançá-lo na calça justa de uma ideologia uniforme é uma ilusão utópica irreconciliável, seja com a paz internacional, seja com a liberdade nacional. A verdadeira base de uma vida internacional deve ser encontrada não na unidade ideológica, mas na comunidade de cultura. Isso foi salientado com extraordinária clareza por Edmund Burke, quando pela primeira vez a Europa se deparou com um Estado que conscientemente identificara-se com a nova ideologia política. Citá-lo-ei aqui de modo um tanto extensivo, pois temo ser obrigado a presumir que hoje ninguém mais lê Burke, e a passagem demonstra que a concepção de Europa como uma verdadeira comunidade de cultura não é novidade, mas foi tratada como uma verdade fundamental pelos pensadores conservadores clássicos do passado. Escreve ele:

> O intercâmbio entre as nações não depende tanto, como geralmente se supõe, da formalidade dos tratados e pactos: não é mera questão de interesse político. Os homens não são unidos uns aos outros por papéis e selos. São levados a se associar por parecença, por conformidades, por simpatias. Isso se dá com nações, bem como com indivíduos. Nada é tão forte quanto um laço de amizade entre uma nação e outra como correspondência em leis, costumes, modos e hábitos de vida. Há obrigações inscritas no coração. Aproximam os homens uns aos outros sem que tomem conhecimento e, às vezes, contra as próprias intenções. O segredo, despercebido, mas laço irrefragável de intercâmbio habitual,

os mantém unidos, mesmo quando suas naturezas perversas e litigiosas os levam a se equivocarem, lutarem renhidamente e pelejarem a respeito dos termos de suas obrigações escritas. Com essa similitude, a paz é mais paz e a guerra é menos guerra. Existem períodos de tempo em que comunidades, aparentemente em paz umas com as outras, estiveram separadas de maneira mais perfeita que, nos últimos tempos, estiveram muitas nações da Europa no curso de guerras longas e sangrentas. A causa deve ser buscada na semelhança, em toda a Europa, da religião, das leis e dos costumes. No fundo, são todos os mesmos. Os autores de Direito Público muitas vezes chamam esse agregado de nações de uma comunidade. Eles têm razões. É praticamente um grande Estado que possui a mesma base jurídica geral, com alguma diversidade de costumes provincianos e instituições locais.

E Burke prossegue a descrever os elementos diferentes dessa comunidade. A princípio, todas as nações da Europa têm a mesma religião cristã. Em segundo lugar, a política e a economia derivam das mesmas fontes, isto é, das tradições germânicas incorporadas nas instituições medievais e, por fim, ordenadas e esclarecidas pela lei romana, de modo que, na constituição social dos Estados europeus, eles são muito mais parecidos do que geralmente percebemos.

De todas essas fontes erige-se um sistema de costumes e educação que foi quase similar em todo este quarto do globo e que abrandou, mesclou e harmonizou a cor do todo. [...] Dessa semelhança em modos de intercâmbio e em toda a forma e modo de vida, nenhum cidadão da Europa pode estar em total exílio em parte alguma dela [...] Quando um homem viaja [...] de seu próprio país, nunca se sente precisamente no exterior.[1]

---

[1] Edmund Burke, *Letters on the Regicide Peace I*. In: *Select Works of Edmund Burke*. Ed. Edward John Payne. Oxford: Clarendon Press, 1874-1878. 4v. Vol. III, p. 80-81. [Uma nova edição desta seleção de escritos do pensador e estadista irlandês está disponível como: Edmund Burke, *Select Works of Edmund Burke*. A New Imprint of the Payne Edition. Foreword and Biographical Note by Francis Canavan. Indianapolis: Liberty Fund, 1999. (N. T.)].

Fazendo concessão ao estilo oratório e não científico do tratamento de Burke, não creio que os problemas essenciais das relações internacionais jamais foram expressos de maneira tão satisfatória. O ponto que invalida o tratamento de Burke é o conservadorismo ou o tradicionalismo que o guiava, quase contra os próprios princípios, ao ver o sistema de Estados existente do *Ancien Régime* como a única forma possível de ordem europeia. Percebeu com bastante clareza as falácias do liberalismo revolucionário, sua negligência pela realidade histórica, seu idealismo utópico, seu falso racionalismo que o fez atacar o cristianismo e seu individualismo parcial que o fez ignorar o caráter orgânico das instituições sociais.

Deixou de perceber, contudo, que a Revolução não era simplesmente a revolta negativa contra a cristandade e a ordem social. Também era uma afirmação de direitos dos povos em face de um governo irresponsável, e de nações contra as tradições esgotadas do Estado dinástico.

Portanto, quando a revolução foi derrotada pelas forças nacionais que tanto fizeram para despertá-la, os estadistas aliados em Viena, que também eram discípulos de Edmund Burke, fracassaram em se dar conta dessas forças. Reconheceram a existência do que Burke chamou de comunidade europeia de modo mais amplo do que jamais fora feito antes ou desde que Burke cunhara o termo. No entanto, organizaram a Europa tendo por base o precedente e o legalismo dinástico em vez de organizá-la como uma sociedade orgânica de nações vivas. Em consequência, a força crescente dos movimentos nacionais europeus ficou sem saída e as explosões revolucionárias destruíram o edifício artificial da ordem europeia que os estadistas de Viena construíram de modo tão cuidadoso.

Ora, a Liga das Nações de 1919 repetiu o erro da Santa Aliança por deixar de reconhecer, apesar do nome, a existência de nações a não ser que já tivessem uma existência política à parte. Ademais, ignoraram ainda mais completamente a existência da comunidade europeia que a Santa Aliança reconhecera e aceitara como a base de sua organização internacional. O fracasso em reconhecer a importância vital do complexo histórico-cultural na vida internacional deixou a Liga das Nações suspensa no ar entre o realismo severo do poder político contemporâneo e o idealismo nebuloso do liberalismo cosmopolita. Como resultado, a Liga permaneceu dependente, na prática, da aliança das potências vitoriosas, e seu declínio foi inevitavelmente seguido pela perda da hegemonia militar e econômica. Assim, há um conflito entre os ideais da Liga e seus verdadeiros interesses. O idealismo da Liga favorecia o desarmamento, uma política de concessões e conciliações internacionais, e uma tendência a tratar cada Estado como um parceiro igual na associação mundial. Entretanto, para tornar a Liga um sistema que funcionasse nas condições existentes, era necessário seguir uma linha bem oposta de política ao visar primeiro e antes de tudo a preservação da supremacia militar incontestável do grupo das potências cuja união era o fundamento real do sistema.

Em outras palavras, o fracasso da Liga foi devido a sua verdadeira base político-militar ser demasiado restrita e parcial e sua superestrutura demasiado universal e abrangente. A tarefa essencial dos pacificadores de Versailles era chegar a um acordo com base na autodeterminação nacional que iria, de uma maneira um tanto vaga, restaurar a comunidade da Europa e oferecer as condições políticas para a cooperação econômica e cultural. Se isso fosse alcançado, teria sido possível seguir adiante e promover alguma espécie de organização mundial "para estabelecer uma lei internacional como a verdadeira regra de conduta entre governos" (para citar as palavras da aliança). É possível que os Estados Unidos, que recusaram se enredar na política europeia por compromissos de longo alcance da Liga atual, estivessem prontos a cooperar em uma organização desse tipo mais imparcial e mais ampla, e assim teriam tornado possível a criação de uma verdadeira ordem internacional. O fracasso da Liga das Nações não significa que o princípio moral essencial sobre o qual ela se fundamenta possa ser abandonado. O princípio que o presidente Wilson invocou como inspiração de seu programa – "o princípio da justiça para todos os povos e nacionalidades e o direito de viver em termos iguais de liberdade e segurança uns com os outros, fossem fortes ou fracos" – é um princípio que o liberalismo do século XIX herdou da tradição cristã e que mais uma vez fora proclamado por Pio XII na recente encíclica *Summi Pontificatus* como princípio essencial da civilização cristã. É esse princípio que defendemos hoje contra o absolutismo totalitário que, nas palavras da encíclica, renega "a autoridade de Deus e o império da sua lei, o poder civil, por consequência inevitável, tende a atribuir a si aquela absoluta autonomia que compete ao Autor Supremo; a substituir-se ao Onipotente; elevando o Estado ou a coletividade a fim último da vida; a critério sumo da ordem moral e jurídica, e interdizendo dessa maneira todo o apelo aos princípios da razão natural e da consciência cristã".[2]

O conflito que ameaça destruir a civilização hoje não é um conflito de raça ou de cultura, ou mesmo de ideologia. É um conflito de cruenta vontade de poder que engoliu todas as questões ideológicas aparentes: a questão racial ariana *versus* a semita, a questão social do comunismo *versus* o fascismo e a questão internacional entre os apoiadores e opositores da Liga das Nações. Se essa força for triunfante, é o fim da Europa, como uma comunidade de povos livres, pois o apetite sáurio dessas potências-monstro inevitavelmente engolirá todos os fracos e destruirá todos os fortes. Todavia, também é o fim de qualquer esperança de ordem internacional em geral, pois o conflito que testemunhamos hoje não é mera questão de rivalidades ou interesses europeus. É uma questão mundial que está sendo travada em solo europeu, mas os efeitos não estão limitados à Europa.[3] A própria ideia de direito internacional, como o mundo moderno a conhece,

---
[2] Pio XII, *Summi Pontificatus*. III,39
[3] Isso, é claro, foi escrito antes da deflagração da Guerra no Pacífico.

foi produto da civilização europeia e tem fundamento último, como todos os valores supremos dessa civilização, na crença em uma ordem espiritual transcendente, na Lei Natural e na Lei Divina às quais o Estado e os povos, bem como os indivíduos, estão sujeitos.

Como disse o papa Pio XII, somente pelo retorno a essa lei o mundo pode ser salvo do abismo da desordem e destruição em que está caindo. E esse é um problema muito mais fundamental que o da Liga das Nações ou que qualquer outro plano de união federativa. Somente quando o princípio moral do direito internacional for aceito é que poderemos seguir adiante rumo à criação de um sistema, seja europeu ou cosmopolita, que incorpore esses princípios de forma institucional. Assim, como recurso último, depois do naufrágio das ideologias pré-guerra existentes, voltaremos às questões ideológicas em um nível mais aprofundado – a afirmação dos princípios morais e filosóficos sobre os quais não só a civilização cristã, mas toda civilização, em última análise, se fundamenta.

Capítulo 6 | A Secularização da Cultura Ocidental

Não é possível discutir a situação moderna, seja do ponto de vista da religião, seja da política, sem usar a palavra "cultura". Entretanto, a palavra foi usada em tantos sentidos diferentes e é capaz de tantas nuances de significados que é necessário dizer algo no início quanto ao sentido em que a empregarei, para evitar confusão desnecessária.

O *Concise Oxford Dictionary* oferece três sentidos – lavoura, melhoria por treinamento físico ou mental e desenvolvimento intelectual. Nenhum desses, no entanto, é exatamente o sentido em que a palavra é usada por antropólogos, sociólogos e, agora, em um âmbito maior, também por historiadores e filósofos. Desde o ano de 1871, quando Edward Burnett Tylor (1832-1917) na Inglaterra publicou seu famoso livro *Primitive Culture*[1] [Cultura Primitiva] e em uma data bem anterior no Continente, a palavra foi ampliada para cobrir todo um complexo de instituições, costumes e crenças, bem como artes e ofícios e organização econômica, que compõem a herança social de um povo. Assim, é quase intercambiável com a palavra civilização, exceto pelo fato de esta ser, via de regra, restrita às altas formas de cultura, assim como há uma objeção óbvia de falar de "civilização" para um povo incivilizado. Utilizo cultura, portanto, como um termo

---

[1] Edward Burnett Tylor, *Primitive Culture: Researches into the Development of Mythology, Philosophy, Religion, Art, and Custom.* London, John Murray, 1871. (N. T.)

mais amplo e inclusivo, e civilização como um tipo particular de cultura nas manifestações mais elevadas e conscientes.

Por conseguinte, é possível ficar detrás ou além da civilização e estudar a natureza humana em um estado relativamente primitivo. Nunca é possível, todavia, ficar fora do alcance da cultura. A ideia do século XVIII de um estado de natureza em que o homem existia antes de se enredar nas malhas do Estado e da religião organizada, ao qual deve remontar para construir uma ordem racional de sociedade, é, com certeza, completamente mítica e irreal. O homem primitivo é, da mesma maneira, parte de um padrão social, muitas vezes de um padrão muito elaborado e igualmente dependente das tradições culturais como qualquer homem civilizado, ou até mais.

Do mesmo modo que é impossível separar cultura de religião, e quanto mais retrocedemos na história ou quanto mais baixo descemos na escala da evolução social, mais próximo é o relacionamento. É fácil compreender o motivo disso, pois é inerente à natureza da própria religião. A religião não é, como acreditavam os racionalistas dos últimos dois séculos, um fenômeno secundário que surgiu da exploração da credulidade humana, ou como Thomas Hobbes (1588-1679) afirmou: "a crença nos fantasmas, a ignorância das causas segundas, a devoção pelo que se teme e a aceitação de coisas acidentais como prognósticos",[2] ela repousa no próprio centro da consciência humana, na percepção do homem de sua dependência de poderes superiores e de sua relação com o mundo espiritual. Quanto mais simples é uma cultura, mais próxima é a relação com o mundo espiritual, não porque uma cultura inferior seja, é claro, mais espiritual que as culturas superiores, mas porque os limites estreitos do controle sobre a

---

[2] Thomas Hobbes, *Leviatã*. Parte I, Capítulo XII. A citação original em inglês foi substituída pelo trecho equivalente da respectiva edição em língua portuguesa: Thomas Hobbes, *Leviatã ou Matéria, Forma e Poder de um Estado Eclesiástico e Civil*. Trad. João Paulo Monteiro e Maria Beatriz Nizza da Silva. São Paulo: Abril Cultural, 1974. p. 71. (N. T.)

natureza aumentam o senso de dependência do homem, de modo que parece impossível para a sociedade existir sem a ajuda dos poderes misteriosos que o cercam.

A relação entre formas superiores e inferiores de religião nunca foi apresentada de maneira mais perfeita que nas palavras dos apóstolos aos simples licônios quando reconheceram São Barnabé (†61) e São Paulo como deuses:

> vos anunciamos o Evangelho para que destas coisas vãs vos convertais ao Deus vivo, que fez o céu, e a terra, o mar e tudo o que neles há; o qual nos tempos passados permitiu que todas as nações andassem nos seus próprios caminhos; e contudo não deixou de dar testemunho de si mesmo, fazendo o bem, dando-vos do céu chuvas e estações frutíferas, enchendo os vossos corações de mantimentos e de alegria.[3]

A religião do homem primitivo está preocupada exatamente com essas coisas – alimento, chuva e, é claro, as estações do ano. Nessas coisas ele vê a mão de Deus e a obra do sagrado e das forças mágicas. Portanto, os modos pelos quais os homens vivem e as catástrofes de sua vida estão inextrincavelmente entrelaçados com crenças religiosas e práticas para formar o padrão da cultura.

Não obstante, até mesmo as formas mais cruéis e mais primitivas de religião nunca são totalmente restritas a esse padrão; elas sempre possuem um elemento de transcendência sem o qual deixariam de ser religião. Já que a religião é um elo entre o homem e Deus, entre a sociedade humana e o mundo espiritual, sempre há um aspecto duplo. Para o forasteiro, seja ele um viajante ou um crítico racional, as religiões primitivas parecem um peso morto de convenções sociais e superstições que impedem a sociedade de seguir adiante; para o próprio homem primitivo, entretanto, é o caminho dos deuses, a ordem tradicional consagrada que traz a vida humana à comunhão com as forças superiores; e vemos pela história de religiões mais avançadas

---

[3] Atos dos Apóstolos 14,15-17. (N. T.)

que as práticas religiosas mais simples e elementares são capazes não apenas de se encher de emoção religiosa mas de se tornar o veículo de ideias religiosas profundas, como por exemplo o ritual de sacrifício na antiga Índia ou o ordenamento ritual do calendário na China antiga.

Por outro lado, quando tratamos das religiões mais avançadas em que há um esforço consciente para afirmar a transcendência absoluta de Deus e da ordem espiritual, ainda não encontramos o completo divórcio entre religião e cultura. Mesmo o budismo, que parece à primeira vista dar as costas para a vida humana e condenar todos os valores naturais sobre os quais a vida humana é construída, também assim tem grande influência sobre a cultura e imprime seu caráter na vida social dos tibetanos ou dos singaleses, não menos que uma religião que adota uma atitude francamente positiva, ou, como dizemos, "pagã", para com a natureza e a vida humana. Religiões desse tipo, no entanto, alimentam mais claramente essa espécie de tensão e de conflito na relação entre religião e cultura, que é fácil ignorar na religião primitiva que parece completamente fundida e identificada com o padrão social.

Em nenhum tipo de cultura, portanto, encontramos algo que realmente corresponda ao problema que confrontamos no dia de hoje – o problema de um estado de separação e desarticulação entre religião e cultura; em outras palavras, o problema da cultura secularizada. Sem dúvida, outras culturas passavam por fases de relativa secularização, por exemplo a China, no século III a.C., e Roma, na última era da república. Essas fases, no entanto, estavam confinadas às sociedades particulares e, quase certamente, às classes menores ou elites nessas sociedades. Hoje, no entanto, é um fenômeno mundial e, pelo menos nas sociedades mais avançadas, estende-se por toda a estrutura social e afeta a vida das pessoas comuns não menos que o pensamento das classes e dos grupos importantes.

Ora, é bastante fácil explicar a universalidade da presente situação. Devido à extensão mundial da civilização ocidental pela expansão, pelo progresso material e pela penetrabilidade econômica e intelectual. Entretanto, qual é a relação entre a imensa extensão da civilização ocidental moderna e sua secularização? Estão relacionadas como causa e efeito? E se assim o é, a extensão é a causa da secularização ou vice-versa?

Não há dúvida de que o rápido progresso material e a expansão externa da cultura ocidental tiveram um efeito secularizador. Os impérios mundiais normalmente tendem a perder contato com as raízes espirituais, e o mesmo ocorre com relação à expansão da civilização por meio da influência administrativa e intelectual, como vemos no caso do mundo helênico nos séculos III e II a.C. Ainda assim, essa não é a causa essencial da mudança. A cultura ocidental estava se tornando secularizada antes que tivesse começado o seu grande período de expansão. As causas fundamentais desse processo eram espirituais e intimamente relacionadas a todo o desenvolvimento espiritual do homem ocidental. As mesmas causas, todavia, que produziram a secularização da cultura também foram responsáveis por sua expansão externa. Eram, de fato, dois aspectos de um único processo, uma revolução mundial de espécie tão extraordinária que parecia transcender a história e criar novas categorias com as quais nossos padrões tradicionais de julgamento são incapazes de lidar.

É com relação à questão religiosa que os métodos de interpretação tradicionais se mostram mais deficientes. Se considerarmos o problema do ponto de vista cristão, nos depararemos com o paradoxo de que foi a cultura cristã, e não a pagã, a fonte dessa revolução. Uma vez que a história secular é apresentada ao fato igualmente perturbador de que o elemento não secular na cultura ocidental é o elemento dinâmico em todo o processo de mudança, do mesmo modo, a secularização completa da cultura pela remoção desse elemento levaria o movimento progressivo a uma parada total e acarretaria, assim, uma sociedade estática que dominou a mudança social em tal grau que não tem mais momento vital algum.

Essa é a grandeza e o tormento da civilização moderna – que conquistou o mundo ao perder a própria alma; e quando a alma é perdida, deve também perder o mundo. A cultura ocidental nunca foi uma unidade natural, como as grandes civilizações do Oriente antigo, como o Egito, a China e a Índia. É uma associação mutável de povos e países que deve a unidade à continuidade da tradição, uma tradição que nem mesmo origina, mas que é herdada, transformada e aumentada até se tornar a fonte de um novo mundo e uma nova humanidade. Por mil anos a portadora dessa tradição foi a igreja cristã, e durante o período formativo apenas ao se tornarem membros da Igreja que as nações se tornavam partícipes na comunidade da cultura ocidental.

A importância desse fator raras vezes foi apreciada de modo suficiente pelos historiadores. Reconheceram a influência da Igreja na história medieval e como a unidade religiosa da cristandade condicionou o desenvolvimento dos povos ocidentais. No entanto, parece-me que nenhum deles percebeu em plenitude o significado do fato que é quase único na história mundial, que a Europa encontrou sua unidade e forma cultural não só pela profissão de uma fé comum, mas por ingressar em uma comunidade espiritual que já existia e que tinha um princípio de organização independente, com órgãos de autoridade e organização próprios, com instituições e leis próprias. A igreja medieval não era um Estado dentro de um Estado, mas uma sociedade suprapolítica à qual o Estado era um órgão subordinado, local e limitado. De modo ideal, havia uma grande sociedade única – a do povo cristão – com uma dupla hierarquia de ministros temporais e espirituais. E o conflito espiritual que ocupou a consciência medieval se interessava não só pelas relações entre as duas hierarquias mas de maneira menos consciente e mais profunda pelo problema de reconciliar essa ordem ideal com o mundo real dos estados territoriais e principados feudais, que os descendentes dos bárbaros construíram para si pela espada.

A existência desse duplo dualismo – da Igreja e do Estado e do ideal cristão e da realidade bárbara – é um dos motivos principais por que a cristandade ocidental não evoluiu para uma civilização religiosa fechada como as do Oriente antigo. Ao contrário, a unidade da cristandade estava rompida, e a hegemonia cultural da Igreja foi destruída pela revolução religiosa do século XVI; mas, embora isso tenha preparado o caminho para a secularização da cultura, nada poderia estar mais distante da razão e das intenções dos líderes do movimento. Ao contrário, parecia-lhes que estavam trabalhando para a dessecularização da Igreja e a restauração do cristianismo à pureza primitiva. Não perceberam que as tentativas de purificar e apartar a Igreja do desenvolvimento cultural orgânico poderia encontrar uma contrapartida na separação entre cultura e religião e na secularização crescente de vida e pensamento. Isso foi, de fato, o que aconteceu: embora tenha sido um processo gradual que levou séculos para completar-se.

Não obstante, a nova cultura humanista laica que começava a se desenvolver no Ocidente nos séculos XV e XVI estava longe de ser inteiramente secular. Como demonstrou Carl E. K. Burdach (1859-1936), a própria concepção da Renascença – ou o renascimento da cultura – estava intimamente relacionada à Reforma ou ao renascimento do cristianismo. Ambos foram influenciados, nas origens, por esperanças apocalípticas de uma renovação espiritual da cristandade, demasiado difundida na Idade Média e que encontrou diferentes formas de expressão na Europa setentrional e meridional. Nem os humanistas ou os reformadores sonharam com a destruição da cristandade. Acreditavam, como Erasmo de Roterdã (1466-1536), que "o mundo recobrou a razão como se despertasse de um sono profundo", e pensaram que a religião e a cultura poderiam remover as antigas cascas e retomar a juventude ao retornar às origens.

Deste modo, o feito da Renascença foi como o de Cristóvão Colombo (1451-1506) ao descobrir o Novo Mundo tentando encontrar o caminho de volta para o Velho Mundo por uma nova rota. A remoção súbita dos marcos fixos que delimitaram o pensamento e a ação do homem medieval, a abertura a novos mundos e a percepção das possibilidades ilimitadas da razão humana causaram a liberação de forças que deram à cultura ocidental um caráter mundialmente abrangente. Embora a ciência ocidental ainda estivesse na infância, homens como Leonardo da Vinci (1452-1519), Paracelso (1493-1541), Tommaso Campanella (1568-1639) e Francis Bacon (1561-1656) já haviam começado a perceber as possibilidades de transformação do mundo. "Glória a Ele que tudo sabe e pode", escreveu Campanella:

> Ó minha arte, neta da Sabedoria primordial, dá algo de sua bela imagem que é chamada de Homem.
>
> Um segundo Deus, próprio milagre do primeiro, rege as profundezas; sobe aos Céus sem asas e conta as moções e medidas e suas naturezas.
>
> O vento e o mar, domina, e o globo terrestre, com uma nave troante circunda, conquista e contempla, faz permutas e torna sua presa.
>
> Estabelece leis como um Deus. Em seu ofício, deu ao pergaminho silente e ao papel o poder da fala e à notabilidade do tempo, vocifera ao descaramento.[4]

O autor desses versos é um exemplo impressionante do pensamento da Renascença unido à cultura humanista e científica com ideais religiosos apocalípticos e esperanças revolucionárias por uma nova ordem da sociedade.

Durante o longo período de aprisionamento por trinta anos nos cárceres da Espanha e da Inquisição, Tommaso Campanella continuou a defender suas ideias do advento de uma nova ordem que unificaria a humanidade sob o estatuto da natureza. No entanto, mesmo na forma mais primitiva e revolucionária, *La città del Sole*

---

[4] Citado em: Edmund Garratt Gardner. *Tommaso Campanella and his Poetry: The Taylorian Lecture 1923*. Oxford: Oxford University Press, 1923. (N. T.)

[*Cidade do Sol*], de Campanella, estava longe de ser secular. Era uma teocracia comunista totalitária governada por um rei sacerdote – o Metafísico – eleito por sufrágio universal e três magistravam que representavam as três hipóstases divinas – Poder, Sabedoria e Amor –, lidavam, respectivamente, com a guerra; a ciência e a educação; e a economia e a eugenia. Não eram admitidos a propriedade, o casamento ou a família, e os magistrados agiam segundo a aptidão; as honras eram prestadas segundo o mérito, e o alimento, conforme a necessidade e a compleição.

À primeira vista, a utopia de Tommaso Campanella se assemelha à de Thomas More (1478-1535), mas ao mesmo tempo difere profundamente em espírito e intenção. Não foi pela questão da utopia que More perdeu a cabeça, mas pela defesa da ordem tradicional da cristandade. Entretanto, a utopia de Campanella tinha um caráter nitidamente revolucionário que demonstrava a tentativa fantástica de um punhado de frades e de foras da lei de derrubar o governo espanhol em 1599 e estabelecer a Cidade do Sol no monte Stilo,[5] na Catalunha. Dessa maneira, creio que Campanella, mais que Thomas More e mais que os anabatistas de Müenster, deveria ser tomado como o precursor do socialismo revolucionário moderno, em especial no momento em que a ideia da organização e do controle da vida social pela ciência natural deu forma a uma parte essencial de sua teoria. Além disso, apesar do caráter revolucionário de seu pensamento e apesar do divórcio completo da tradição cultural da cristandade medieval, seu ideal, como já disse, não era secular. Retomou a identificação pagã de religião com cultura, em vez de mover-se na

---

[5] O autor confunde a cidade de Stilo, próxima ao Monte Cosolino, na região da Calábria, onde nasceu Tommaso Campanella, com as crenças desse utopista relativas ao papel da Espanha no futuro da humanidade, posteriormente abandonada em favor da ideia de que a França ocuparia tal posição especial na história europeia. Sobre a temática, ver: Henry Kamen. *Spain's Road to Empire: The Making of a World Power, 1492-1763*. London: Penguin, 2003. p. 388-90. (N. T.)

direção do Estado secular moderno e da secularização da vida. Foi por esse motivo que ele tanto se opôs à Reforma, que via como um movimento individualista para dessecularizar a religião inspirada pela indisciplina natural dos povos germânicos: de fato, uma nova revolta dos bárbaros.

Com todo o mal-entendido da situação, permanece este elemento de verdade: a causa principal da secularização da cultura ocidental foi a perda da unidade cristã – a dissolução da comunidade em que os povos do Ocidente encontraram sua cidadania espiritual. O simples fato dessa *perda* de unidade criou um território neutro que pouco a pouco expandiu até vir a incluir quase toda a vida social. As guerras de religião e a controvérsia duradoura acerca da tolerância religiosa, que produziu uma literatura prolífica durante o século XVII, especialmente na Inglaterra, forçou os homens a aceitar, ao menos como necessidade prática, o princípio da ação política e econômica comum por homens que difeririam nas visões teológicas e na fidelidade eclesiástica. E, uma vez que os homens admitiram o princípio de que um herege podia ser um bom cidadão (e mesmo que um infiel poderia ser um bom negociante), tenderam inevitavelmente a ver esse fundamento comum de ação prática como o mundo real, e a esfera exclusiva da religião como um mundo privado, seja de fé pessoal ou de mera opinião privada.

Dessa maneira surgiu uma nova cultura liberal humanitária que representa um estágio intermediário entre a unidade religiosa da cristandade e o mundo totalmente secularizado. No continente foi, de início, a cultura do povo, e, nos países católicos, ao menos, sua infiltração na sociedade foi acompanhada por uma violenta crise revolucionária. Somente na Inglaterra e na América do Norte prosseguiu na outra direção – de baixo para cima –, pois aí encontrou inspiração não só no idealismo racional da tradição humanista mas ainda mais no idealismo religioso do puritanismo com sua concepção de Comunidade Sagrada e de liberdade cristã.

Entretanto, ambas as correntes, por fim, se uniram para formar a cultura burguesa liberal do século XIX, com o individualismo e a ética cristã-humanitária, com a fé na razão e no progresso, no livre-comércio e no governo constitucional. O lugar que a religião ocupava nessa cultura diferiu de país para país e de classe social para classe social. No todo, contudo, estou inclinado a pensar que há uma tendência a subestimar sua importância. No início da Inglaterra vitoriana, por exemplo, o que chocava o observador externo não era simplesmente a importância da observância religiosa, mas o fato de o cristianismo influenciar a política pública. Assim, um estadista francês da época escreve:

> As convicções religiosas não são para eles meras regras de conduta privada ou simples satisfações intelectuais: ingressam na vida política e influenciam as ações dos homens públicos, assim como a consciência pesa nos indivíduos particulares. As facções dissidentes são, em geral, as primeiras a se agitar energicamente por algum assunto, que, a seus olhos, a religião lhes ordena buscar. O movimento se estende até mesmo por toda a igreja cristã do país, e depois, em diferentes classes da sociedade civil; por fim, chega ao próprio governo que coincide aprovar ou, a seguir, a ele renuncia. Dessa maneira o tráfico de escravos foi abolido; assim, o espírito de paz predominou na Inglaterra até os últimos anos, ao unir, ao mesmo tempo, o poder com a sabedoria dos interesses materiais e a força das convicções religiosas e, imposto pela nação ao governo, que por sua parte, durante o curso desse interregno, não repudiou o sentimento público, mas, voluntariamente, o adotou como regra de política do Estado.[6]

O fato de a cultura liberal ter sido fundamentada nos valores morais cristãos a tornou acessível às influências religiosas, mesmo numa época secular. Não obstante, os elementos espirituais na cultura liberal não eram fortes o bastante para controlar as forças imensas

---

[6] François Guizot, *Memoirs to Illustrate the History of My Time*. Trad. J. W. Cole. London: Richard Bentley, 1858-1861. 4v. Vol. II, p. 72.

que foram libertadas pelo progresso das ciências aplicadas e pelas novas técnicas econômicas. O advento da máquina, que foi, em certo sentido, o resultado da cultura liberal, mostrou-se fatal aos valores e ideais liberais e, por fim, aos tipos sociais que foram os criadores e portadores da cultura.

A máquina teve como consequência o aumento do poder, a concentração do poder e a mecanização, em primeiro lugar, da vida econômica e, depois, da vida social, em geral. É verdade que na Grã-Bretanha e nos Estados Unidos os efeitos revolucionários da mecanização foram reduzidos em virtude de territórios coloniais ilimitados e mercados estrangeiros dispostos a absorver as novas forças econômicas. Somente quando a mecanização foi aplicada no mundo fechado da Europa continental que o caráter revolucionário se tornou evidente. E esse foi, sobretudo, o caso quando passou da burguesia liberal do Ocidente às mãos das monarquias burocráticas da Europa do Leste, que abordaram o problema da Nova Ordem a partir do ponto de vista da política de poder e da organização militar.

O grande conflito que dividiu a Europa no século XX e produziu duas grandes guerras é resultado da aplicação de uma técnica semelhante em um espírito oposto e para fins opostos: a ciência e a mecanização sendo utilizadas, em um caso, em espírito comercial para o aumento da riqueza e, em outro caso, em um espírito militar para a conquista do poder. E, ao prosseguir o conflito, mais complexa se torna a mecanização da vida, até a organização total parecer ser condição necessária para a sobrevivência social.

A cultura liberal buscou evitar o perigo de uma secularização completa ao insistir na preservação de uma margem de liberdade individual que estava "imune" ao controle estatal e à qual, ao menos em teoria, a vida econômica estava subordinada. E, dentro da zona de liberdade individual, a liberdade religiosa era o último baluarte que defendia a personalidade humana. Entretanto, o progresso da mecanização e da organização social que este encerra prontamente reduziu essa margem de liberdade, até hoje, nos Estados totalitários, e, apenas em grau pouco menor nos Estados democráticos, o controle social se estende a toda a vida social e à consciência. Já que esse controle social é exercido em um espírito utilitário para finalidades políticas, econômicas e militares, a secularização total da cultura parece ser inevitável. A sobrevivência da religião ainda se deve ao fato, por um lado, de a técnica de controle social ainda não estar plenamente desenvolvida, de modo que existem buracos e arestas na sociedade e na personalidade humana que, de alguma maneira, escaparam ao processo de arregimentação; por outro lado, pelo fato de a própria religião estar sendo utilizada pelo Estado como instrumento de controle social, de modo muito semelhante a como Augusto (63 a.C.-14 d. C.) reviveu os ritos moribundos e as instituições do paganismo romano para acrescer o prestígio da Antiguidade e da tradição à nova ordem. No entanto, uma religião desse tipo, que é utilizada como meio para fins políticos ou, na melhor das hipóteses, como instrumento da cultura, perdeu o caráter transcendente e, portanto, deixou de ser uma religião em sentido pleno.

Assim, como sugeri, o progresso da civilização ocidental pela ciência e pelo poder parece conduzir a um estado de secularização total em que tanto a religião quanto a liberdade desaparecem simultaneamente. A disciplina que a máquina impõe ao homem é tão estrita que a própria natureza humana está em perigo de ser mecanizada e absorvida no processo material. Onde isso é aceito como necessidade histórica inelutável, obtemos uma sociedade planejada em estrito espírito científico que, no entanto, será uma ordem estática e sem vida, sem outra finalidade além da própria preservação e que, consequentemente, causará o enfraquecimento do arbítrio humano e a esterilização da cultura. Por outro lado, se uma sociedade rejeita esse determinismo científico e busca preservar e desenvolver a vitalidade humana dentro do arcabouço de um Estado totalitário, é forçada, como na Alemanha nazista, a explorar os elementos irracionais da sociedade e da natureza humana de modo que as forças da violência e da agressividade, que todas as culturas do passado buscaram disciplinar e controlar, irrompam para dominar e destruir o mundo.

Esse é o dilema de uma cultura secularizada, e não podemos evitá-lo, seja por um idealismo humanitário que fecha os olhos para o lado irracional da vida, ou por uma religião de espiritualidade pessoal que tenta escapar para um mundo privado, rapidamente aniquilado e esgotado pela engenharia social.

PARTE II

A RESTAURAÇÃO DE UMA ORDEM CRISTÃ

Capítulo 7 | Planejamento e Cultura

A concepção de uma sociedade planejada tem tido um efeito revolucionário no pensamento social e na ação política durante os últimos vinte anos, e sua importância ainda é dificilmente percebida pela opinião pública. Contudo, é possível que isso indique uma mudança na civilização humana maior que qualquer coisa que já ocorreu desde o final da idade da pedra e da ascensão das culturas arcaicas do Egito, da Mesopotâmia e dos vales do rio Indo e do rio Amarelo.

Sem dúvida, está implícita na ideia de ciência aplicada, como já fora percebida por homens da Renascença, tais como Leonardo da Vinci, Tommaso Campanella e Francis Bacon. É menos evidente no período seguinte devido à crença do século XVIII em uma harmonia preestabelecida entre os mundos natural e moral que tornava o interesse individual um guia infalível para o bem social e via a ação governamental com suspeita. Foram os socialistas do século XIX, sobretudo os discípulos do Conde de Saint-Simon (1760-1825), que primeiro popularizaram a ideia e a tornaram a base de sua filosofia social.

Por fim, ela se tornou uma realidade política no século XX, com a Revolução Russa e a ascensão do Estado totalitário. Principalmente com o lançamento do plano quinquenal de Josef Stálin (1878-1953) em 1928, cresceu, por todo o mundo, o interesse na possibilidade de um planejamento estatal em larga escala e veio à luz toda uma literatura de propaganda política e controvérsia a respeito do assunto.

A concepção de um planejamento social e econômico não estava, no entanto, confinada à Rússia ou aos comunistas. Foi aceita pelas democracias ocidentais como a solução para a depressão econômica e o desemprego e foi a inspiração do *New Deal*[1] do presidente Franklin Delano Roosevelt (1882-1945) nos Estados Unidos; ao passo que na Alemanha foi aplicada com imensa eficiência técnica e força implacável para remodelar toda a vida da nação segundo os ideais nazistas e para equipá-la para a tarefa de conquistar e dominar o mundo.

A revelação das possibilidades sinistras dessa organização científica quando explorada por Estados totalitários levou à certa reação contra a idealização ingênua do planejamento como uma panaceia social infalível. Existe um reconhecimento geral da necessidade de defender a liberdade humana e os valores espirituais contra os efeitos desumanizadores da organização totalitária da sociedade.

---

[1] Referência ao programa governamental implementado pela administração do presidente Franklin Delano Roosevelt, entre 1933 e 1937, caracterizado pela expansão dos gastos públicos, pela criação de programas sociais governamentais, pela ampliação da burocracia estatal e pelo crescimento da intervenção do governo na economia. Durante a gestão presidencial de Harry S. Truman (1884-1972), o governo americano implementou entre 1945-1953 um programa semelhante denominado *Fair Deal* [Acordo Justo], no qual as medidas intervencionistas do *New Deal* [Novo Acordo] foram ampliadas para outras áreas, dentre as quais se destacam, por exemplo, o apoio ao nascente movimento pelos direitos civis, a tentativa de criar um programa universal de saúde pública, a ampliação das políticas de bem-estar social, o aumento da regulamentação trabalhista, o avanço da intervenção federal nas políticas educacionais locais, os subsídios para a construção de moradias e para a agricultura, a alocação de verbas públicas para diversos programas para os veteranos da Segunda Guerra Mundial e a criação de uma série de projetos federais nos estados, desrespeitando a autonomia dos entes federados. A implementação da agenda progressista por intermédio do planejamento estatal, também, foi uma característica dos programas governamentais *New Frontier* [Nova Fronteira] e *Great Society* [Grande Sociedade] adotados, respectivamente, pelas administrações democratas de John F. Kennedy (1917-1963), entre 1960 e 1963, e de Lyndon B. Johnson (1908-1973), entre 1964 e 1965. (N. T.)

Os defensores originários do planejamento social na Inglaterra e nos Estados Unidos foram socialistas reformadores que ainda aceitavam os valores liberais e humanitários e que não enxergavam muito além da eliminação do egoísmo e da confusão do sistema capitalista. No entanto, quando o viram aplicado para finalidades de ditadores e militaristas muito diferentes, foram forçados a rever suas ideias. Começaram a perceber que os valores liberais que tomavam por certos estavam mais intimamente relacionados aos valores cristãos que descartaram do que criam, e a menos que esses valores pudessem ser defendidos diante da desumanidade destruidora de almas das novas tiranias, todos os feitos da organização científica e do controle social não só seriam inúteis, mas pervertidos em instrumentos de destruição e degradação. É, portanto, tempo de reconsiderarmos o problema do planejamento em suas implicações mais amplas.

A discussão, até agora, tem estado mais confinada às questões políticas e econômicas. O problema subjacente à cultura planejada dificilmente já chegou à opinião pública. E é o recuar instintivo de uma cultura planejada uma das forças mais poderosas contra o totalitarismo.

Entretanto, não precisamos ser materialistas para ver que é impossível ter uma sociedade planejada sem envolver questões culturais, bem como econômicas. Podemos limitar o planejamento como os Estados democráticos fizeram no passado, mas, então, também limitamos o planejamento econômico. Qualquer planejamento econômico total significa uma sociedade planejada e, portanto, uma cultura planejada. E, nessa situação em que o planejamento cultural é um caso improvisado, imposto à sociedade pelo planejamento econômico, sem ter sido legado ou desejado, que se torna responsável pelo caráter bruto e utilitário da cultura moderna.

Se aceitamos o princípio do planejamento social de baixo para cima, sem menção aos valores espirituais, ficamos com a cultura de máquinas, que difere de um país para outro apenas à medida que o processo de mecanização seja mais ou menos aperfeiçoado. Para a maioria das pessoas, essa é uma perspectiva bastante assustadora, pois o homem comum não vê a racionalização da vida como o único bem. Ao contrário, os homens muitas vezes são mais atraídos pela variedade da vida que por sua racionalidade. Ainda que fosse possível resolver todos os problemas materiais da vida – a pobreza, o desemprego, e a guerra – e construir uma ordem mundial uniforme e cientificamente organizada, nem os elementos mais fortes, nem os elementos mais elevados da natureza humana encontrariam nisso satisfação.

Esses pontos de vista são comumente descartados pelos progressistas como reacionários. São, de fato, os argumentos do conservador, do tradicionalista e do romântico. Foram desenvolvidos, pela primeira vez, por Edmund Burke e pelos românticos contra o racionalismo social do Iluminismo e da Revolução Francesa. Entretanto, a crítica deles estava baseada em um senso real de realidades históricas e tinha, acima de tudo, um sentido mais claro e mais profundo da natureza da cultura que o dos filósofos que criticavam.

Viam a imensa riqueza e a vitalidade da cultura europeia em seus múltiplos desdobramentos nas diferentes nações ao longo das eras, e, em comparação, o ideal filosófico de uma sociedade baseada em princípios abstratos racionais parecia sem vida e vazio.

Hoje, apesar de todos os feitos da técnica científica e das possibilidades crescentes de controle social, ainda permanece o problema de ser possível produzir pelo planejamento científico uma cultura tão rica, variada e vital como a que inconsciente ou semiconscientemente aflorou ao longo dos tempos.

Ao comparar a sociedade planejada moderna com as sociedades históricas não planejadas que se sucederam, vemos que esta é muitíssimo superior em poder e riqueza, mas contém duas grandes fraquezas: (a) parece deixar pouco ou nenhum espaço para a liberdade pessoal; (b) não leva em consideração os valores espirituais.

Vemos esses dois defeitos assinalados de modo mais forte nos Estados totalitários, que foram absolutamente cruéis ao tratar os direitos pessoais. Entretanto, onde quer que chegue a moderna cultura de massa mecanizada, mesmo em países de tradição liberal, encontramos a liberdade da personalidade ameaçada pela pressão das forças econômicas, os mais altos valores culturais sacrificados pelos padrões mais baixos da civilização de massa. Essa não é simplesmente uma questão de conflito de classes, pois não é só a vida do proletário que é padronizada. Ao contrário, as formas mais extremas de padronização cultural são encontradas nos níveis econômicos mais elevados. Os hotéis de luxo são os mesmos em todo o mundo e representam um tipo de cultura totalmente materialista, ao passo que a pousada que serve às classes mais baixas preservou sua individualidade cultural e o caráter nacional ou local em nível excepcional.

O tipo mais antigo de cultura era caracterizado por grande desigualdade em relação à liberdade individual. A liberdade é algo multifacetado. Há todos os tipos de liberdade diferentes. O nobre, o burguês e o camponês, cada um tem a própria liberdade e as próprias restrições. Em geral havia muita liberdade e nenhuma igualdade, ao passo que hoje temos muita igualdade e dificilmente alguma liberdade.

Da mesma maneira, o antigo tipo de cultura tinha pouco domínio sobre o meio, natural ou social. Entretanto, tinha padrões espirituais definidos de maneira muito clara e era rico em valores culturais. Estes eram, é claro, a princípio, religiosos, pois a religião era a força unificadora suprema no antigo tipo de sociedade, mas também era cultural em sentido estrito, de modo que essas sociedades tinham um senso de estilo muito maior que o nosso.

Hoje fizemos um progresso incalculável no controle científico de nosso meio, mas, ao mesmo tempo, nossa cultura perdeu quaisquer padrões e propósitos espirituais claramente definidos, e nossos valores culturais ficaram empobrecidos.

A antiga cultura orientada pela religiosidade desintegrou-se há mais de dois séculos, e agora vemos o mesmo processo de desintegração acontecendo na cultura liberal-humanista, sua sucessora e herdeira.

Não obstante, essa desintegração da cultura não significa que o planejamento social moderno possa ignorar a questão cultural e o próprio conteúdo com a reconstrução econômica e política. Ao contrário, o fato de até agora assim o fazer é um dos principais fatores na desintegração cultural, e isso, por sua vez, é uma das principais causas da desordem que sofre o mundo moderno, expressa em revolução e guerra.

Uma civilização que se concentra nos meios e deixa, quase por completo, de considerar os fins deve, fatalmente, desintegrar-se e perder a própria espiritualidade.

Nossas sociedades democráticas fizeram isso ao dedicar todo o planejamento à organização técnica e industrial e ao deixar a esfera da cultura para a iniciativa privada dos indivíduos, isto é, para atividades não planejadas. Isso foi possível antes da era da máquina, quando a classe dirigente da sociedade era constituída por proprietários no sentido antigo, homens de bases econômicas sólidas e tradição de momentos de ócio, não muito diferente da classe de cidadãos da Antiguidade. Entretanto, quando essa classe perdeu a base econômica e foi pouco a pouco absorvida na máquina da ordem, deixou de ser culturalmente criativa.

Por outro lado, os Estados totalitários instituíram o planejamento centralizado para determinados fins. No entanto, foram materialistas de modo mais incipiente que os Estados democráticos. Os planos são de curto prazo e, em consequência, práticos e utilitários. Visto que tentaram o planejamento cultural, o subordinaram a tais fins práticos, resultando em uma cultura ainda mais degradada e sem espiritualidade. Nas democracias há, sem dúvida, a perda e o empobrecimento dos valores espirituais. Uma vez que permaneçam, são livres. Não sentimos que a religião e a filosofia, a arte e a ciência estão sendo prostituídas para servir aos interesses de um partido ou mesmo de um Estado.

Podemos objetar, contudo, que essa subordinação da cultura ao governo estatal é inseparável do conceito de planejamento. Uma cultura livre é uma cultura não planejada. A organização da cultura significa colocá-la a serviço de finalidades sociais e, portanto, do Estado.

Essa é uma questão vital. É possível desenvolver uma cultura planejada que será livre? Ou o planejamento cultural necessariamente envolve um Estado totalitário?

Eis a questão com que lida o Dr. Karl Mannheim nos capítulos finais de seu livro *Mensch und Gesellschaft im Zeitalter des Umbaus* [*Homem e Sociedade em uma Época de Reconstrução*]. Nota que as origens do totalitarismo devem ser encontradas no absolutismo militar do continente. Escreve:

> O exército dos Estados absolutos foi a primeira grande instituição que não só ideava métodos racionais para criar artificialmente um comportamento de massa uniforme por meio da disciplina militar e outros artifícios para superar o medo, mas também empregava esses métodos para educar grandes massas de homens (que eram retirados, em grande parte, das classes mais baixas) a agir e, se possível, a pensar da maneira prescrita.[2]

O sistema de integrar uma massa de indivíduos em uma unidade disciplinada por coação é, obviamente, a maneira mais simples e rudimentar, mas os povos que foram treinados nisso são, de modo natural, mais suscetíveis à organização totalitária que os mais democráticos. Assim, não é de surpreender que as duas grandes sociedades totalitárias de hoje sejam os sucessores e herdeiros

---

[2] Karl Mannheim, *Man and Society in an Age of Reconstruction: Studies in Modern Social Structure*. Trad. Edward Shils. London: Routledge & Kegan Paul, 1940. p. 255.

revolucionários das duas maiores monarquias militares de outrora – a Rússia e a Prússia –, ao passo que as duas grandes sociedades democráticas – a *Commonwealth* britânica e os Estados Unidos – são, em essência, Estados civis, que nunca tiveram (exceto em raros momentos de emergência) uma arregimentação universal imposta por um sistema militarista.

Entretanto, esse método de reforçar a organização uniforme pela disciplina compulsória é o mais fácil e oferece os resultados mais rápidos, não é o mais eficiente no longo prazo, não só porque deixa pouquíssima esfera de ação para o ajuste individual, mas porque uma sociedade baseada na disciplina e na obediência cega possui menos recursos internos e menor capacidade de resistência moral que uma sociedade livre. Se é possível para um povo organizar-se livremente, ele será mais forte que o que é organizado pela força. É a velha história dos cidadãos soldados da Grécia antiga contra os exércitos da Pérsia.

Ora, no caso de uma moderna sociedade planejada, o problema é se podemos substituir o *Gleichschaltung* compulsório das ditaduras totalitárias por uma coordenação livre de todos os elementos sociais, um processo que o Dr. Mannheim compara à orquestração de uma sinfonia. No entanto, uma sinfonia envolve um compositor, bem como um maestro – e de onde vem o compositor? É, parece-me, o ideal do rei-filósofo ou do legislador da República platônica.

Quem, todavia, é capaz hoje de agir como o legislador do mundo espiritual? Dr. Mannheim concordaria que esse problema ainda não foi resolvido e que o biólogo e o economista não são capazes de dar uma resposta. Volta-se, em vez disso, para o raiar da nova ciência da psicologia social que guiará o legislador na tarefa não só de organizar a cultura existente, mas também de transformar a natureza humana para ir de encontro às novas condições de uma ordem planejada, já que "somente ao refazer o próprio homem que a reconstrução da sociedade é possível". "No estágio atual dos acontecimentos", escreve:

> Precisamos de um novo tipo de antevisão, uma nova técnica para gerenciar conflitos, juntamente com uma psicologia, uma moralidade e um plano de ação de muitas maneiras completamente diferente daquele que obtivemos no passado.
>
> Uma vez que até agora nenhum grupo teve a responsabilidade de criar a integração social – pois qualquer coisa que ocorreu foi o resultado de um acordo aleatório entre tendências conflitantes –, hoje há indicações de que, se os grupos envolvidos em política ainda se recusam a olhar além dos interesses imediatos, a sociedade está condenada.[3]

Parece-me que a solução do Dr. Mannheim suscita duas dificuldades.

6. De que a Ciência Social tal como deseja, dificilmente existe como tal, embora possamos vislumbrar seu início;
7. De que a remodelação da natureza humana é uma tarefa que, de longe, transcende a política e que, se essa tarefa é confiada ao Estado, inevitavelmente este destruirá a liberdade humana de um modo mais fundamental do que até mesmo os Estados totalitários já tentaram fazer.

Esses Estados, contudo, nos mostram os riscos de um planejamento total que sacrifica as liberdades e os valores espirituais do tipo antigo de cultura por uma questão de poder e sucesso imediato. O planejamento da cultura não pode ser empreendido em espírito ditatorial, como um plano de rearmamento. Já que é uma tarefa muito mais excelsa e difícil que qualquer organização econômica, demanda maiores recursos de força, de conhecimento e de compreensão. Deve, de fato, ser empreendida em um espírito realmente religioso.

Ora, é claro que no passado, visto que a cultura foi dirigida por propósitos conscientes, assim foi feito além de toda a religião. Na religião da Idade Média, de fato, foram criadas instituições culturais que guiaram e controlaram a mentalidade da sociedade, de modo que

---

[3] Karl Mannheim, *Man and Society in an Age of Reconstruction*. Op. cit. p.15

todas as atividades superiores da cultura, não fossem cientificamente planejadas, ao menos tinham forma e unidade espiritual.

E, na cultura liberal-humanista que formou o estágio de transição entre a cristandade medieval e a civilização secular moderna, a religião ainda retinha grande importância cultural. Foi a fonte de padrões morais e valores espirituais que são essenciais à tradição liberal, embora os liberais muitas vezes ignorem isso e tentem se fundar em ideias abstratas. No entanto, as ideias racionais do liberalismo foram abstraídas de uma tradição religiosa histórica, e a cultura liberal foi mais forte e mais duradoura precisamente naquelas sociedades em que a consciência social e política cristã estava mais viva.

Não obstante, o liberalismo abriu caminho para a completa secularização da sociedade ao realizar uma nítida divisão entre o mundo público da economia e da política e o mundo privado da religião e da cultura intelectual. Confinou o planejamento a uma esfera inferior e deixou a esfera superior completamente livre e em total desorganização. Por isso, com a extensão do planejamento e da organização à esfera superior, somos forçados, em nossos planos de organização social, a levar em conta a religião e, portanto, a dessecularizar a cultura; ou a planejar sem levar em conta, de modo algum, a religião e, portanto, a produzir uma cultura totalmente secular, tal como os comunistas desenvolveram, tendo por base o materialismo econômico.

Agora, nos dias em que a ordem social europeia era conscientemente religiosa, ela preservava uma organização social dual: era reconhecido que a esfera da religião e da cultura intelectual transcendia o Estado. Tinha a própria organização ou sociedade espiritual: a Igreja. Esse princípio dúplice de organização teve uma importância muito maior para a cultura europeia do que normalmente se admite. Foi, sem dúvida, até certo ponto, uma fonte de conflito e tensão. No entanto, foi uma tensão vital e saudável que contribuiu em grande medida para a liberdade da sociedade ocidental e a riqueza de sua cultura.

É óbvio que a cultura moderna é muito secular, e a religião moderna, também, está dividida para ser possível restaurar esse princípio de modo direto, ao tornar a Igreja, mais uma vez, a comunidade espiritual abrangente que outrora foi. Qualquer tentativa de fazer isso a partir do exterior como medida de restauração social seria uma construção artificial, não um princípio espiritual vivo. O território que anteriormente foi domínio da Igreja agora está, em grande parte, abandonado. A religião retirou-se para fortalezas isoladas, onde permanece na defensiva, avaliando o terreno através das fendas estreitas nas fortificações.

E a posição da cultura intelectual não está em melhor estado. De certo modo, está pior, já que sua desintegração é mais recente e não teve tempo de organizar as defesas como o fez a religião.

De fato, no presente, parece que estamos começando a presenciar uma espécie de perseguição da cultura, o que corresponde ao movimento anticlerical e antirreligioso do último século. É claro que a cultura atacada não é, de maneira alguma, a mesma coisa que a cultura que estamos a discutir. É uma espécie de intelectualismo desvigorado que não tem mais uma função social ou um senso de responsabilidade social.

Uma cultura desse tipo é uma forma de cultura decadente e moribunda e está fadada a desaparecer. Isso não significa, todavia, que a sociedade pode existir sem cultura alguma. É bom que se diga "Que a cultura vá para o Inferno!", mas isso foi justamente o que aconteceu, e vejam aonde isso nos levou! Durante os últimos trinta anos, os líderes naturais da cultura ocidental foram completamente liquidados – no campo de batalha, por esquadrões aéreos, em campos de concentração e no exílio. Um valentão pode ser melhor que um intelectual, mas uma sociedade dominada por valentões não é necessariamente uma sociedade corajosa; é mais provável que seja uma sociedade desintegrada e desordenada. É um fenômeno bastante comum na história, um fenômeno típico de períodos de transição e muitas vezes seguido de uma reação mordaz que prepara as veredas para o renascimento cultural.

Cedo ou tarde deve haver um renascimento da cultura e uma reorganização espiritual da vida da sociedade ocidental.

Quanto mais bem-sucedido e mais completo for o processo de organização econômica, maior será a necessidade de um objetivo de ação social supraeconômico. Se o crescente controle humano sobre o meio e os maiores recursos materiais simplesmente forem dedicados à multiplicação quantitativa das necessidades e satisfações materiais, a civilização terminará em um atoleiro de comodismo coletivo. A solução mais natural e racional, contudo, seria dedicar o maior poder, as riquezas e o tempo livre que surgem em uma sociedade planejada para finalidades culturais, ou, em outras palavras, para a criação de uma "boa vida" no sentido aristotélico. A alta cultura é, afinal, em essência, fruto de um excedente de energia e de recursos da sociedade. Catedrais e teatros, universidades e palácios – tais coisas florescem naturalmente em uma sociedade saudável tão logo esta adquira mera margem de liberdade e de horas vagas.

É óbvio que a nova sociedade planejada deve ser mais e não menos criativa em termos de cultura que as sociedades do passado que realizaram grandes coisas, apesar da pobreza e da fragilidade. O motivo de até agora não ter sido assim se deve à nossa preocupação intensa e unilateral com a questão econômica, que levou à inanição todas as funções não econômicas e que também criou o problema do desemprego do modo como o conhecemos. No entanto, uma cultura planejada que é o complemento necessário à uma economia planejada restauraria o equilíbrio da sociedade, já que dedicaria nada menos que um grau de empenho social e inteligência ao desenvolvimento de funções não econômicas. Nesse aspecto, ela assinalaria o retorno às tradições da era pré-industrial, que conferiu mais valor às funções não econômicas que criamos no Ocidente durante o último século ou mais.

Permanece a questão de se essa tarefa de planejamento cultural pode ser alcançada, como espera o Dr. Mannheim, pelo puro esforço de planejamento científico, ou se há um elemento na cultura e na vida humana que necessariamente transcenda o planejamento, assim como existem elementos sub-racionais e irracionais que só podem ser planejados de maneira mecânica.

Em outras palavras, será a cultura do futuro totalmente secularizada ou será religiosa de uma maneira nova?

Do ponto de vista do antigo racionalismo, não há de se questionar elementos suprarracionais. A religião é simplesmente uma expressão do elemento irracional na natureza humana – um poder obscuro e sinistro que é o inimigo da verdadeira cultura, bem como da ciência.

O racionalismo moderno, entretanto, adota uma postura um tanto diferente. Hoje, a ênfase é posta nem tanto na irracionalidade da religião, assim como na sublimação do irracional, mas é criticada como escapismo, realização de desejos – um substituto ilusório para a realidade. Se isso fosse verdade, seria inútil ver a religião como fonte de poder espiritual; ao contrário, seria fonte de fraqueza, uma espécie de neurose coletiva que perverte e exaure a energia social.[4]

No entanto, é possível reconciliar tal ponto de vista com os fatos da história? A religião, sem dúvida, foi uma das grandes forças motoras da história humana. Parece ter aumentado a energia coletiva em vez de diminuí-la, e, onde quer que a humanidade esteve a se mover, a religião foi como um pilar de fogo[5] e a nuvem[6] que caminhavam à frente dos israelitas nas travessias no deserto.

---

[4] Esse é o ponto de vista freudiano. Sigmund Freud (1856-1939) escreveu: "As religiões da humanidade devem ser classificadas como alucinações de massa desse tipo, que desta forma não passam de transformações ilusórias da realidade com base no desejo de obter certeza de felicidade e proteção do sofrimento". Ver: Sigmund Freud, *Civilization, War and Death: Selections from Three Works by Sigmund Freud*. Ed. e trad. J. Richman. London: Hogarth Press and the Institute of Psychoanalysis, 1939. p. 34.

[5] Êxodo 13,21.

[6] Êxodo 16,10.

A mim, parece impossível acreditar que o poder do espírito não é nada, mas uma perversão e, consequentemente, uma degradação da energia física; contudo, essa é a conclusão lógica do argumento racionalista. É como se alguém dissesse que a própria razão surge de uma perversão do irracional. É uma linha de pensamento que leva ao muro inexpressivo do niilismo e do disparate. Por outro lado, todavia, se admitirmos os princípios opostos – as capacidades criativas da razão e o primado do espírito –, teremos de abrir espaço em nosso mundo planejado para a intervenção de um poder que transcende o planejamento. E o único lugar para esse poder em uma sociedade planejada é no ápice, como a fonte de energia espiritual e o princípio diretor de todo o desenvolvimento. Como o planejamento econômico é impossível, a menos que a sociedade tenha certo grau de vitalidade física – uma vontade de viver que ofereça a força motriz para o trabalho –, da mesma maneira o planejamento cultural requer um princípio análogo de vida espiritual sem o qual a "cultura" se torna uma pálida abstração.

A única maneira de dessecularizar a cultura é dotá-la de um propósito espiritual para todo o sistema de organização, de modo que a máquina se torne serva do espírito, e não sua inimiga ou mestra. É óbvio que essa é uma tarefa extraordinária, mas não podemos deixar de enfrentá-la em um futuro próximo. Se a cultura não for dinamizada a partir da base pela exploração das forças animais sub-racionais da natureza humana, deve ser ativada a partir do topo, ao ser posta novamente em relação com as forças do poder divino, da sabedoria e do amor. A fé na possibilidade da ação divina no mundo é o fundamento do pensamento cristão. Acreditamos que para cada nova necessidade há uma resposta da graça divina, e que cada crise histórica (que é uma crise do destino humano!) é alcançada por uma nova efusão do espírito. A tarefa da Igreja e a tarefa de cada cristão individual é preparar os caminhos para tal ação divina, abrir as janelas da mente humana e remover os véus da ignorância e do egoísmo que mantêm a humanidade adormecida. Os Evangelhos nos ensinam de que modo a religião pode agir como uma aliada da estupidez humana e da vontade debilitada, de que maneira ela pode cegar os olhos dos homens e ensurdecer seus ouvidos. No entanto, não podemos utilizar os Evangelhos como um argumento para o fracasso da religião. Ao contrário, estes provam que o poder do espírito pode romper quaisquer obstáculos e suplantar as defesas mais elaboradas que a ingenuidade humana pode conceber. E, ainda que a situação atual pareça, em muitos aspectos, mais difícil que qualquer outra na história passada, é, ao mesmo tempo, mais instável, menos arraigada nos costumes e menos afeta às emoções. De fato, a mecanização da vida humana a torna mais sensível à influência espiritual em alguns aspectos do que o antigo tipo de cultura desorganizado; nos tempos atuais essa resposta é mais evidente onde as forças em questão são mais maléficas, mas claramente essa não pode ser a única possibilidade, e o grande problema que temos de enfrentar agora é como descobrir os meios necessários para abrir esse novo mundo de uma mecânica aparentemente destruidora de almas e desalmada para o mundo espiritual que tanto lhe está próximo.

Capítulo 8 | Os Princípios Sociais Cristãos

A fé cristã sempre afirmou a possibilidade da salvação humana. Contra os recorrentes credos fatalistas e materialistas que confinaram o destino do homem às estrelas ou à terra, sustentou a liberdade e o destino espiritual do homem. Reconheceu, de maneira mais franca que a maioria das filosofias humanas, a realidade do mal e a extensão de sua influência sobre a natureza humana. Não obstante, declarou que esse animal carnívoro e lascivo, cujas paixões são infinitamente mais destrutivas e incalculáveis que a das feras da selva porque guiadas pela inteligência, é, apesar disso, *capax Dei*, capaz de adquirir uma natureza espiritual e alcançar uma finalidade divina. Assim, o cristianismo, mais que qualquer outra religião, é caracterizado por uma doutrina de renovação espiritual e regeneração. Pretende a restauração e a renovação da natureza humana em Cristo – em outras palavras, a criação de uma nova humanidade.

Essa grande verdade central foi obscurecida e muitas vezes esquecida pelo individualismo religioso dos últimos dois ou três séculos, que conceberam a salvação como uma vida após a morte feliz a ser obtida por indivíduos piedosos como recompensa pela perfeição moral, ou por práticas religiosas. Entretanto, a ideia cristã de salvação é, em essência, social. Tem raízes no Antigo Testamento, na concepção de Povo de Deus, no ensinamento profético da restauração espiritual de Israel e na manifestação progressiva do propósito divino na história. Aparece no Evangelho como boa-nova do advento do Reino – um reino que não é nacional ou político no sentido que o povo judeu o concebia, mas universal e transcendente – uma nova ordem espiritual, destinada a transformar o mundo e a humanidade. E, por fim, as conclusões teológicas e antropológicas dessa crença foram plenamente desenvolvidas nos escritos apostólicos que proclamam o mistério da salvação, o mistério da encarnação que é o nascimento de uma nova humanidade e pela qual o homem é incorporado na unidade orgânica do corpo divino.[1]

Se essa for a essência da doutrina cristã sobre a natureza do homem e seu destino, é claro que deve determinar a concepção cristã de história e de ordem social. Todos os acontecimentos temporais e todas as mudanças de cultura são de certo modo relacionados a essa realidade central. Não há nada humano que não seja afetado por essa revolução divina. *Emittes Spiritum Tuum et creabuntur et renovabis faciem terrae.*

O novo mundo e a nova humanidade existem como fermento ou semente sob a superfície da ordem presente – a ordem que os cristãos chamam de mundo. Acreditamos que está destinada a transformá-la, que virá o tempo em que os reinos deste mundo se tornarão o Reino de Cristo e quando todas as coisas forem renovadas. A ideia, sem dúvida, é difícil de aceitar e até mesmo incrível, do ponto de vista puramente humano. No entanto, o mundo certa vez já experimentou essa verdade. O que pareceria mais impossível que a transformação da civilização do mundo antigo por um grupo de homens obscuros e analfabetos de uma raça desprezada em uma província inferior? Mas, não obstante, isso aconteceu; e depois de novecentos anos, depois do ir e vir de tantos povos e reinos, ainda parece afetar, em alguma medida, nossas vidas e nosso modo de pensar.

---

[1] Cf. Ferdinand Prat. "Le Grand Mystère". In: *La théologie de St. Paul*. Paris: Editions Beauchesne, 2.ª ed., 1912. Vol. I, p. 429 e ss.

Dirão que isso não pode acontecer de novo. Aconteceu uma vez e já acabou: tornou-se parte da história. Essa não é, contudo, a visão cristã. Do ponto de vista da conversão do mundo pagão, é somente um espécime ou uma antecipação do poder de transformar o mundo da fé cristã, e o anormal é a forma passiva e estática do cristianismo que o mundo moderno toma por certa. Entretanto, como vimos, o mundo moderno é um mundo secularizado que descartou o cristianismo como parte de um passado morto e que perdeu o senso dos valores espirituais da tradição cristã.

O que vemos hoje, todavia, não é o colapso da cultura tradicional do cristianismo, é a catástrofe da cultura secular que a substituiu. Por ter um horizonte limitado ao secular e por não poder responder aos anseios mais profundos da humanidade, o liberalismo fomentou um vácuo espiritual, um coração de trevas e caos sob a ordem mecânica e a inteligência científica do mundo moderno. Por isso a requisição de uma nova ordem, de uma solução total para nossos problemas sociais, de um replanejamento da sociedade que transformará a vida humana e reconstruirá o próprio homem. Há, de fato, sintomas de uma necessidade espiritual fundamental – experimentada nas novas formas que correspondem à cultura puramente secular em que surgiram. Mas se, como argumentamos, o fracasso da civilização moderna está diretamente direcionado ao seu secularismo e à perda dos valores espirituais, é inútil criar esperanças em remédios, por mais drásticos, que ignorem esse problema fundamental. Portanto, há mais oportunidade do que antes de afirmar a alternativa cristã de renovação e de ordem espirituais, pois é aqui e não na região da organização política e econômica que deve ser encontrado o verdadeiro centro do problema.

Sem dúvida, não é fácil para o homem moderno compreender a relevância dos princípios cristãos para as necessidades modernas. A Igreja fala uma língua diferente da do mundo moderno, que perdeu a própria ideia de teologia. Devemos encarar o fato de o mundo da Bíblia e dos patriarcas e os dogmas da teologia terem se tornado língua morta para a maioria dos homens de hoje. E isso significa que as grandes realidades fundamentais – as verdades das quais tudo depende e que são mais reais que as coisas que vemos e tocamos – são repudiadas como palavras, como meras fórmulas que não têm relevância para a vida moderna.

Até mesmo do ponto de vista externo e superficial, seria um erro permitir que uma dificuldade desse tipo impedisse a compreensão de princípios e de ideias verdadeiramente producentes sobre questões fundamentais de nossa época.

I - A LEI DA NATUREZA

Quais são os princípios basilares a que se circunscreve a concepção de ordem cristã? Em primeiro lugar, existe o princípio da subordinação da vida e da sociedade humanas à ordem divina: a ideia da Lei da Natureza da qual participam da Razão Eterna, fonte e elo de toda a ordem cósmica, todos os seres razoáveis.

Essa é uma ideia muito antiga – tão antiga que foi tratada como um princípio universalmente aceito por juristas, filósofos e teólogos desde o princípio de nossa civilização. Não obstante, é contestada, hoje, de uma maneira muito direta e radical, e pode ser muito bem demonstrado que essa contestação é o ponto moral fundamental da guerra atual. Todo o sistema nazista – com a exaltação da ilegalidade e da agressão bem-sucedida, a afirmação dos direitos do forte à custa do fraco e o desprezo cínico pelas leis e pelos tratados internacionais – é a negação da concepção ocidental de lei natural e a expressão de uma teoria diametralmente oposta.

Segundo essa visão, a lei é um ato político que expressa tão somente a vontade da comunidade ou do Estado. A vontade do Estado é a lei, e já que o Estado deseja a autopreservação e obter as próprias vantagens, a lei não é baseada na "justiça", mas na vontade de poder e na vontade de viver. Então, chegamos a outra "lei da natureza", uma lei que é não moral, porque é expressão da mesma força vital irracional que faz as feras selvagens devorar umas às outras e os insetos vicejar no sofrimento e na destruição de organismos superiores.

Tudo, portanto, está subordinado a duas vertentes: ao fato de acreditarmos na existência de uma ordem espiritual da qual o homem é naturalmente consciente pelo conhecimento do bem e do mal ou que o mundo transcorre às cegas, guiado por forças irracionais às quais o homem deve servir se quiser sobreviver.

Segundo a primeira alternativa é claro que os Estados e nações, não menos que os indivíduos, estão unidos por uma lei maior que o próprio interesse e a própria preservação. Há uma lei eterna que governa todas as coisas e é, por assim dizer, a razão do universo. Nessa ordem o homem participa conscientemente, visto que é um ser racional e moral e é a fonte da qual deriva a sanção suprema de todas as leis humanas. Como diz Santo Agostinho na famosa passagem de *A Cidade de Deus*:

> Portanto, o verdadeiro e supremo Deus, com seu Verbo e o Espírito Santo, Trindade Una, Deus onipotente e uno, Autor e Criador de toda alma e de todo corpo, fonte de felicidade de quem quer que seja feliz em verdade e não em vaidade, que fez o homem animal racional de corpo e alma, que, em pecando o homem, não permitiu ficasse sem castigo, nem o deixou sem misericórdia, que a bons e maus deu o ser com as pedras, vida seminal com as árvores, vida sensitiva com os animais e vida intelectual com os anjos apenas, de quem procede toda regra, toda beleza, toda ordem, de quem promanam a medida, o número e o peso, de quem procede tudo quanto naturalmente é, seja qual for seu gênero e seja qual for seu valor, de quem procede o germe das plantas, a forma dos germes e o movimento dos germes e das formas, que também deu à carne origem, beleza, compleição, fecundidade de propagação, disposição de membros, saúde e harmonia, que à alma irracional deu memória, sentido e apetite, e à racional, além disso tudo, inteligência e vontade, que não deixou sem conveniência de partes e sem uma espécie de paz o céu e a Terra, o anjo e o homem,

e mesmo a estrutura interna do mais vil animalzinho, a asinha da ave, a florzinha da erva, uma folha de árvore, de nenhum modo é crível que Deus quisesse ficassem alheios às leis de sua providência os reinos dos homens, seus senhorios e servidão.[2]

É verdade que santo Agostinho reconheceu muito claramente que a história do homem é um registro negro, e que mesmo a paz e a ordem relativas foram conferidas por acidente ao mundo antigo pelo Império Romano, foram compradas à custa de muito sangue e de sofrimento humano. O Império era, de fato, não uma criação da justiça, mas da vontade de poder. Não obstante, visto que não se satisfez somente com o poder, mas aspirou governar pela lei, reconheceu o princípio da justiça que encerra a existência de princípios morais e das leis eternas em que se fundamenta.

Esse é o significado de lei natural no sentido católico tradicional. É uma doutrina muito simples, já que apenas afirma – para usar as palavras de Santo Tomás de Aquino: "como se da luz da razão natural, pela qual discernimos o que é o bem e o mal, que pertence à lei natural, nada mais seja que a impressão da luz divina em nós. Daí a evidência que a lei natural nada mais é que a participação da lei eterna na criatura racional".[3] Sem essa capacidade de discernimento moral, o homem não seria um ser razoável. No entanto, isso não significa que isso oferece um código de regras pronto, que todos, em todos os lugares, admitem. O senso moral varia segundo a medida do

---

[2] Santo Agostinho, *A Cidade de Deus*. V,11. A citação em inglês foi substituída pelo texto em português da seguinte edição: Santo Agostinho, *A Cidade de Deus: Contra os Pagãos*. Trad. Oscar Paes Leme. Petrópolis, Editora Vozes / Bragança Paulista, Editora Universitária São Francisco, 2003. 2v. Parte I, p. 206. (N. T.)

[3] Tomás de Aquino, *Suma Teológica*, I-II, q. 91, a. 2, c. Utilizamos aqui a passagem da seguinte edição em português: Tomás de Aquino, *Suma Teológica*. Dir. Pe. Gabriel C. Galache, S.J. e Pe. Fidel García Rodríguez, S.J.; coord. Carlos-Josaphat Pinto de Oliveira, O.P. São Paulo: Loyola, 2005. 12v. Vol. IV. p. 531. (N. T.)

entendimento, e diferenças de educação, cultura e personalidade afetam um não menos que o outro. Por isso, o Aquinate reconhece que a Lei Natural pode ser obscurecida ou pervertida por causas sociais. Como exemplo, cita Júlio César (100-44 a.C.) acerca dos germanos que não "viam o roubo como injusto desde que fosse realizado fora das fronteiras do Estado, mas, ao contrário, como uma forma louvável de atividade juvenil".[4] Mas, embora a consciência moral do homem seja limitada e condicionada por fatores sociais, ela nunca é de todo extinta; assim como o homem continua a ser um animal racional mesmo em estado de barbarismo, que parece ao homem civilizado ser pouca coisa superior ao do animal. E, como todo homem por sua razão possui algum conhecimento da verdade, então, todo homem por natureza tem conhecimento do bem e do mal, o que lhe possibilita aderir ou desviar-se da ordem universal.

Como disse no início, a ideia da lei natural é tão fundamental que foi aceita como verdade autoevidente, tanto por teólogos como por juristas, desde o período do Império Romano até os tempos modernos. Assim, Cícero (106 a.C.-43 a.C.) baseia toda a sua teoria do Direito na doutrina que a lei humana nada é senão a aplicação de uma lei que está fundamentada na natureza e na lei eterna de Deus, e que não é mais afetada pela vontade dos governantes, nas decisões dos juízes e na vontade do povo que no curso da natureza. Da mesma maneira, 1.800 anos depois, William Blackstone (1723-1780), a personificação do tradicionalismo legal e do senso comum ingleses, afirmou que "a lei da natureza, por ser coeva à humanidade e ditada pelo próprio Deus, é, certamente, superior em obrigação à qualquer outra. É cogente por todo o globo, em todos os países e em todos os tempos; nenhuma lei humana tem validade alguma, se lhe contrariar".[5]

---

[4] Caesar. *De Bello Gallico*, VI,25.

[5] William Blackstone, Introdução aos *Commentaries on the Laws of England*. 4.v. 1ª ed. "On the Nature of Laws in General". Oxford: Clarendon Press, 1765-1769. p.41.

Como a tradição sagrada e secular veio a ser abandonada – e em grande parte foi abandonada – pelo mundo moderno? Os inimigos vêm de campos muito diferentes; no entanto, concordam na questão de que é algo mais que um acidente e corresponde a uma divisão muito profunda no pensamento europeu. Por um lado, tem origem em um elemento do pensamento protestante, especificamente luterano, isto é, na doutrina da depravação total da natureza humana e no dualismo, ou melhor, na contradição entre natureza e graça, que faz da primeira uma presa indefesa aos poderes do mal, até que seja resgatada pela irrupção violenta da graça divina. O efeito desse dualismo é divorciar a lei moral da religião, de modo que ela possua um valor puramente temporal. Como dispõe Martinho Lutero, a lei pertence à Terra, o evangelho, aos Céus, e devem ser mantidos à parte, o mais possível.

> No governo civil devemos rigidamente precisar e observar a obediência à lei, e nesse departamento nada devemos conhecer do Evangelho, da consciência, da graça, do perdão dos pecados ou mesmo do próprio Cristo; mas devemos conhecer somente como falar de Moisés, da lei e de obras. Dessa maneira, a saber, a lei e o Evangelho têm de ser separados um do outro tanto quanto possível, e cada um deve permanecer à parte no local a que pertence. A lei deve permanecer fora dos Céus, ou seja, fora do coração e da consciência; por outro lado, a liberdade do Evangelho deve permanecer fora do mundo, ou seja, fora do corpo e de seus membros.[6]

O profundo pessimismo de Lutero via na natureza nada senão o reino da morte, e na lei da natureza, a lei da ira e da punição, e, assim, esse extremo supernaturalismo abriu caminho para a secularização do mundo e a abolição de padrões objetivos.

Entretanto, a revolta contra a natureza não brotou somente da sobrenaturalidade de Lutero e dos reformadores. Encontrou apoio ainda mais possante na mundanidade dos estadistas e pensadores da

---

[6] Martinho Lutero. *Comentário sobre a Epístola aos Gálatas.*

Renascença. Já antes da Reforma, Nicolau Maquiavel (1469-1527) elaborou o guia do homem inteligente em política que estudava a arte do governo como uma técnica não moral para a obtenção e manutenção do poder, privando, assim, o Estado de seu caráter religioso como o órgão temporal da justiça divina e tornando os interesses do Estado na lei suprema pela qual todos os atos políticos devem ser julgados. Essa é a fonte da "nova ciência do Direito e das leis" que substituiu o direito consuetudinário da cristandade e que, como explicou Leão XIII nas encíclicas políticas,[7] minou as bases morais da civilização ocidental.

Isso não deixa espaço para a consagração do Estado a Deus, expressa de modo solene e sacramental pelo rito tradicional de coroação dos reis cristãos. Ao contrário, teve como consequência a secularização do Estado e a dessacralização da lei e da autoridade. Ao emancipar o príncipe da subordinação a uma ordem superior, destruiu tanto o princípio da ordem como o princípio da liberdade no próprio Estado.

O falso realismo político que nega ou ignora as realidades espirituais não é menos fatal à tradição cristã e menos destrutivo à cristandade como realidade social do que foi o falso espiritualismo de Lutero. De fato, sua influência foi mais ampla e profunda, já que não se restringiu a determinados países e povos, mas influenciou, igualmente, o pensamento de católicos e protestantes e ficou mais forte com a progressiva secularização de nossa civilização. O pensamento de Lutero pertence a um mundo diferente do que vivemos; ainda era um homem da Idade Média, embora estivesse revoltado com o catolicismo medieval. No entanto, o pensamento de Maquiavel ainda está vivo no mundo moderno e encontra expressão nas palavras e nos feitos dos políticos e ditadores modernos. Podemos resumir o que Pio

---

[7] Ver, por exemplo, *Immortale Dei* (1 de novembro de 1885), sobre a constituição cristã dos Estados e *Libertas Praestantissimum* (20 de junho de 1888), sobre a liberdade humana e o liberalismo.

XII escreveu em 1939 a esse respeito na encíclica *Summi Pontificatus* da seguinte maneira:

> Hoje, os falsos pontos de vista sustentados em tempos pregressos foram amalgamados em uma nova invenção e em equívocos acerca da razão humana. E esse processo perverso foi levado tão adiante que nada restou senão confusão e desordem. Podemos destacar um erro fulcral como fonte, profundamente escondida, da qual todos os males do Estado moderno derivam sua origem. Tanto na vida privada como no próprio Estado e, ademais, nas relações mútuas entre Estados e entre países, o padrão universal de moralidade, indicado pela lei natural, é posto de lado, agora enterrado sob um conjunto de críticas e desatenção.[8]

II - A IDEIA DA CRISTANDADE

Já ressaltei as causas históricas dessa revolta com a concepção católica de lei natural e a relação íntima com a ruptura da unidade religiosa da cristandade medieval no século XVI. Hoje, testemunhamos uma ressurgência dessa crítica revolucionária da lei natural, tanto nas esferas religiosas como nas seculares, de modo que isso se tornou um dos pontos contestados de maneira mais aguda na doutrina católica. Visto que essa crítica é cristã, por exemplo, no caso de Karl Barth (1886-1968) e de seus discípulos britânicos, isso se deve, em parte, a um equívoco quanto ao lugar da doutrina na teoria católica.

A doutrina nunca foi vista como fundamento completo e abrangente da teoria social católica. É, em essência, parcial e limitada. Quando a Igreja vem a considerar os problemas da vida social cristã e a ideia de uma cultura cristã, considera a civilização não como uma ordem estática baseada em preceitos imutáveis da lei natural, mas

---

[8] Ver Pio XII. *Summi Pontificatus* (20 de outubro de 1939) sobre o ofício do Pontificado, §19-25. (N. T.)

como uma realidade histórica concreta que deriva os valores morais e, até mesmo, a unidade espiritual de sua tradição religiosa.

Apesar da quantidade de estudos, nos últimos anos, dedicados à doutrina social nas encíclicas papais, comparativamente, pouca atenção foi dada a esse lado do ensinamento sobre a civilização cristã. Não obstante, ele perpassa toda a série de encíclicas de 1878 até os dias de hoje (1942), e é impossível, sem isso, compreender o ensinamento sobre a ordem internacional. Toma por base a ideia de que a Europa é, em essência, uma sociedade de povos e nações cristãs – uma sociedade que aufere sua unidade não da raça ou do interesse econômico, mas da comunidade espiritual, e é somente pela restauração desse fundamento espiritual que a ordem europeia pode ser recuperada.

Nas palavras do papa Bento XV (1854-1922), na encíclica *Pacem Dei Munus Pulcherrimum*, promulgada em 23 de maio de 1920:

> É ensinamento da história, uma vez que a Igreja permeou com seu espírito as nações antigas e bárbaras da Europa; pouco a pouco, as várias e múltiplas diferenças que os dividiam foram minoradas e as contendas, extintas; com o tempo, formaram uma sociedade homogênea que deu origem à Europa cristã que, sob orientação e auspício da Igreja, embora preservada a diversidade de nações, tendeu à unidade que favoreceu sua prosperidade e glória.[9]

Dessa maneira, embora a civilização cristã não seja o fim do cristianismo, é, na realidade, o fruto do cristianismo. Pois, como o papa São Pio X (1835-1914) escreveu na encíclica *Il Fermo Proposito*, promulgada em 11 de junho de 1905, existem muitos benefícios na ordem natural que, sem ser o objeto direto da missão da Igreja, ainda assim dela aflui como sua consequência natural. Portanto:

> A Igreja, ao pregar Jesus Cristo crucificado, escândalo e loucura para o mundo (I Cor. I, 23), tornou-se a primeira inspiração e a defensora da civilização; e se espalhou em todos os lugares onde seus apóstolos

---

[9] Bento XV. *Pacem Dei Munus Pulcherrimum* (23 de maio de 1920), §14.

pregaram, preservando e aperfeiçoando os bons elementos das antigas civilizações pagãs, resgatando da barbárie e elevando à sociedade civilizada e educada os novos povos que em seu seio materno se refugiaram, dando à toda a sociedade humana, pouco a pouco, sem dúvida, mas em marcha forte e sempre progressiva, aquela marca que até hoje ela ainda conserva em todos os lugares. A civilização do mundo é a civilização cristã; portanto, muito mais real, mais durável, mais fecunda em frutos preciosos, quanto mais distintamente cristã for; declina, causando imenso dano de bem social, quando a ideia cristã lhe escapa.

Portanto, pela natureza intrínseca das coisas, a Igreja também se tornou, de fato, a guardiã e a protetora da civilização cristã. E esse fato, em outros séculos da história, foi reconhecido e admitido; na verdade, formou até mesmo a base inabalável da legislação civil. Sobre esta repousaram, de fato, as relações entre a Igreja e os Estados, o reconhecimento público da autoridade da Igreja em todos os assuntos que afetam de algum modo a consciência, a subordinação de todas as leis dos Estados às leis divinas do Evangelho, a harmonia dos dois poderes, civil e eclesiástico, na aquisição do bem-estar temporal dos povos, sem ferir o bem-estar eterno.[10]

Essa concepção de uma civilização cristã que não é um ideal abstrato, mas uma verdadeira tradição histórica, incorporada nas instituições sociais e manifestando-se em uma atividade cultural multifacetada, é a ideia da cristandade. Se a aceitamos ou a rejeitamos como um ideal, não podemos negar sua realidade histórica como a grande fonte da unidade europeia – a cova da qual fomos escavados e a rocha da qual fomos entalhados. Mesmo Edward Gibbon (1737-1794), a quem ninguém poderá acusar de simpatia desmedida pelo elemento cristão em nossa civilização, testemunha isso e demonstra como a religião e a autoridade dos papas "cimentou a união da república cristã e, aos poucos, produziu costumes similares e uma ciência comum dos direitos e das leis que distinguiu

---

[10] Pio X. *Il Fermo Proposito* (11 de junho de 1905). §4.

as nações independentes, e até mesmo hostis, da Europa moderna do restante da humanidade".[11]

Entretanto, muito embora a Europa derive a forma, a unidade espiritual e a cultura da tradição cristã, não é mais cristandade, ou melhor, é a cristandade em estado de desintegração e dissolução. Segundo as encíclicas, a cultura europeia não pode continuar a existir, uma vez privada de seu fundamento religioso. A cristandade é a alma da civilização ocidental, e quando a alma se esvai, o corpo apodrece. O que está em jogo não é a profissão exterior do cristianismo, mas o elo íntimo que une a sociedade, que liga um homem a outro, e a ordem do Estado à ordem da natureza. E, quando isso se esvaece, nada resta, a não ser o princípio da força bruta que, em essência, é inconciliável com uma sociedade pluralista como a comunidade europeia e que, portanto, opera como força revolucionária e destrutiva tanto na ordem social como na ordem internacional: divide as classes e as nações até que a sociedade seja destruída ou a humanidade reduzida a um nível mortal de servidão sob a mão de ferro do poder. Por mais de sessenta anos, sucessivos pontífices advertiram o mundo moderno acerca da catástrofe que se aproximava,[12] e agora a catástrofe chegou.

O otimismo que permeou o século XIX com sonhos de uma utopia humanitária de progresso material e esclarecimento racional não engana mais ninguém. Ao contrário, há o perigo de cair no extremo oposto do derrotismo e do desespero. É importante, portanto, não perder de vista o lado positivo do ensinamento papal, de recordar que a Santa Sé nunca perdeu a esperança na república cristã, mas, como disse Leão XIII na encíclica *Inscrutabili dei Consilio*, promulgada em 21 de abril de 1878: "É uma glória dos Pontífices

---

[11] Edward Gibbon. *The History of the Decline and Fall of the Roman Empire*. Ed. J. B. Bury. Vol. 1. London, Methuen & Co., 1909. p. 1. (N. T.)

[12] Ver, por exemplo, Leão XIII, *Inscrutabili dei Consilio* (21 de abril de 1878) sobre os males da sociedade moderna, suas causas e seus remédios.

Romanos a de se haverem sempre e sem trégua oposto como uma muralha e um baluarte a que a sociedade humana tornasse a cair na superstição e na antiga barbárie."[13]

Se a civilização europeia recebe vida e unidade de um princípio espiritual superior, não está ligada ao ciclo fatal de nascimento e morte; tem, em certo sentido, uma alma imortal – ao menos, a possibilidade de renovação espiritual. "Restaurar todas as coisas em Cristo", escreveu São Pio X na encíclica *Il Fermo Proposito* que já citei:

> sempre foi o lema da Igreja, e é, em especial, o nosso, no período perigoso em que vivemos [...] não só inclui aquilo que pertence à missão divina da Igreja, a saber, levar as almas a Deus, mas também ao que já explicamos como o que flui dessa missão divina, a saber, a civilização cristã e cada um dos elementos que a compõem.[14]

Assim, a aparente apostasia da cristandade e as catástrofes políticas e sociais que se seguiram não destroem a possibilidade de restauração. Podem até mesmo preparar o caminho para derrubar as muralhas e as torres que o homem construiu como refúgio de seu egoísmo e a fortaleza de seu orgulho. Dentre os destroços, ainda permanecem os fundamentos de uma ordem cristã, pois têm por base a lei eterna da natureza, que é a lei de Deus, e as necessidades imutáveis da natureza humana. Temos do nosso lado, disse o papa na radiomensagem às vésperas da guerra,[15] não só o espírito da velha Europa que preservou a fé e o gênio da cristandade, mas toda a raça humana, que tem fome de pão e liberdade e não da espada. Por outro lado, os princípios que enfraqueceram e destruíram a ordem cristã são, como o papa Pio XII demonstra

---

[13] Leão XIII. *Inscrutabili dei Consilio*. n. 8. (N. T.)

[14] Pio X. *Il Fermo Proposito*. §6. (N. T.)

[15] Pio XII. Radiomensagem "*Un'Ora Grave*" (24 de agosto de 1939). O trecho mencionado é o seguinte: "Está conosco a alma desta velha Europa, que foi obra da fé e do gênio cristão. Está conosco a humanidade inteira que espera justiça, pão, liberdade, não o ferro que mata e destrói." (N. T.)

na encíclica *Summi Pontificatus*, não apenas negativos, mas, na verdade, antinaturais. Tanto a negação da irmandade humana como a afirmação da onipotência e do absolutismo do Estado têm origem na negação da lei natural que, como ensina Leão XIII, é, igualmente, a fonte e o padrão da lei e da liberdade humanas.[16] O que tornou a Europa cristã uma verdadeira sociedade de nações foi o reconhecimento dessa lei suprema que transcendeu diferenças nacionais e os interesses dos governos. Embora, como disse Bento XV, a lei sempre tenha sido violada na prática, embora tenham existido guerras, revoluções e inúmeros atos de injustiça social, não obstante, o caráter sagrado da lei era reconhecido pela consciência da cristandade, de modo que esta oferecia um padrão objetivo por meio de qual as nações eram julgadas.[17]

Sem justiça, o Estado nada mais é senão roubo organizado, e a lei das nações, nada, senão a lei da destruição do mais fraco. Hoje, os direitos das nações são ignorados porque a Europa não possui mais um padrão moral comum. É verdade que foi feito um esforço real depois da última guerra para restaurar a ordem internacional com base na justiça para todos os povos, nacionalidades e no direito de viverem em termos iguais de liberdade e segurança uns com os outros, fossem fortes ou fracos – princípios que estão inteiramente em conformidade com os das encíclicas. No entanto, a Liga das Nações fracassou na restauração da ordem cristã porque ignorou o aspecto espiritual do problema. Criou um esqueleto jurídico de ordem internacional, mas não um corpo vivo de comunidade espiritual. Como disse o presente papa [Pio XII]: "Mesmo as melhores e mais detalhadas regulamentações serão imperfeitas e estarão fadadas ao fracasso a menos que os povos e aqueles que os governam se

---

[16] Leão XIII. *Libertas Praestantissimum*. §6.

[17] Ver: Pio XI, *Ubi Arcano dei Consilio* (23 de dezembro de 1922) sobre a paz de Cristo no Reino de Cristo e Pio XII. *Summi Pontificatus*. (N. T.)

submetam, voluntariamente, à influência daquele espírito que, por si só, pode dar a vida, a autoridade e a força cogente à letra morta dos acordos".[18] O resultado foi a Liga das Nações não conseguir superar o impulso à anarquia, à guerra e à revolução, e em seu lugar surgiu o progresso monstruoso do absolutismo totalitário que, nas palavras do papa, elege para si os privilégios da onipotência, "elevando o Estado ou a coletividade a fim último da vida; a critério sumo da ordem moral e jurídica".[19] Se esse progresso for triunfante, será o fim da cristandade, o fim da Europa como comunidade de povos livres, o fim da própria civilização. Sua derrota depende, em último recurso, não da força das armas, mas do poder do Espírito, da influência misteriosa que, sozinha, pode mudar a natureza humana e renovar a face da Terra.

III - O PODER DO ESPÍRITO

Do ponto de vista cristão, o fracasso da Liga das Nações e o malogro de todas as outras tentativas feitas pelos homens de boa vontade para criar uma ordem social e internacional justa são resultado inevitável da secularização progressiva da cultura moderna. Como Pio XII ressaltou na encíclica *Summi Pontificatus*, os efeitos desse processo não podem ser limitados à esfera teológica. A perda da fé em Deus é seguida pela perda dos princípios morais universais e, por fim, pela perda de tudo o que une o homem ao homem. Pela falta de fé em Deus, as nações cairão em pedaços e se destruirão umas às outras. Tentarão, elas mesmas, ser deusas, quando nada mais são que leviatãs – monstros sub-humanos cuja imensa força não é guiada por poder espiritual algum.

---

[18] *The Pope's Five Peace Points*. C.T.S. p. 15.
[19] Pio XII. *Summi Pontificatus*. §39. (N. T.)

vão devorar-se os homens uns aos outros,
como os monstros do abismo.[20]

Nossa civilização está caindo no poderio dessas forças cegas porque perdeu o espírito que é a fonte de vida e de luz. Como disse o papa [Pio XII], nenhum arranjo político, nenhuma nova ordem, nenhuma Liga das Nações, nenhuma instituição internacional irá nos ajudar a menos que percebamos e nos submetamos a esse poder que, por si só, pode dar vida, autoridade e força cogente à letra morta da lei. Mas como isso pode ser feito? É possível que um mundo tão antigo, desiludido e infiel recobre a juventude e nasça novamente em espírito? É a pergunta de Nicodemos: "Como se pode fazer isso?".[21] E a resposta é a mesma para povos e civilizações bem como para indivíduos. "O vento sopra onde quer; ouves-lhe o ruído, mas não sabes de onde vem, nem para onde vai."[22] Não podemos estabelecer limites ao poder de Deus ou negar a possibilidade de Sua ação criativa. Nem, por outro lado, podemos decidir antecipadamente como devemos agir com relação às novas tarefas que, como nação ou grupo, somos chamados a empreender.

No Antigo Testamento, os profetas continuamente admoestavam os judeus a respeito da confiança na eficiência da ação política e da confiança no "braço de carne"[23] ou no aguardar o "dia do homem", contudo, por outro lado, condenavam, não com menos veemência, a recusa dos indivíduos de coração fraco e espírito mesquinho de pedir grandes coisas a Deus e de esperar Sua salvação diante de dificuldades extraordinárias e desastres.

---

[20] William Shakespeare, *Rei Lear*. Ato IV, Cena 2. Os versos originais em inglês foram substituídos pela versão equivalente em língua portuguesa da seguinte edição: William Shakespeare, *Rei Lear*. In: *William Shakespeare: Teatro Completo – Tragédias*. Trad. Carlos Alberto Nunes. Rio de Janeiro: Agir, 2008. p. 702. (N. T.)

[21] João 3,9. (N. T.)

[22] João 3,8. (N. T.)

[23] 2 Crônicas 32,8 (N. T.)

Hoje nos deparamos com uma situação nova que demanda novos métodos de ação. Temos de nos armar para um conflito espiritual com as forças organizadas do mal, que, como diz São Paulo, não são meramente materiais ou humanas, mas espirituais, "os príncipes deste mundo tenebroso",[24] cujo ataque sutil e violento destrói as frágeis barreiras de uma ordem humana e da civilização que lhes impediu a própria existência.

Aos que veem o mal senão como a generalização dos erros e das fraquezas dos indivíduos, é natural que a solução cristã possa parecer vaga e obscura. Entretanto, se reconhecermos a realidade terrível dos males que temos de enfrentar, veremos que o poder do Espírito é o único poder que pode lhes derrotar.

Passamos por um dos grandes pontos de inflexão da História – um julgamento das nações tão terrível quanto qualquer um daqueles descritos pelos profetas. Vimos todos os recursos da ciência e da tecnologia dos quais tanto nos orgulhamos metodicamente dedicados à destruição do nosso mundo. E por trás dessa destruição material estão males ainda maiores, a perda da liberdade e a perda da esperança, a escravidão de povos inteiros a uma ordem desumana de violência e opressão. No entanto, por mais tenebrosa que pareça a perspectiva, sabemos que a decisão última não repousa no homem, mas em Deus, e não é da Sua vontade deixar a humanidade à mercê dos próprios impulsos destrutivos ou à escravidão das potências do mal. Deus não só rege a história, Ele intervém como ator na história, e o mistério da redenção divina é a chave de Sua ação criativa. A realeza de Cristo e Sua autoridade sobre as nações não são expressões piedosas; são os princípios de importância revolucionária para a ordem política, bem como para a ordem moral. Como o cardeal John Henry Newman (1801-1890) escreveu há cem anos:

---

[24] Efésios 6,12. (N. T.)

A religião de Cristo não era um simples credo ou uma filosofia. Um credo ou uma filosofia não precisavam ter interferido nos reinos deste mundo, mas poderiam ter existido sob o Império Romano ou Persa. Não; o reino de Cristo era um "contrarreino". Ocupou terreno; afirmou reger aqueles que até o momento os governantes deste mundo regiam sem rival, e se os próprios governos deste mundo não reconhecessem e se submetessem a essa regra, legislassem e governassem segundo suas leis, ele "quebraria em pedaços" tais governos – não por armas carnais, mas pelo poder divino.[25]

---

[25] "The Christian Church an Imperial Power" (Sermão 16) de 27 de novembro de 1842. Em: John Henry Newman. *Sermons Bearing on Subjects of the Day*. London/New York/Bombay: Longman's Green and Co., 1902. p. 229. (N. T.)

Capítulo 9 | A Espada do Espírito

Verificamos que a visão cristã do homem e da sociedade está longe de ser um tradicionalismo estático, como supõem, com tamanha frequência, os críticos racionalistas. O que distingue a visão cristã da história da visão da filosofia secular é, sobretudo, a crença no governo divino do mundo, a intervenção do Espírito na história e no poder do homem de resistir ou cooperar com sua ação divina. Essas concepções estão expressas de maneira mais clara nos profetas de Israel, que são, em um sentido especial, os portadores do gládio do Espírito. Os profetas não só oferecem uma interpretação da história em termos do Reino de Deus e do julgamento divino, mas também mostram o poder de Deus manifestando-se, principalmente, na palavra profética.

"Clama!, disse uma voz, e eu respondi: Que clamarei? Toda criatura é como a erva e toda a sua glória como a flor dos campos!

A erva seca e a flor fenece quando o sopro do Senhor passa sobre elas. (Verdadeiramente o povo é semelhante à erva.).

A erva seca e a flor fenece, mas a palavra de nosso Deus permanece eternamente."[1]

Em todas as crises que mudaram o curso da história viram a mão de Deus, e para cada crise também havia a Palavra correspondente, que era missão dos profetas proclamar. Se Deus negasse

---
[1] Isaías 40,6-8. (N. T.)

a Palavra ou se ela fosse pervertida por falsos profetas, o curso da história corria às cegas:

> "Conte o profeta o sonho que tiver! Mas, a quem for dado ouvir-me a palavra, que fielmente a reproduza. Que vem fazer a palha com o grão? – oráculo do Senhor.
>
> Não se assemelha ao fogo minha palavra – oráculo do Senhor –, qual martelo que fende a rocha?"[2]

No entanto, a Palavra de Deus não era somente uma palavra de juízo e de destruição, também era uma força criativa, a Palavra de vida, o órgão do espírito que renova a face da Terra, como vemos na visão de Ezequiel do vale dos ossos secos: os ossos secos da casa de Israel, quando a cidade santa fora destruída e o povo exilado e cativo perdera a esperança.

> "Profetiza ao espírito, disse-me o Senhor, profetiza, filho do homem, e dirige-te ao espírito: eis o que diz o Senhor Javé: vem, espírito, dos quatro cantos do céu, sopra sobre esses mortos para que revivam."[3]

Aqui vemos um dinamismo deveras vital, que, comparado ao novo vitalismo biológico de sangue e raça e ao antigo vitalismo pagão dos deuses da Terra, os torna fracos, degradados e obscuros. O Espírito sopra pelo mundo como o vento e o fogo, conduzindo os reinos, queimando as obras dos homens como erva seca, mas o sentido da história não é encontrado no vento ou no fogo, mas no "murmúrio"[4] da Palavra que nunca é silente, mas que não pode dar frutos a menos que o homem coopere por um ato de fé e obediência espiritual. Esse elemento profético e dinâmico é parte essencial da tradição cristã e está presente mesmo nos períodos em que a Igreja parecia prestes a se tornar uma ordem social fixa e imutável, como na cristandade

---

[2] Jeremias 23,28-29. (N. T.)
[3] Ezequiel 27,9. (N. T.)
[4] 1 Reis 19,11-13. (N. T.)

oriental. Hoje, todavia, isso adquiriu nova importância devido ao colapso da partição que dividia as esferas da vida religiosa e secular durante os séculos recentes e a junção, em uma nova unidade, do mundo interior da experiência espiritual e do mundo exterior dos acontecimentos históricos.

Hoje o cristianismo está envolvido na história tanto quanto Israel estava na época dos profetas, embora não tenha havido tempo para os cristãos ajustarem as mentes para o que aconteceu. Não obstante, já existe uma percepção generalizada de que as questões sociais e políticas se tornaram questões espirituais – que a Igreja não pode se abster de intervir sem trair sua missão. O motivo dessa grande mudança, contudo, não é principalmente religioso – a saber, não se deve ao avanço do elemento cristão em nossa cultura e à reconquista do mundo para Deus. Bem ao contrário. Isso se deve à invasão do temporal no espiritual, a autoafirmação triunfante da civilização secular e do Estado secular contra os valores espirituais e contra a Igreja. O verdadeiro sentido daquilo que chamamos de totalitarismo e Estado totalitário é o controle total de todas as atividades humanas e todas as energias humanas, espirituais bem como físicas, pelo Estado, e o direcionamento para quaisquer fins é ditado por seus interesses, ou melhor, os interesses do partido dirigente ou camarilha.

Tal tentativa foi feita pelos déspotas do passado – pois o deus-Estado é o mais antigo de todos os inimigos de Deus. Entretanto, no passado, o poder do Estado estava limitado pelos meios que tinha à disposição. Atualmente são ilimitados. Os avanços da ciência e da tecnologia, uma vez que aumentaram imensuravelmente o controle humano sobre o meio ambiente, também aumentaram o controle da sociedade sobre o indivíduo, do Estado sobre a sociedade, e dos governantes sobre o Estado. Nos novos Estados, não só a propriedade e o trabalho do homem, mas sua família, seu tempo vago e seu pensamento são controlados pela maquinaria imensa e complexa do partido, da polícia e da propaganda política que, aos poucos, transformam a sociedade de uma comunidade de cidadãos livres em uma colmeia ou formigueiro. A nova tirania não é somente uma questão de subjugar os povos pela força à regra de um senhor, como as tiranias do passado; utiliza novas técnicas de psicologia e behaviorismo para condicionar a personalidade e para controlar a mente, por assim dizer, a partir do interior. Por intermédio da repressão contínua e da estimulação, pela sugestão e pelo terror, a personalidade é sujeita a uma investida psicológica metódica até entregar sua liberdade e se tornar uma marionete que brada e marcha, odeia e morre pela voz de seu senhor ou em resposta a um estímulo não visto e não reconhecido. Nesta ordem, não há espaço para a religião a menos que a religião perca a liberdade espiritual e permita-se ser usada pelo novo poder como um meio para condicionar e controlar a vida psíquica das massas. No entanto, essa é uma solução impossível para o cristão, já que seria, em sentido mais absoluto, um pecado contra o Espírito Santo. Portanto, a Igreja deve, mais uma vez, assumir seu ofício profético e testemunhar a Palavra, mesmo se isso representar o julgamento das nações e uma guerra aberta contra os poderes deste mundo.

As democracias ocidentais e seus líderes subestimaram gravemente a força revolucionária que guiou os Estados totalitários para resultar no colapso do antigo sistema de Estados europeus como um castelo de cartas, e lutamos por nossa existência contra um inimigo cruel. Igualmente, os cristãos fracassaram em perceber como os fundamentos morais do mundo foram abalados e como era necessário um esforço tremendo para salvar a humanidade da profundidade insondável do niilismo e da desintegração espiritual. Estas duas lutas, na verdade, não são as mesmas. É possível que a vitória da Alemanha possa tornar os males espirituais do totalitarismo mais fortes do que nunca, visto que a própria guerra é um elemento destrutivo que favorece o progresso do espírito do niilismo e da destruição. Tudo depende de ser possível usar a batalha temporal não para finalidades destrutivas ou puramente materiais, mas como um meio de controlar as forças demoníacas que foram libertadas pelo mundo. Como escreveu Burke, há um século, nenhum ganho material é suficiente para exceder em valor o custo de uma guerra, que é em vidas de homens. "O sangue do homem nunca deve ser derramado senão para redimir o sangue do homem. É bem derramado por nossa família, por nossos amigos, por nosso Deus, por nosso País e por nossa espécie. O resto é vaidade; o resto é crime".[5] Se isso é verdade para as guerras limitadas do passado, é muito mais verdadeiro para a guerra total com seu fardo monstruoso de destruição. Este mal imenso só é suportável se for o único meio de prevenir ou pôr fim a males maiores. De fato, acreditamos nisso, pois creio ser difícil negar que a maioria dos ingleses, qualquer que seja a crença religiosa, sinta que está a defender não só sua vida e propriedade, mas coisas maiores que eles mesmos, e mais profundas que interesses políticos ou econômicos. Acreditam que estão se postando contra a violência, a perfídia e a injustiça pela causa de toda a humanidade.

Se o homem comum está preparado para suportar tudo, como o fez, por essa fé obscuramente sentida, mas real, o cristão está obrigado pela fé e honra a fazer nada menos do que isso no conflito espiritual que se esconde por trás da batalha das nações e a testemunhar a palavra de Deus a qualquer custo. Esse é o principal propósito do Movimento da Espada do Espírito,[6] que tomou em seu título as palavras de São Paulo ao falar da armadura espiritual para uma guerra que:

---

[5] Edmund Burke, *Three Letters Addressed to a Member of the Present Parliament on the Proposals for Peace with the Regicide Directory of France*. In: *The Works of the Right Honorable Edmund Burke: Volume V*. Boston: Little, Brown and Company, 1865. p. 305. (N. T.)

[6] Fundado pelo cardeal Arthur Hinsley (1865-1943), em 1940, que pretendia, no longo prazo, colocar em prática a Doutrina Social da Igreja como alternativa ao totalitarismo e ao extremismo e, no curto prazo, promover a aceitação dos cinco pontos de paz propostos por Pio XII em 1939. Embora fundado por um cardeal, era uma organização de leigos e teve como primeiro

não é contra homens de carne e sangue que temos de lutar, mas contra os principados e potestades, contra os príncipes deste mundo tenebroso, contra as forças espirituais do mal (espalhadas) nos ares.⁷

Como disse o cardeal Arthur Hinsley (1865-1943) no discurso de inauguração do Movimento:

> O apóstolo escreveu tais palavras na prisão, acorrentado entre dois soldados romanos em vestimentas de guerra. Disse, na realidade, que a flagrante panóplia da vida militar ou dos armamentos materiais pouco contam diante do Espírito, pois a palavra de Deus não está vinculada, *Verbum Dei non est allignatum*. O espírito não pode ser escravizado ou aprisionado, exceto pela própria traição voluntária. A espada do espírito é a Palavra de Deus, e a Palavra de Deus é mais lancinante que uma espada de dois gumes.

Se os cristãos tivessem percebido essa verdade e tivessem feito disso o princípio de ação, os males que agora ameaçam nos oprimir nunca teriam surgido. No entanto, essa não foi a única verdade negada pelo mundo moderno. Este pôs a confiança no "braço da carne", como os judeus do Antigo Testamento, acreditaram na palavra do homem e não na Palavra de Deus. Isso reverteu toda a hierarquia dos valores espirituais, de modo que nossa civilização andou para trás e ficou de ponta-cabeça, com a face voltada para as trevas e para o não-ser, e o dorso voltado para o sol das verdades e a fonte da existência. Por um curto tempo – caso reconheçamos isso em décadas ou séculos, pouco importa –, ficou a patinar sobre o fino gelo do racionalismo e do humanismo secular. Agora o gelo se partiu e fomos arrastados para o fundo pela corrente, embora possamos nos iludir que as forças libertadas não sejam nossa criação e sirvam à nossa vontade de poder.

---

vice-presidente o próprio autor deste livro, Christopher Dawson. Em 1965 foi integrado ao Catholic Institute of International Relations. (N. T.)

⁷ *Efésios* 6, 12.

É possível reverter tal processo? Nenhum poder humano pode parar o caminhar progressivo ao abismo. Isso só pode suceder por um movimento profundo de mudança ou conversão que traga, mais uma vez, o espírito humano para a relação vital com o espírito de Deus.

Cada crise mundial é, como denota a palavra, um julgamento e uma decisão da qual algo novo há de surgir. É, portanto, uma oportunidade para ouvir a Palavra de Deus e para o espírito manifestar seu poder criativo à humanidade. Esta é a esperança que os profetas sempre sustentaram na visão de julgamento das nações e que a Igreja constantemente repete na liturgia: "Vinde, ó Senhor, não tardeis, livrai vosso povo da mão dos poderosos. Mostrai vossa face e seremos salvos". Este tremendo senso de necessidade urgente e de libertação verdadeira encontra apenas um reflexo pálido e vago na postura religiosa do cristão mediano. É por isso que a fé cristã causa tão pouca impressão ao mundo moderno e parece impotente para influenciar o curso da história. E, apesar do Movimento da Espada do Espírito parecer, por si só, uma coisa muito pequena, creio ser importante, pois tenta enfrentar essa questão vital que tem sido tão negligenciada e ignorada pelas formas mais altamente organizadas da atividade eclesiástica. Como disse o cardeal Hinsley, todos podem fazer parte da cruzada espiritual, pois o Espírito distribui seus dons para cada um segundo Seu desígnio de utilizá-los. Podemos tomar parte nisso pela oração, pelo estudo e pela ação. Não é necessário dizer muito sobre o primeiro e o último ponto, pois todos os católicos compreendem a importância da oração e todos os ingleses compreendem a importância da ação. Entretanto, católicos e ingleses tendem a negligenciar o segundo braço intelectual e a subestimar a importância do poder do pensamento. A verdadeira razão do sucesso das novas potências que conquistam o mundo e o fracasso dos cristãos em se lhes opor foi que aquelas utilizaram ao máximo o braço intelectual, embora pervertendo seu propósito, ao passo que os cristãos contentaram-se com as boas intenções e os princípios sólidos que aceitaram como um desdobramento natural. Foi Napoleão Bonaparte, o maior dos ditadores, quem disse: "Há somente dois poderes no mundo: a espada e a mente. No longo prazo, a espada sempre será derrotada pela mente". Ainda assim, ninguém pode acusar Napoleão de subestimar o poder da espada. E, assim, pelo fato de acreditarmos que o poder do Espírito é ainda maior que o da mente, não há motivo para negligenciar este, que tanto pode ser o instrumento mais potente do Espírito ou seu adversário mais formidável.

A tentativa da mente de prescindir do Espírito, de construir um mundo que deva estar totalmente no poder do homem e, nele, deva encontrar uma finalidade não é novidade. É como Santo Agostinho demonstrou, uma tendência universal que percorre toda a história e assume formas diferentes em épocas diferentes. Nunca, todavia, revelou-se tão explicitamente quanto o faz hoje no Estado totalitário, que quase foi vitorioso em erigir um mundo completamente fechado ao Espírito, não deixando lacuna ou recanto para a liberdade espiritual. O resultado, entretanto, é tão opressivo à natureza humana, em última análise, tão autodestrutivo, que é inevitável gerar uma reação de resistência e revolta, em que os elementos cristãos da civilização ocidental, mais uma vez, se farão sentir. Pode parecer utópico, neste momento, falar do advento de uma nova ordem cristã – uma nova cristandade. Entretanto, quanto mais reconhecemos nossa distância do grande objetivo e a imensidão das dificuldades a serem superadas, há mais esperança no sucesso derradeiro.

O que devemos buscar não é a aliança das potências temporais, como na antiga cristandade, e uma conformidade exterior aos padrões cristãos, mas o reordenamento de todos os elementos da vida humana que não é nem uma massa inorgânica de indivíduos nem uma organização mecanizada de poder, mas uma ordem espiritual viva.

O ideal de uma comunidade como essa foi o sonho que inspirou os reformadores políticos e os revolucionários dos últimos duzentos anos, mas, uma vez que rejeitaram o poder do Espírito, seus ideais se mostraram irreais e utópicos, e alcançaram tanto a liberdade sem ordem como a ordem sem liberdade.

Hoje, lutamos contra a ordem totalitária, que é a negação mais radical e sistemática da liberdade que o mundo já viu. Devemos reconhecer, todavia, que, enquanto lutamos pela liberdade, que a liberdade, por si só, não salvará o mundo. Uma paz verdadeira só pode ser assegurada pela restauração da ordem espiritual, pois somente no Espírito que poder e liberdade são reconciliados e unidos, de modo que a Espada do Espírito tanto é o poder que nos livra das mãos dos inimigos quanto é a força que desperta e liberta as fontes de energia adormecidas na própria natureza humana.

Capítulo 10 | Retorno à Unidade Cristã

I

Se a fé cristã encerra fontes tão imensas de energia e poder espirituais, se a Igreja é o órgão divino de transformação do mundo e a semente de uma nova humanidade, como aconteceu de o mundo – sobretudo o mundo cristão – recair no presente apuro? Do ponto de vista cristão é fácil compreender a perseguição, a adversidade externa e o fracasso, mas é muito mais difícil enfrentar o fracasso do cristianismo no plano espiritual. Não é simplesmente que a civilização moderna tenha se secularizado, é que os cristãos permitiram à civilização se tornar secular. No passado, a Igreja forneceu os líderes espirituais e os mestres da Europa. Controlava as universidades, possuía em cada cidade e vilarejo da Europa, em cada território da cristandade, um centro de instrução para pregar o Evangelho e formar a opinião cristã. Se isso foi perdido, como o foi quase completamente, não podemos rejeitar toda a responsabilidade e pôr a culpa sobre os ombros dos racionalistas e dos anticlericais. Como assinalei no capítulo 3, a causa principal da secularização da cultura ocidental foram as divisões entre os cristãos. Por trás da presente crise da vida da Europa repousam séculos de desunião religiosa e contendas que dividiram a mente dos homens na própria ordem espiritual e que destruíram os laços de caridade que, por si sós, transcendiam o conflito dos interesses materiais e o egoísmo corporativo de classes e povos.

O retorno ao cristianismo é, portanto, a condição indispensável para a restauração da ordem espiritual e para a realização da comunidade espiritual que deve ser a fonte de vida nova para nossa civilização.

Este princípio, em teoria, é aceito por todos os cristãos sinceros, mas, na prática, há diferenças profundas de opinião não só entre católicos e protestantes, mas mesmo entre os católicos e entre os protestantes, tanto em relação aos métodos pelos quais a unidade pode ser alcançada quanto pela extensão da cooperação que os cristãos, a despeito da divisão, em comum ação, podem opor à presente crise de civilização.

Existe uma grande responsabilidade dos cristãos de fazer ouvir sua voz nesta hora de trevas. Caso contrário, a palavra passará à voz detestável e dura do adversário de Deus que também é chamado de o "acusador dos irmãos". As divisões dos cristãos sempre lhe deram muitos motivos para acusar e, se permitirmos essas divisões silenciarem ou confundirem nosso testemunho, capitulamos e traímos nossa causa no ponto e no momento decisivo.

Não obstante, resta o fato de que os cristãos diferem em questões de crença e de ordem. Estão divididos por séculos de contendas e controvérsia. Houve perseguição e contraperseguição. Correram rios de sangue, e todos os erros, divisões e inimizades antigos deixaram traços como cicatrizes em velhas feridas e mutilações no corpo da cristandade. Tal situação evoca duas posturas contrárias ao problema da cooperação cristã. De um lado, há os revoltados com o registro tenebroso de dissenção e contenda da cristandade que acreditam ser a primeira condição de ação comum o cristão renunciar às diferenças e unir-se, de imediato, com base nas verdades comuns em que acreditam, que, do ponto de vista deles, constituem a essência do cristianismo. De outro lado, há aqueles para os quais as divisões entre cristãos são reais e tão importantes que obscurecem a existência de qualquer elemento comum. O cristianismo nada é senão um nome – usado para cobrir uma série de religiões diferentes, que não necessariamente têm mais em comum entre si que outras religiões que não são denominadas cristãs.

É claro que nenhuma dessas posições extremas são aceitáveis, e ambas falham da mesma maneira, a saber, por subestimar a importância da crença religiosa. A visão tende àquilo que os teólogos católicos chamam de "indiferentismo" – que as crenças religiosas não importam e que a vontade de cooperar é tudo. A visão rigorista foca tanto a atenção na questão da autoridade e da ordem eclesiástica que ignora ou subestima a importância de crenças comuns, de valores morais comuns, de tradições religiosas comuns, de sacramentos comuns e modos de adoração que existem no meio das divisões religiosas do mundo cristão. Temos o claro testemunho apostólico como critério fundamental do cristianismo:

> Nisto se reconhece o Espírito de Deus: todo espírito que proclama que Jesus Cristo se encarnou é de Deus; todo espírito que não proclama Jesus, esse não é de Deus, mas é o espírito do Anticristo [...].[1]

Hoje temos de enfrentar o Anticristo em nova forma – o anticristo totalitário ou a organização total da sociedade humana sob princípios anticristãos. Esse é o inimigo que a Espada do Espírito existe para combater e, portanto, deve ser a causa comum de todos os que confessam o nome de Cristo. Aqui, sem nenhum comprometimento com princípios ou nenhuma exclusividade limitada, existe um caso claro de cooperação em bases profundas e mormente espirituais. "Eles são do mundo. É por isso que falam segundo o mundo, e o mundo os ouve".[2] "Vós, filhinhos, sois de Deus, e os vencestes, porque o que está em vós é maior do que aquele que está no mundo".[3]

---

[1] I João 4,2-3. (N. T.)

[2] I João 4,5. (N. T.)

[3] I João 4,4. (N. T.)

Apesar disso, o atrativo da Espada do Espírito não está confinado aos cristãos, aos quais a princípio se endereça. O novo anticristo é também o inimigo de Deus e do homem, e todo homem que, em alguma medida, está consciente de uma lei superior à força, ao interesse nacional ou individual tem o direito e o dever de participar dessa cruzada. Essa é a base da lei natural, a que tantas vezes nos referimos, exposta longamente nas encíclicas papais. Cito aqui somente a passagem da encíclica *Mit Brennender Sorge* do papa Pio XI (1857-1939) sobre a Igreja na Alemanha, já que é a mais relevante, de modo direto, à questão que aqui tratamos.

> É uma característica nefasta do tempo presente querer separar não só a doutrina moral, mas ainda os fundamentos do direito e sua administração, da verdadeira fé em Deus e das normas da administração divina. Nosso pensamento se volve aqui ao que se sói chamar o direito natural, que o dedo do mesmo Criador gravou nas tábuas do coração humano (Rm 2,14 ss.), e que a razão humana, sã e não obscurecida por pecados e por paixões, pode nelas decifrar. À luz das normas deste direito natural, todo direito positivo, seja qual for seu legislador, pode ser aquilatado no seu conteúdo ético e, por conseguinte, na sua força ordenativa e obrigatoriedade de cumprimento. Estas leis humanas, que contrastam insoluvelmente com o direito natural, são afetadas de erro original, não sanável nem por constrangimento nem por desdobramento de força externa. Segundo este critério, julgue-se o princípio: "Direito é aquilo que é útil à nação". Certamente, a este princípio pode dar-se um sentido justo, se se entende que aquilo que é moralmente ilícito jamais será realmente vantajoso ao povo. Entretanto, já o antigo paganismo compreendeu que, para ser justa, esta frase deve ser invertida e soar: "Jamais alguma coisa é vantajosa se ao mesmo tempo não é moralmente boa, mas por ser moralmente boa é também vantajosa (Cícero, *De Officis* 3, 33). Este princípio destacado da lei ética significaria, no que concerne à vida internacional, um eterno estado de guerra entre as nações. Na vida nacional desconhece, confundindo interesse e direito, o fato fundamental que o homem, enquanto pessoa, está de posse de direitos, concedidos por Deus, que devem ser defendidos contra

toda investida da comunidade que queira negar, abolir e interceptar-lhes o exercício. Desprezando esta verdade, perde-se de vista que o verdadeiro bem comum, em última análise, é determinado e conhecido mediante a natureza do homem com seu harmonioso equilíbrio entre direito pessoal e o liame social, como também do fim da sociedade determinado pela mesma natureza humana. A sociedade é estimada pelo Criador como meio para o pleno desenvolvimento das faculdades individuais e sociais, das quais o homem há de se valer, ora dando, ora recebendo para seu bem e para o do próximo. Também os valores mais universais e mais altos que só podem ser realizados não pelo indivíduo, mas pela sociedade, têm, por vontade de deus, como último fim, o desenvolvimento e a perfeição do homem natural e sobrenatural. Quem se afasta desta ordem abala as pilastras sobre as quais repousa a sociedade e põe em perigo sua tranquilidade, segurança e existência.

O crente possui um direito inalienável de professar sua fé e de praticá-la na forma que ela convém. As leis que suprimem e tornam difícil a profissão e prática desta fé estão em oposição com o direito natural.[4]

Notaremos que essa passagem conclui com uma afirmação veemente do direito de liberdade religiosa. Essa questão provou ser um dos obstáculos no caminho da cooperação cristã na Espada do Espírito, já que era sentido que os católicos fracassaram em reconhecer esse princípio. É claro, no entanto, na passagem e em toda a doutrina da Espada do Espírito, que nessa questão particular não há diferença de opinião entre católico e protestante, e cada um está igualmente preocupado em defender a liberdade espiritual diante daquilo que Pio XI chama de "milhares de formas de escravidão religiosa organizada", "falta de notícias verdadeiras e dos meios normais de defesa" que são características do Estado totalitário. Sem dúvida, existe uma grande diferença de opinião entre católicos e os homens das igrejas livres no que se refere aos direitos e privilégios que uma igreja estabelecida

---

[4] Pio XI. *Mit Brennender Sorge: Carta Encíclica sobre a Situação Religiosa na Alemanha*. Trad. Frei Oswaldo Schlenger O. F. M. Petrópolis: Vozes, 1937. p. 27-29. (N. T.)

pode reivindicar. Entretanto, a mesma diferença existe de maneira ligeiramente diferente entre as igrejas livres e a Igreja da Inglaterra ou as Igrejas Luteranas instituídas no continente. Essas diferenças, contudo, não são motivo para recusar a coligação diante de um perigo que ameaça igualmente a liberdade religiosa das grandes igrejas históricas da cristandade com sua tradição de poder e privilégio e o direito dos mais humildes e dos menores corpos religiosos que sofreram perseguição repetidas vezes ao longo de sua história.

Para mim está claro que a liberdade religiosa é um daqueles "princípios de liberdade humana e de Lei Natural" que estão assentados na constituição como propósitos fundamentais do movimento e, se isso for admitido, por certo, é perda de tempo ou coisa pior contestar entre si as causas do atrito que são, na origem, políticas e não religiosas. Devemos, todavia, relembrar que os princípios da Lei Natural, essenciais, são apenas uma base mínima de ação comum. A verdadeira súplica da Espada do Espírito é à graça e ao poder de Deus, que, por si sós, são fortes o bastante para opor e derrotar os poderes das trevas espirituais que São Paulo escreve na passagem da Epístola aos Efésios, da qual a Espada do Espírito tirou seu nome. Nenhuma solução secular pode satisfazer as necessidades do mundo; nenhum esforço puramente mortal pode restaurar a verdadeira paz e a ordem espiritual para a sociedade. A única finalidade a que a ação cristã pode ser direcionada é a restauração de todas as coisas em Cristo. Todo o ensinamento católico acerca da ação social durante o século atual, a chamada Doutrina Social da Igreja, teve por base a doutrina do reinado universal de Cristo, que é a resposta da Igreja para as pretensões universais dos sistemas totalitários. Entretanto, apesar das consequências extraordinárias dessa doutrina, ela não deve ser um obstáculo à cooperação cristã; é um princípio de unidade, não de divisão, pois, à medida que o reinado de Cristo é reconhecido, não como abstração teológica, mas como realidade social, as divisões da cristandade serão transcendidas e a raça humana perceberá sua unidade orgânica sob a liderança divina.

Ora, esse objetivo de unidade espiritual pode parecer infinitamente remoto diante dos fatos do mundo real, a realidade de uma civilização que se afastou de Deus e que se tornou serva de forças demoníacas. Parece infinitamente remoto até mesmo dos fatos do mundo religioso que está dividido e desintegrado de maneira tão grave. Não obstante, essa visão de unidade não é simplesmente uma espécie de utopia cristã; é uma realidade espiritual viva que não pode mais ser negada ou destruída assim como a unidade da raça humana na ordem natural. Como um teólogo católico escreveu em tempos recentes:

> *Todos* os homens são, no âmago, membros potenciais de Cristo, portanto, de seu Corpo, da Igreja. E essa potencialidade não é uma mera possibilidade remota, puramente abstrata. O princípio ativo, o poder de Cristo e de Seu Espírito, está presente em todos os lugares. Da mesma maneira também está a liberdade de aceitar ou de rejeitar. A maternidade universal está aberta a todos; ainda assim, não rejeita ninguém.[5]

Acreditamos que a criação dessa sociedade divina é de importância infinitamente maior que qualquer outra coisa conhecida na história e que somente nessa sociedade a humanidade pode ser libertada da maldição dos mal-entendidos e das contendas fratricidas, sina da humanidade decaída. No espírito dessa sociedade em que a caridade é o único poder capaz de doar vida nova, "sabemos que fomos trasladados da morte para a vida, porque amamos nossos irmãos".[6]

Agora a crise atual deve ser julgada pelos cristãos em relação a essas verdades fundamentais. Devemos assumir nossa parcela de responsabilidade. Fracassamos em tornar ouvidas nossas vozes diante das nações. Permitimos à "visão bendita da paz, a Cidade de Deus,

---

[5] Victor White, O. P. "Membership of the Church". Blackfriars. Setembro de 1941. p. 468.

[6] I João 3,14. (N. T.)

cujo rei é a Verdade, cuja lei é a Caridade, cuja fronteira é a Eternidade", ficar escondida na poeira da controvérsia e limitada ao campo de nossa visão débil e parcial.

Ainda assim, conquanto os cristãos possam ter sido infiéis à sua missão no passado e no presente, acreditamos que o poder transformador e regenerador do Espírito ainda está presente na Igreja de Cristo e que, se fizermos nossa parte, Deus manifestará mais uma vez o seu poder em responder à grande necessidade do mundo.

II

Entretanto, pode se objetar que a colaboração dos cristãos com base nesses princípios fundamentais é impossível, posto que ignora a verdadeira natureza de nosso desentendimento. Dado que os católicos, anglicanos, ortodoxos, luteranos e os homens livres, todos acreditam na igreja do Deus Vivo como o pilar e o fundamento da verdade, resta o fato de não ser a mesma igreja no sentido institucional objetivo, que é o objeto dessa fé. Vemos isso de maneira mais clara no caso dos católicos e dos ortodoxos. Aí temos duas sociedades espirituais organizadas perfeitamente concretas e definidas que concordam, em amplitude extraordinária, na concepção de natureza e ofício, mas que são mutuamente exclusivas, de modo a parecer que, quanto mais profunda a crença "na Igreja", mais total é a separação entre elas. No caso das denominações protestantes e, em especial, nas igrejas livres, a situação é, por certo, menos definida com clareza, devido ao desaparecimento completo da unidade estrutural e intelectual. Mesmo assim, é concebível que a reação à tendência fissípara do protestantismo, cuja reação ao Movimento Ecumênico é o exemplo mais impressionante, possa resultar na criação de uma cristandade protestante reunida que se postaria contra a Igreja Católica da mesma maneira que a Igreja Ortodoxa fez no passado.

Assim, mais uma vez somos levados a enfrentar o problema da desunião cristã, que é o problema do cisma. Na prática, esse problema está intimamente associado com o da heresia, isto é, a diferença de crença religiosa que é capaz de ser confundida uma com a outra. Não obstante, importa distingui-las claramente, pois creio que devamos considerar a natureza do próprio cisma, pois acredito que isso esteja na própria questão do cisma e nem tanto na heresia, que é onde deve ser encontrada a chave do problema da desunião da cristandade. A heresia, de regra, não é a causa do cisma, mas uma desculpa para que ocorra, ou melhor, sua racionalização. Por trás de toda heresia repousa uma espécie de conflito social, e somente pela resolução desse conflito que a unidade pode ser restaurada.

Para ilustrar o que quero dizer, tomo como exemplo o cisma entre as igrejas bizantina e armênia, pois essa controvérsia é alheia o bastante para tratarmos com espírito completamente imparcial. Aí, as questões teológicas em jogo eram a heresia monofisista e os decretos do concílio da Calcedônia; questões da maior importância que envolviam os problemas da ciência teológica mais profundos e sutis. No entanto, mesmo do início, é óbvio que as paixões que enchiam as ruas de Alexandria com tumultos e derramamento de sangue e punham bispos a brigar como animais selvagens não eram inspiradas pelo puro desejo teológico pela verdade ou mesmo por autênticos *slogans* teológicos, mas extraíam a verdadeira força da mesma espécie de motivo que causa a contenda política ou mesmo a guerra e a revolução.

Ao deixarmos os primeiros conflitos de Alexandria e Éfeso e alcançarmos os resultados secundários na Armênia ou na Abissínia, é óbvio que o elemento teológico se tornou praticamente negligenciável, e o verdadeiro conflito é o do sentimento nacional. Tomemos por exemplo a rubrica que costumava aparecer na liturgia grega na semana antes do domingo da Septuagésima, que citei em *The Making of Europe* [*A Formação da Europa*]: "Neste dia, os três vezes malditos armênios começaram seu jejum blasfemo, que denominam de *artziburion*, mas comemos queijo e ovos para refutar a heresia deles". Parece-me, aqui, que vemos um estado de espírito quase puro, aquilo que causa a dissenção religiosa. Expondo de modo grosseiro, significa que os gregos acreditavam que os armênios eram um povo bestial, que acreditavam estar errados em tudo o que faziam. E, onde reina tal espírito, o que se deve esperar de discussões teológicas? O mesmo espírito que fez de comer queijo uma refutação da depravação dos armênios não teria dificuldade alguma em descobrir uma expressão teológica, e se não tivesse sido a doutrina da Encarnação, então, algo mais teria igualmente servido.

Ora, não nos é fácil condenar os gregos e os armênios porque pertencemos a um mundo diferente, e se é que jejuamos, achamos difícil compreender como as pessoas podem atribuir tal importância enorme a questões de exatamente quando e como o jejum é feito. Entretanto, como podemos estar certos de que o mesmo espírito não é tão forte hoje em dia, embora assuma formas diferentes? Recordo, anos atrás, de ter lido a história de um célebre clérigo não conformista, cujo nome esqueci, que serviu-me de exemplo disso. Fora em visita a Assis e estava muitíssimo impressionado com a história de São Francisco e da arte medieval que a expressara. No entanto, numa noite, ao visitar a basílica inferior, aconteceu de deparar-se com um frei e um grupo de camponesas a fazer a Via Crúcis e a cantar um daqueles cânticos de lamento tradicionais que são tão diferentes de nossos hinos ingleses, e parecem um tanto orientais. De repente, ele experimentou um sentimento de repulsa violenta e disse a si mesmo: "Essa religião não é minha religião, e esse Deus não é o Deus que adoro".

Isso parece-me um caso perfeito daquilo que trago em mente, pois o motivo intelectual ou teológico está totalmente ausente. Não é como se recusasse a mariolatria ou a pompa de uma missa solene. Estava revoltado, na Itália, com a mesma coisa que o não conformismo evangélico estivera na Inglaterra, uma manifestação espontânea da devoção cristocêntrica do povo. E o que o aborrecera não foi uma divergência de ponto de vista teológico, mas simplesmente o cenário estrangeiro e a tradição cultural diferente que separa o mundo do camponês italiano do mundo da classe média abastada inglesa.

Não há necessidade de discorrer sobre este ponto. Isso foi forçosamente percebido por escritores e pensadores do Iluminismo, de Pierre Bayle (1647-1706) a Edward Gibbon e Thomas Paine (1737-1809) e, em grande medida, foi responsável pela reação à ortodoxia no século XVIII. Infelizmente, no entanto, seu uso como arma contra a religião revelada cuidou de cegar a apologética ortodoxa para seu verdadeiro significado. A história demonstrou que nenhuma solução verdadeira será encontrada na direção que tomou o Iluminismo do século XVIII, isto é, ao construir uma filosofia da religião puramente racional com base em generalidades abstratas que são comuns a todas as formas de religião. O deísmo nada mais é que o fantasma da religião que assombra a tumba da fé morta e da esperança perdida. Qualquer religião verdadeira deve reconhecer, por um lado, o caráter objetivo da verdade religiosa – e por isso a necessidade de uma teologia – e, por outro, a necessidade da religião incorporar-se em formas concretas, apropriadas ao caráter nacional e à tradição cultural do povo. É certo que os camponeses italianos e os comerciantes ingleses devam expressar os sentimentos de maneiras diferentes; o que é errado é que devam adorar deuses diferentes ou devam ver uns aos outros como separados da cabeça de Cristo e do corpo da Igreja porque falam uma língua diferente e respondem a estímulos emocionais diferentes. Em outras palavras: a diferença de rito não deve encerrar diferenças de fé.

Ora, dificilmente é necessário ressaltar a carga que isso traz ao problema da reunião da Europa católica e da protestante. Para o protestante médio, não é a religião de Santo Tomás de Aquino e de São Francisco de Sales (1567-1622) ou de Jacques Bossuet (1627-1704); é a religião dos joões-ninguém de origem latina que adoram imagens de Nossa Senhora e fazem o que quer que os padres os mandem fazer. E o mesmo é verdade para o católico médio, *mutatis mutandis*.

Subjacente às questões teológicas que dividem o catolicismo e o protestantismo há um grande cisma cultural entre a Europa do Norte e a do Sul que ainda existiria se o cristianismo nunca tivesse existido, mas que, quando existe, traduz-se, inevitavelmente, em termos religiosos.

Ainda assim, essa é uma divisão natural que não pode ser condenada como necessariamente má, já que é parte do processo histórico. Se tivesse de manter vivo a um nível de uniformidade inerte em que os ingleses e espanhóis, franceses e alemães forem semelhantes, as condições poderiam ser mais favoráveis para a unidade religiosa, mas a civilização europeia teria sido imensamente mais pobre e menos vital, e sua vida religiosa, provavelmente, teria sido, da mesma maneira, mais empobrecida e desvitalizada. É pecado constante do idealista sacrificar a realidade aos seus ideais; e esse vício prevalece tanto entre os idealistas religiosos quanto entre os seculares. Se condenarmos o princípio da diversidade ou polaridade na história e exigirmos uma civilização abstrata uniforme que remova os riscos de guerras de cismas religiosos, ofenderemos a vida do mesmo modo como se condenássemos a diferença dos sexos, como muitos hereges, na verdade, fizeram, porque leva à imoralidade. E isso não é um paralelo ruim, pois a polaridade ou dualidade da cultura de que falei não é nada além de um ritmo universal que encontra sua expressão mais extraordinária na divisão dos sexos. É claro que não quero dizer que a dualidade da cultura é um absoluto, algo imóvel, uma lei inalterável; é, ao contrário, uma tendência que age de maneira diferente em sociedades diferentes e em estágios diferentes de desenvolvimento de uma única sociedade. No entanto, isso é uma tendência que sempre está presente e que parece estar definida com mais clareza quando a vida social e a cultura têm mais vitalidade e é mais criativa, como, por exemplo, na época da Renascença.

Qualquer ponto vital na vida da sociedade pode se tornar o centro de tal polarização, e onde a cultura tem uma organização excepcionalmente rígida, como no Império Bizantino, o princípio da dualidade pode encontrar expressão em uma divisão aparentemente arbitrária, como a das fações do hipódromo – os azuis e os verdes – na vida social de Constantinopla.[7] Como regra, contudo, raça e religião são pontos vitais ao redor dos quais se aderem forças opostas na sociedade. Assim, vemos como as duas tensões, a jônica e a dórica, formam os dois polos opostos da civilização grega e, por fim, se definem no conflito entre Atenas e Esparta que partiu a Grécia no século V a.C.

Às vezes os dois tipos de motivo se amalgamam e se reforçam, como na Irlanda, onde a causa da religião e da raça se identificaram, de modo que a oposição entre celtas e anglo-saxões encontra expressão religiosa na oposição entre católicos e protestantes. Encontramos situação semelhante na Polônia, duplamente demonstrada no conflito dos poloneses católicos e dos russos ortodoxos no Leste, ao passo que no sul, onde o conflito era puramente nacional, ocorria entre os poloneses católicos e os austríacos católicos; os sentimentos eram menos intensos e a oposição cultural menos acentuada. Por outro lado, na Boêmia, em período anterior, onde a oposição dos tchecos e dos alemães também se manifestava no âmbito religioso, o nacionalismo eslavo tomou forma herética e a ascendência alemã foi identificada com a causa da Igreja.

Entretanto, além desses casos, em que o princípio da polarização social é exemplificado da maneira mais bruta, temos um tipo de polaridade sóciorreligiosa mais sutil que se desenvolve em uma sociedade nacional unificada e dentro das fronteiras de uma tradição religiosa comum. Um exemplo mais impressionante disso pode ser encontrado

---

[7] Nos dias de glória de Constantinopla, as rixas entre as equipes de corridas de bigas e quadrigas eram usadas para instigar rivalidades políticas e religiosas e, em algumas ocasiões, acabavam em guerra civil. (N. T.)

na Inglaterra, onde a tensão de forças sociais opostas encontrou expressão na oposição religiosa entre as igrejas instituídas e os não conformistas. À primeira vista, parece que a diversidade e a desunião do não conformismo são inconsistentes com aquilo que se disse sobre o cisma religioso como expressão de dualidade de cultura e a tendência de forças sociais a convergir dois polos opostos. Mas, se deixarmos de lado o aspecto teológico do não conformismo e concentrarmos nossa atenção no seu caráter social, veremos que a oposição entre Igreja e oratório, conformidade e dissidência, tem uma importância na vida dos vilarejos ou das cidades inglesas dos séculos XVIII e XIX que, de muito, excede as diferenças entre as várias seitas não conformistas. E, em alguma medida, ao menos, essa oposição religiosa cria o pano de fundo espiritual ou o fundamento para a divisão política entre os grandes partidos políticos, de modo que em muitas partes da Inglaterra é dado como certo que um não conformista seria um bom liberal e um homem da igreja seria um bom conservador. É verdade que isso não se aplica ao início do metodismo, mas o metodismo surgiu em uma época em que os *whigs* representavam a ordem social instituída, e isso tem importância pelo fato de ter tornado seu líder atraente para as classes destituídas de direito de voto às quais os partidos políticos da época não recorriam.

No entanto, seja qual for o ponto de vista que assumamos quanto às causas de qualquer cisma em particular e o significado social de determinados movimentos religiosos, não deve haver dúvida, creio, de que na história da cristandade, do período patrístico até os tempos modernos, heresia e cisma derivaram os principais impulsos de causas sociológicas, de modo que um estadista que encontrasse meio de satisfazer às aspirações nacionais dos tchecos no século XV, ou dos egípcios no século V, teria feito mais para reduzir a força centrífuga dos hussitas ou dos movimentos monofisistas que o teólogo que fez a defesa mais brilhante e convincente em defesa da comunhão em uma espécie ou da doutrina das duas naturezas de Cristo. É muito duvidoso se o inverso é verdadeiro, pois, mesmo que os egípcios tivessem aceitado a doutrina da Calcedônia, teriam encontrado outro fundamento para a divisão, desde que o motivo sociológico da divisão permanecesse inalterado.

O que tem tudo isso com o problema da reunião como existe nos dias de hoje? Seria um erro profundo concluir por que a desunião religiosa teve por base causas sociais e políticas; devemos aceitá-la com espírito fatalista, como um mal que não pode ser remediado a não ser por meios econômicos ou políticos. A causa da unidade cristã não pode ser ajudada de maneira melhor seja pela controvérsia religiosa, seja pela ação política, mas sim pelas virtudes teologais: Fé, Esperança e Caridade. Essas virtudes devem ser aplicadas tanto na esfera intelectual como na religiosa. É, sobretudo, necessário libertar a questão religiosa de todos os motivos alheios que provocam conflitos sociais inconscientes, pois, se fizermos isso, destituiremos o espírito do cisma de sua força dinâmica. Se compreendermos o motivo de nossa antipatia instintiva a outros corpos religiosos, descobriremos que os obstáculos puramente religiosos e teológicos para a reunião se tornam menos intensos e mais fáceis de remover. No entanto, enquanto o elemento inconsciente de conflito social permanecer não resolvido, a religião estar à mercê das forças cegas do ódio e da desconfiança que pode assumir formas realmente patológicas. Se isso parece exagero, temos de olhar para trás, para nosso passado, e considerar a história dos *Gordon Riots*[8] e do complô papista.

Por isso o primeiro e maior passo em direção à unidade religiosa é interno e espiritual: purgar a mente de motivos baixos que possam contaminar nossa fé. Pois a grande maioria de casos de pecado

---

[8] Os Gordon Riots foram protestos anticatólicos liderados por lorde George Gordon (1751-1793) contra o *Papists Act* [Lei Papista] e o *Catholic Relief Act* [Lei de Ajuda Católica] de 1778, que pretendiam diminuir a discriminação dos católicos. Com motins e saques, esse episódio foi considerado o mais destrutivo do século XVIII na Inglaterra. (N. T.)

de cisma não surgem de uma intenção consciente de separação da verdadeira Igreja, mas de permitir à mente tornar-se tão ocupada e obnubilada por inimizades instintivas ou oposições que não vejam com mais clareza as questões espirituais; e nossa postura religiosa fica determinada por forças que não são absolutamente religiosas.

É muito fácil ver, no século XV, por exemplo, os interesses escusos e os motivos materiais causados pelos líderes tanto da Igreja quanto do Estado de opor reformas necessárias, mas não é menos evidente que a paixão da revolta que guiou um grande líder como Martinho Lutero para o cisma e a heresia não foi de origem puramente religiosa, mas foi o resultado de um conflito espiritual em que os motivos religiosos estavam irremediavelmente confusos, de modo que, se Lutero não tivesse sido uma pessoa tão "psíquica", para usar a palavra no sentido de São Paulo, bem como no sentido moderno, teria sido capaz de julgar as coisas profundas de Deus como um homem espiritual; ainda teria sido um reformador sem se tornar um herege.

Quando nos voltamos à reforma inglesa, a influência dos fatores não religiosos no cisma é tão óbvia que não há necessidade de insistir nisso. Foi, em grande medida, um movimento do Estado contra a Igreja, e a força motriz subjacente ao despertar da consciência nacional e da autoafirmação da cultura nacional. Por isso a questão religiosa se identificou tanto com a causa nacional que o catolicismo se tornou o representante de todas as forças que eram hostis à nacionalidade, e todo católico era visto como um inglês mau e súdito desleal. Para o inglês médio, o católico típico não era São Thomas More, mas Guy Fawkes (1570-1606), e a celebração da Conspiração da Pólvora tornou-se uma espécie de ritual primitivo de expressão popular de repulsa do inimigo hereditário da tribo.

Essa identificação de religião e nacionalidade perdurou por mais de duzentos anos e, até hoje, como um preconceito subconsciente. Entretanto, isso tendeu a diminuir, inevitavelmente, com o crescimento da civilização secular moderna. Não há mais necessidade para o nacionalismo, o sentimento de classe, ou os motivos econômicos se disfarçarem na roupagem da religião, pois se tornaram as forças conscientes e dominantes da vida social. As ideologias que constituem hoje os polos opostos da tensão social não são religiosas, mas políticas, nacionais e econômicas, que encurtaram o caminho e obliteraram as antigas divisões da ordem sociorreligiosa que separaram a Europa católica e a Europa protestante.

Por isso, parece-me que a época atual é mais favorável para a causa da unidade do que qualquer outra época desde a Idade Média. Se a cristandade se torna uma minoria religiosa, se é ameaçada por hostilidades e perseguição, então a causa comum do cristianismo se torna uma realidade, e não uma mera expressão, e há um centro em torno do qual as forças dispersas da cristandade podem se reagrupar e se reorganizar. Devemos recordar que por trás do processo natural de conflito social e tensão que corre pela história há uma lei mais profunda de dualidade espiritual e polarização que pode ser expressa no ensinamento do Evangelho em oposição ao mundo e ao Reino de Deus e na doutrina das duas cidades de Santo Agostinho, das duas cidades da Babilônia e de Jerusalém, cujo conflito corre por toda a história e lhe oferece significado último. Quando os cristãos permitem que os conflitos e as divisões do homem natural transgridam seus limites e permeiem a esfera religiosa, a causa de Deus torna-se obscurecida por dúvidas, divisões, cismas, e surgem heresias. Mas, quando a Igreja é fiel à sua missão, torna-se a corporificação visível desse princípio divino positivo que se posta contra o negativo eterno do mal.

Creio que a época do cisma está passando e que chegou o momento em que o princípio divino da vida da Igreja afirmará seu poder atrativo, arrastando todos os elementos vivos da vida cristã e do pensamento em uma unidade orgânica. Já que Cristo é a cabeça da Igreja, e o Espírito Santo a vida da Igreja, onde quer que exista fé em Cristo e no espírito de Cristo há o espírito de unidade e os meios de reunião. Portanto, não é necessário discorrer muito sobre os caminhos e os meios, pois os caminhos do Espírito são essencialmente misteriosos e transcendem a compreensão humana. Pode até ser que a própria potência das forças que estão a se reunir contra a Igreja e contra a religião gere unidade ao forçar os cristãos a se unir, por assim dizer, apesar deles mesmos; ou pode ser que a Igreja reaja positivamente à situação por um derramamento revigorado do espírito apostólico, como São Luís Maria Grignion de Montfort (1673-1716) profetizou há dois séculos.

Capítulo 11 | A Construção da Ordem Cristã

Vimos que as divisões da cristandade tiveram a fonte principal nos conflitos sociais. Não é possível reverter o processo e encontrar na ação social comum um caminho para retornar à unidade social cristã?

Hoje somos todos unidos pela pressão de uma necessidade comum. Nossa existência como nações livres, nossas instituições e nosso modo de vida nunca foram ameaçados antes como são atualmente. Deparamo-nos com grandes males – tão grandes que, muitas vezes, parecem insuportáveis – e, mesmo assim, apesar desses males, nos é dada a oportunidade, literalmente impagável, porque foi adquirida pelo sofrimento e pelo sacrifício que não pode ser reconhecido por nenhuma escala de valores humana. Embora a guerra destrua tanto daquilo que é bom, ela também remove muitos dos obstáculos e barreiras que são impossíveis de superar em tempos de paz. Despe-nos do que não é essencial e nos faz retornar às realidades básicas sobre as quais nossa vida comum é instituída. Acima de tudo, nos dá a oportunidade de recuperar a unidade espiritual, de que, em tempos de paz, dificilmente estamos cônscios, mas que é, não obstante, a base de nossa existência nacional.

No passado, fomos um povo cristão. Por mais de mil anos a fé cristã foi entrelaçada com a nossa história e entrou na vida e no pensamento de homens e mulheres comuns. Nunca negamos essa herança cristã de maneira consciente e deliberada. A semente ainda está lá, ainda que misturada com ervas daninhas, sufocada por espinhos ou ressequida sob solo pedregoso. Agora que o tormento da guerra passou sobre a terra, ela ainda pode dar frutos, se a terra não estiver desencorajada.

Nestes tempos sombrios pode parecer irreal falar das perspectivas de uma nova ordem cristã. No entanto, se o cristianismo não é adequado a tempos difíceis, os cristãos não têm nenhum direito de falar. Para construir uma ordem cristã não precisamos de grandes recursos econômicos ou períodos extremamente prósperos. Esse trabalho é mais bem feito no espírito de Neemias e seus companheiros que reconstruíram, sem recursos e sob constante perigo, as muralhas arruinadas de Jerusalém, trabalhando com uma das mãos e empunhando, com a outra, a espada. Não precisamos de um programa ambicioso de uma ordem ideal. Devemos construir sobre as fundações da natureza humana e da tradição nacional que ainda restam. Como o atual papa [Pio XII] explicou na encíclica sobre a guerra, a tradição nacional é uma espécie de herança sagrada que não deve ser desvalorizada, já que, longe de se opor ao ideal cristão de irmandade humana, é o órgão natural por meio do qual esse ideal deve se concretizar. Ora, a tradição dos povos de língua inglesa sempre foi a tradição de liberdade. Como escreveu Edmund Burke:

> Todos os antigos países da Europa cristã consentiam com o princípio comum de que o Estado é criado para o povo, e não o povo conformado ao Estado, mas a Inglaterra diferiu do restante nisso e fez da liberdade pessoal um objeto direto do governo e recusou sacrificar o individual à comunidade, ou a parte ao todo.[1]

---

[1] Esta não é uma citação literal de Edmund Burke, mas uma paráfrase criada pelo autor para sintetizar as ideias principais acerca desta questão, tal como apresentada em uma passagem da segunda das quatro chamadas *Letters on a Regicide Peace* [Cartas sobre a Paz Regicida]. Essas cartas foram publicadas em 1796, entretanto, foram escritas entre 1790 e 1791, no período em que o primeiro-ministro William Pitt (1759-1806), o Jovem, propôs ao Parlamento Britânico um acordo de paz com o diretório revolucionário francês. O texto

Hoje esses princípios são contestados de modo mais basilar do que jamais foram antes, e resistem à ordem em que todos os direitos humanos e a própria pessoa humana são imolados no altar do poder e da glória do novo Leviatã.

Se temos de construir uma nova ordem cristã para a Grã-Bretanha, ela deve ter por base a liberdade; de outro modo, não seria britânica, mas deve ser uma liberdade cristã, não uma liberdade de materialismo econômico e egoísmo individual. Isso significa que deve ser uma ordem social direcionada aos fins espirituais, em que cada homem tem a oportunidade de usar sua liberdade para o serviço de Deus, segundo as próprias capacidades e seus dons. As liberdades que buscamos e que a humanidade busca não são o direito do forte de oprimir o fraco ou o direito do ambicioso de enriquecer-se à custa de outros homens, mas os direitos elementares que são para o espírito humano o que o ar e a luz são para o corpo: liberdade para cultuar Deus, liberdade de expressão, liberdade do desejo e liberdade do medo. Sem essas coisas o homem não pode ser plenamente homem, e a ordem que as nega é uma ordem *desumana*.

O importante a ser percebido é que não estamos lutando para um fim parcial ou uma ideologia partidária, mas para preservar os valores de toda a nossa tradição espiritual contra as forças que ameaçam destruí-la. Do ponto de vista do uso do termo "democracia" como definição de nossa causa, esse não é completamente satisfatório. Democracia tem um significado político restrito que de maneira alguma cobre todo o campo dos valores que têm de ser defendidos, e a confusão de democracia como um termo geral para nossa tradição

---

original pode ser encontrado em: Edmund Burke, *Three Letters Addressed to a Member of the Present Parliament on the Proposals for Peace with the Regicide Directory of France*. In: *The Works of the Right Honorable Edmund Burke, Volume V*. Boston, Little, Brown and Company, 1865. Letter II, p. 373-74. (N. T.)

de liberdade social, mais limitada, porém de significado político mais preciso, pode produzir mal-entendidos e desacordos.

A causa que defendemos é muito mais fundamental que qualquer forma de governo ou qualquer credo político. Está vinculada a toda a tradição da cultura ocidental e cristã – por um lado, à tradição de liberdade social e de cidadania e, por outro, à liberdade espiritual e ao valor infinito da pessoa humana individual. Sem dúvida, a democracia como ideal responde por essas coisas e é o resultado dessa tradição. Na prática, entretanto, a cultura democrática moderna muitas vezes representa somente uma versão adulterada e secularizada desse ideal e, em muitos aspectos, como Alexis de Tocqueville percebeu há mais de um século,[2] prepara as veredas para a vinda de uma nova ordem massificada que alcança forma política no Estado totalitário. O que defendemos, em suma, não é a democracia, mas a humanidade. A base de nossa unidade – a causa comum com que todos concordamos – não é questão de opiniões políticas, é nossa resistência a um sistema que sentimos ser desumano e oposto a tudo que os cristãos prezam. "Não aguento mais, pobre de mim!", diz o "homem civilizado", pois nos deparamos com o fato lúgubre diante do qual o otimismo liberal do século XIX cerrou os olhos – o fato de que a sociedade pode se tornar desumana enquanto preserva todas as vantagens técnicas e materiais de uma civilização científica adiantada.

E, para nos ajuntar a essa coisa desumana, temos de adaptar a vida à guerra total e às condições desumanas que isso encerra. No entanto, como isso pode ser feito sem o sacrifício das mesmas coisas para as quais o sacrifício é feito? Em outras palavras, é possível

---

[2] O autor se refere à famosa análise na obra *De la Démocratie en Amérique* [*A Democracia na América*] acerca do do fenômeno denominado Alexis de Tocqueville como "despotismo brando". Ver: Alexis de Tocqueville, *A Democracia na América*. Pref. Antonio Paim; trad. e notas de Neil Ribeiro da Silva. Belo Horizonte: Itatiaia, 1987. Livro II, Quarta Parte, Capítulo VI, p. 530-33. (N. T.)

salvar nossa vida sem perder nossa alma? À primeira vista, parece fácil responder a essas questões de maneira afirmativa, pois este país já passou pela experiência da guerra moderna e suportou por quatro anos a longa e duradoura agonia de Flandres e do Somme sem sofrer nenhuma transformação revolucionária ou perder os valores tradicionais de humanidade, de respeito às regras estabelecidas e de liberdade pessoal. Entretanto, hoje, a questão é apresentada de maneira muito mais fundamental. A perda da paz, o fracasso da democracia política na Europa do pós-guerra, a ascensão dos Estados totalitários e o desenvolvimento bem-sucedido de novas técnicas de poder – todos apontam para a insuficiência de uma política puramente defensiva e a necessidade de uma reorientação fundamental de nossas sociedade e cultura para ir ao encontro do desafio das novas condições de uma era de poder de massas cientificamente organizado. A sobrevivência da sociedade livre só será possível caso se torne totalmente organizada e tão planejada cientificamente como o despótico ordenamento de massas dos Estados totalitários. E, assim, em meio ao turbilhão da guerra e da pressão imediata de uma concentração intensa de esforço nacional, somos forçados, ao mesmo tempo, a enfrentar a questão fundamental de longo alcance: como é possível planejar uma sociedade de massas moderna sem destruir a liberdade social e os valores que as culturas cristã e ocidental aceitaram, até então, como os fundamentos da vida humana.

Em primeiro lugar, devemos reconhecer que não basta assegurar a liberdade religiosa no sentido técnico do direito de possuir crenças religiosas e praticar algum tipo de culto religioso, pois é fácil para uma sociedade planejada incorporar os elementos menos vitais do cristianismo organizado nos níveis mais inferiores de vitalidade espiritual, ao passo que, ao mesmo tempo, destrói as raízes da personalidade sem as quais, ambas, liberdade social e religiosa, definham e morrem. A solução totalitária é salvaguardar a vitalidade física e sacrificar a liberdade espiritual. O compromisso democrático é preservar a liberdade individual no nível superficial da vida econômica e política enquanto desconsidera tanto as raízes físicas quanto as espirituais.

Por isso, o mais importante é assegurar as condições mínimas que são essenciais para a preservação da liberdade espiritual, poderíamos dizer, para a sobrevivência da alma humana, pois sem isso nem os valores cristãos nem os valores "ocidentais" ou a sociedade democrática pode ser preservada.

O grande perigo aqui é que o desenvolvimento das novas técnicas de controle social (ou melhor, talvez, a nova consciência que delas temos) ultrapasse as evoluções morais e religiosas da cultura moderna. O efeito negativo e regressivo dessa tendência na cultura foi apresentado de maneira clara pelo professor Karl Mannheim no já citado livro *Mensch und Gesellschaft im Zeitalter des Umbaus* [*Homem e Sociedade na Era da Reconstrução*], mas escrito do ponto de vista do planejador ou governante, ao passo que o problema religioso é mais bem visto do ponto de vista oposto – o do sujeito.

Se a liberdade tem de ser preservada, também é necessário dar ao indivíduo alguma liberdade de associação e alguma escolha de vocação – em especial da vocação contemplativa. Como essas liberdades se relacionam umas com as outras?

No passado, a liberdade pessoal sempre esteve fundada na propriedade privada. O cidadão era um proprietário e, consequentemente, os direitos políticos estavam restritos aos que eram possuidores de propriedades livres e alodiais ou a homens que possuíam alguma condição material na sociedade e alguma estabilidade social. O direito de propriedade trazia consigo o direito à liberdade na escolha e na ocupação. No entanto, embora esse direito fosse pessoal, não era completamente individualista. Estava vinculado à existência de um pequeno grupo privado – a família – que tinha posses em comum sob o governo do patriarca – uma minúscula monarquia comunista. Assim, a base do edifício social estava constituída pela família como a unidade social e econômica primária. Em posição inferior e sustentando a política – a lei da cidade – estava a economia – a lei da casa.

Foi em tal ambiente social que existiu a liberdade espiritual do passado. Em contraste às liberdades social e política existentes, no entanto, era sempre vista como independente das relações econômicas. Na verdade, a liberdade espiritual sempre foi concebida como liberdade dos laços de propriedade, de modo que o voto de pobreza era o cumprimento normal da vocação espiritual. Ainda assim, as liberdades política e espiritual nunca foram vistas como mutuamente exclusivas. De fato, esta última, em certo sentido, pressupõe o direito de propriedade; apartado do qual, perde o valor moral e o significado.

A mudança fundamental e revolucionária na sociedade moderna tem sido a destruição da concepção antiga, pessoal e individual, de propriedade pelo advento da nova ordem do capitalismo industrial e do socialismo que mecanizaram e despersonalizaram a base econômica da vida social. A unidade econômica se tornou cada vez maior e foi, de modo crescente, assimilada aos serviços públicos organizados que sempre existiram (por exemplo, exército, serviço público, escritórios do governo e departamentos de engenharia), mas que, no passado, eram excepcionais e contrastavam-se de maneira acentuada com a esfera da atividade econômica privada.

A propriedade é cada vez mais separada do trabalho e se torna, acima de tudo, o direito de receber um rendimento de empresas de larga escala que são administradas por profissionais assalariados. Em tal sociedade, é claro, existe menos espaço para a escolha pessoal do que a que havia no antigo sistema. Nos dias dos exércitos mercenários, o homem era livre para ingressar a serviço das forças austríacas, hanoverianas ou suecas e também era livre para escolher a forma de serviço e o regimento que preferia. Sob a regra do alistamento universal, **por outro** lado, ele tornou-se um número em um registro, uma peça de **matéria-prima** que é **medida** e classificada antes de ser inserida na máquina.

E o mesmo é verdadeiro para o trabalho dos homens nos Estados socialistas e totalitários. O lugar do indivíduo é projetado na máquina econômica quando este deixa a escola. Quanto mais perfeitamente planejado o sistema, mais completamente o indivíduo é condicionado e adaptado para executar sua função econômica. Entretanto, embora não exista espaço para a liberdade individual que interferiria com o trabalho da máquina, é igualmente indesejável que deva existir um senso de restrição que geraria resistência ou ineficiência. Será, portanto, propósito da sociedade condicionar o indivíduo para o serviço total à comunidade, e, de fato, os sistemas totalitários percorrerem uma longa jornada para alcançar esse objetivo.

Não obstante, essa solução se opõe tanto à toda a tradição da cultura ocidental e cristã que é quase inconcebível que seja aceita por nossa civilização. Na verdade, podemos perguntar se a presente crise que o mundo está sofrendo não se deve à reação instintiva da sociedade ocidental contra um sistema que destrói a sua existência mais íntima e as raízes de sua vitalidade espiritual. O motivo de isso não ser mais óbvio é porque a doença se alastrou demais. Já no século XIX a ordem capitalista admitiu o triunfo do homem econômico e a subordinação dos elementos espirituais da cultura ocidental aos fins materiais, de modo que não estaria, moralmente, mais em posição de suportar o ataque da revolução totalitária. Karl Marx estava perfeitamente correto quando alegou que a burguesia capitalista estava rompendo o solo sob os próprios pés e gerando os próprios coveiros. Ele errou ao profetizar a inevitável vitória do proletariado. A mesma cova estava destinada a receber a ambos, e o poder vitorioso não foi a irmandade dos trabalhadores livres, mas a tirania impessoal da ordem mecânica, que é uma ordem de destruição, nada menos que de produção – uma ordem de produção para a destruição que encontra expressão suprema na guerra mecanizada e em uma guerra mundial total.

A natureza monstruosa dessa evolução gradual se torna intolerável a todas as mentes sãs. Todos concordam, em princípio, que a ordem mecânica deva ser humanizada se a civilização tem de sobreviver. Não basta socializá-la – equalizar sua pressão sobre as classes e os membros individuais da comunidade, pois isso significa simplesmente igualdade na escravidão. É necessário reconhecer os perigos da desumanização que são inerentes a uma ordem mecanizada e tomar medidas deliberadas para proteger a natureza humana das forças impessoais que tendem a soterrá-la. Em outras palavras, a civilização deve ser replanejada a partir do fim oposto de que partiram a organização capitalista, comunista e totalitária. Os elementos na sociedade que, até agora, cuidaram de si mesmos devem se tornar os elementos protegidos com maior cuidado e apreciados com maior estima.

Quais são esses elementos? Primeiro, a liberdade de associação, o princípio que sempre distinguiu a comunidade de cidadãos livres da Antiguidade clássica e a Europa moderna do estado servil em que o indivíduo é visto simplesmente como um sujeito.

Em segundo lugar, a liberdade de vocação, que é a condição de responsabilidade pessoal. Essa responsabilidade não é a mesma da liberdade competitiva do homem econômico, que usurpou seu lugar nos séculos XVIII e XIX – a liberdade de comércio e indústria e o direito do indivíduo de direcionar suas atividades para o próprio lucro. Ao contrário, vocação e lucro são motivos opostos, já que este envolve certo desinteresse que subordina o motivo de lucro para um fim não econômico. No caso da vocação religiosa, isso é tão óbvio que é desnecessário elaborar esse ponto. E isso também é claro no caso das profissões que exercem uma função social reconhecida e envolvem uma tradição de serviço desinteressado.

O exemplo mais famoso disso é a profissão médica, que desde o início é inspirada pelo ideal supremo de serviço desinteressado e encontra expressão clássica na forma do juramento de Hipócrates (460-370 a.C.). No entanto, um senso de vocação e de honra profissional similares existiu no passado, em maior ou menor grau, entre os cientistas e soldados, acadêmicos e juristas, artesãos e pastores. O grande mal da cultura capitalista foi enfraquecer ou destruir o espírito e substituir o motivo de lucro e o poder do dinheiro como os padrões supremos da vida social. E agora que o motivo do lucro está sendo destituído pelo ideal de eficiência técnica e o poder do dinheiro está sendo destronado pelo poder do Estado, a necessidade de restauração da ética da vocação se tornou o problema central da sociedade. Se Mamon tem de ser destronado para que Moloch seja colocado em seu lugar, a nova ordem será mais desumana e mais anticristã que a antiga. E é isso que, de fato, vemos no Estado totalitário.

Os revolucionários não ignoraram a importância dos dois elementos sociais dos quais escrevo. O comunismo fundamentou-se no ideal de camaradagem, que é o princípio de associação. O fascismo fundamentou-se no ideal de liderança, que é o da vocação. No entanto, ambos, igualmente, negaram a liberdade, e, portanto, o culto da liderança se torna a adoração demoníaca do poder e o culto da camaradagem se torna uma desculpa para a sujeição do indivíduo à ditadura cruel de um partido.

Nossa sociedade ainda preserva uma forte tradição de liberdade social e política, e é isso, em vez da igualdade ou do direito divino das maiorias, que é a essência daquilo a que chamamos democracia. Entretanto, nós, não menos que os Estados totalitários, estamos experimentando o processo de mudança social e econômica da liberdade não regulamentada do capitalismo do século XIX para a ordem mecanizada de uma sociedade planejada. Até agora escapamos da amargura do conflito de classes e da violência revolucionária que acompanharam esse processo em outros lugares. Isso tem sido executado pela extensão gradual e constitucional do controle burocrático em todos os campos da atividade social e, contanto que o sistema não seja destruído pela catástrofe externa da derrota militar, parece não existir motivo para que o processo não deva continuar até nossa sociedade ficar totalmente planejada como em qualquer Estado totalitário.

A liberdade poderá sobreviver a tal processo? Há, obviamente, o perigo de o planejamento burocrático destruir a liberdade de modo não menos completo do que em qualquer ditadura totalitária. Mesmo assim, não é necessário e inevitável, já que o sistema não é, em si mesmo, irreconciliável com o princípio da liberdade de vocação. Na verdade, o servidor público é mais apto que o empresário ou o político para representar o princípio do serviço desinteressado e a honra profissional na sociedade moderna em face da motivação capitalista de lucro e da vontade de poder ditatorial. No passado, é verdade, foram os elementos negativos da burocracia que se tornaram mais evidentes, o que resultou na associação, na mentalidade popular, disso com excessiva regulamentação e formalismo, com a evasão da responsabilidade pessoal e o amor pela rotina. No entanto, foi devido em grande parte às condições limitadas e restritas da era do individualismo, quando o serviço público era restringido, por um lado, pela tradição Whig de privilégio aristocrático e, por outro, pelo preconceito liberal contra a interferência do Estado.

Houve uma expansão imensa nas funções e no poder da burocracia que muito se distancia do que era um século atrás, da mesma forma que a hierarquia oficial da época de Diocleciano (244-312) se distanciava do serviço público no Alto Império Romano. Mesmo assim, nossa sociedade ainda não assimilou a mudança, e a opinião pública ainda está influenciada pelos hábitos mentais que pertenceram a tradições que há muito deixaram de existir. O serviço público ainda não percebeu plenamente a extensão dessa responsabilidade. Não basta ser um especialista competente e trabalhador. Nada pode ser mais respeitado do que o padrão da burocracia alemã. Por essa mesma razão, todavia, foi o servo obediente de um poder qualquer produzido por quaisquer meios a obter o controle do Estado.

O aumento imenso do poder da administração, que é característico de todos os Estados modernos, deve ser seguido por um crescimento correspondente no senso de responsabilidade pessoal por parte dos administradores; de outra maneira, ele se tornará uma regra impessoal de escravos para escravos, a tirania dos escravos do escritório para com os escravos da máquina. Em outras palavras, o servidor público deve ser, ele mesmo, um homem livre e um cidadão, se tem de administrar uma sociedade livre. Como vimos, é tendência da Nova Ordem tratar tanto a organização econômica e a política como formas de serviço público, de modo que a administração pública se torna o critério e o padrão de toda a estrutura social. Consequentemente, se o princípio da liberdade de vocação, a essa altura, é preservado, assegura a liberdade espiritual em um ponto-chave, ao passo que, se ele é perdido, toda a sociedade se torna mecanizada e sem vida.

É verdade que esse não é o único princípio em jogo, já que a liberdade de vocação sem liberdade de associação é impossível ou sem sentido. Mas ainda possuímos uma grande medida de liberdade desse último tipo, muito embora esteja cada vez mais restrita pela mecanização da vida econômica. Ainda não perdemos o sentido de cidadania, e ainda existem áreas amplas de vida social em que o princípio da livre associação pode encontrar expressão; por exemplo, na criação espontânea de novos grupos e organizações que vão ao encontro de novas necessidades sociais, como vimos durante o ano passado nas nossas cidades bombardeadas.

Isso, contudo, só fornece a matéria-prima de uma sociedade civil. Deixado só, o princípio de associação pode esgotar-se na proliferação anárquica de grupos rivais ou sobrepostos, ou pode degenerar na exploração do egoísmo do grupo em que a camaradagem se torne desculpa para tramoias e corrupção. Somente quando informada pelo espírito da vocação e da responsabilidade individual a liberdade de associação se torna capaz de servir a uma ordem mais alta de cultura e criar as condições sob as quais a liberdade humana é espiritualmente frutífera, de modo que, em vez de uma burocracia sem vida a controlar uma atividade de massa disforme, temos a forma orgânica de uma comunidade viva. Na era capitalista, a motivação do lucro foi enfatizada com tanto excesso que a sociedade tratou de se tornar uma organização desalmada e sem coração que não era mais capaz de evocar o amor humano e a lealdade que uma empresa de capital aberto. No Estado totalitário, a motivação do poder é enfatizada com tamanho excesso que açambarca tudo o mais e destrói não só a liberdade, mas os decoros elementares da vida. Ambos se dirigem à exploração – à exploração do fraco pelo forte e de muitos por poucos –, sejam os fortes representados pelos titulares do poder econômico, como na sociedade capitalista, ou pelos titulares do poder político – os chefes dos partidos e o Estado policial no sistema totalitário.

É somente ao fortalecer o elemento da vocação tanto no Estado quanto na sociedade em geral que esses males podem ser evitados. Foi a força do sistema político no passado, que, apesar do espírito de privilégio de classe, considerava a política como uma forma de serviço público e não como uma oportunidade de compartilhar os despojos do poder – essa postura deu o tom para os serviços públicos e para as profissões de modo que era tido por certo um alto padrão de integridade pessoal e de responsabilidade. É digno de nota, quando na primeira metade do século XIX, um grande escritor francês se dispôs a retratar o princípio do dever e do serviço desinteressado em face da motivação do poder, da ambição e da glória militar e escolheu um almirante inglês que era inimigo de seu país como a personificação desse ideal.[3]

É claro que se a Inglaterra deve adaptar-se à disciplina de uma sociedade planejada esse elemento, acima de todos os outros, na tradição nacional, oferece a dinâmica moral necessária. Nosso temperamento

---

[3] Ver a descrição idealizada do almirante Cuthbert Collingwood (1748-1810) na obra *Servitude et Grandeur Militaire* (1835) de Alfred de Vigny (1797-1863).

nacional é naturalmente rebelde ao espírito prussiano de obediência aos exercícios militares e à organização metódica vinda de superiores e, mais ainda, ao misticismo de massa que torna fácil ao eslavo abandonar-se em uma entrega de si em êxtase para um poder coletivo impessoal. No entanto, por outro lado, é mais fácil para o inglês aceitar a ideia de dever social e serviço desinteressado com um senso de responsabilidade pessoal. Se esse espírito pode ser aplicado às novas condições de uma sociedade de massa, é concebível que possa ser criada uma sociedade planejada sem a destruição da liberdade, seja por uma burocracia impessoal, seja por uma tirania desumana. A tarefa, entretanto, a ser realizada é tão grande que não pode ser efetuada somente por meios políticos e sociais. Envolve a ação de forças espirituais profundas que pertencem à esfera religiosa. Se nossa civilização está de todo tão secularizada que a intervenção dessas forças é impossível, creio, então, que não há mais esperança de preservar a liberdade, e a nova ordem será cada vez mais impessoal e desumana. Contudo, se o cristianismo ainda é uma força viva no mundo, ainda deve formar a base definitiva da restauração da liberdade humana e da responsabilidade pessoal.

A ordem capitalista que tem por base o poder do dinheiro e a motivação do lucro era profundamente alheia aos valores cristãos e foi a principal causa da secularização de nossa cultura. A ordem totalitária, baseada no culto do poder, marca a reversão aos padrões pré-cristãos e encontra sua experiência religiosa apropriada em alguma forma de neopaganismo. Entretanto, a ordem fundamentada no princípio da vocação tem uma afinidade natural com os ideais cristãos. Na verdade, é no ideal cristão de vocação espiritual que a concepção de vocação social encontra o arquétipo e o padrão. Vemos essa afinidade desde o início nas relações entre os apóstolos cristãos e os representantes da ordem romana, de modo que São Pedro (†67) e São Paulo, os escolhidos do Senhor, parecem ter sentido uma espécie de compreensão instintiva do centurião Cornélio e de Pórcio Festo, governador da Judeia, como não tinham para com nenhum sacerdote judeu ou filósofo grego. Viam-nos como homens que prestavam um serviço desinteressado em suas próprias profissões e, portanto, ministros de Deus como eles mesmos, embora em um plano de ação inferior.

É na esfera religiosa que o princípio da liberdade e da vocação encontra sua revelação mais plena e perfeita, como vemos nos maravilhosos capítulos da primeira epístola de São Paulo aos coríntios, em que compara a diferença dos dons espirituais e operações na Igreja com as funções de um organismo natural.

> Há diversidade de dons, mas um só Espírito. Os ministérios são diversos, mas um só é o Senhor. Há também diversas operações, mas é o mesmo Deus que opera tudo em todos. A cada um é dada a manifestação do Espírito para proveito comum. A um é dada pelo Espírito uma palavra de sabedoria; a outro, uma palavra de ciência, por esse mesmo Espírito; a outro, a fé, pelo mesmo Espírito; a outro, a graça de curar as doenças, no mesmo Espírito; a outro, o dom de milagres; a outro, a profecia; a outro, o discernimento dos espíritos; a outro, a variedade de línguas; a outro, por fim, a interpretação das línguas. Mas um e o mesmo Espírito distribui todos estes dons, repartindo a cada um como lhe apraz. Porque, como o corpo é um todo tendo muitos membros, e todos os membros do corpo, embora muitos, formam um só corpo, assim também é Cristo. Em um só Espírito fomos batizados todos nós, para formar um só corpo, judeus ou gregos, escravos ou livres; e todos fomos impregnados do mesmo Espírito. Assim o corpo não consiste em um só membro, mas em muitos. Se o pé dissesse: Eu não sou a mão; por isso, não sou do corpo, acaso deixaria ele de ser do corpo? E se a orelha dissesse: Eu não sou o olho; por isso, não sou do corpo, deixaria ela de ser do corpo? Se o corpo todo fosse olho, onde estaria o ouvido? Se fosse todo ouvido, onde estaria o olfato? Mas Deus dispôs no corpo cada um dos membros como lhe aproue. Se todos fossem um só membro, onde estaria o corpo? Há, pois, muitos membros, mas um só corpo. O olho não pode dizer à mão: Eu não preciso de ti; nem a cabeça aos pés: Não necessito de vós. Antes, pelo contrário, os membros do corpo que parecem os mais fracos são os mais necessários.

E os membros do corpo que temos por menos honrosos, a esses cobrimos com mais decoro. Os que em nós são menos decentes, recatamo-los com maior empenho, ao passo que os membros decentes não reclamam tal cuidado. Deus dispôs o corpo de tal modo que deu maior honra aos membros que não a têm, para que não haja dissensões no corpo e que os membros tenham o mesmo cuidado uns para com os outros. Se um membro sofre, todos os membros padecem com ele; e se um membro é tratado com carinho, todos os outros se congratulam por ele. Ora, vós sois o corpo de Cristo, e cada um, de sua parte, é um dos seus membros[4].

E São Paulo, então, prossegue para mostrar que, além de todos os dons espirituais, os transcendendo e os completando, há o único caminho de caridade universal e indispensável, o coração do organismo espiritual, sem o qual os dons mais excelsos e mais potentes tornam-se sem valor e sem vida.

Ora, a mesma concepção de vida orgânica da comunidade e os mesmos princípios de ordem, vocação e diferenciação funcional foram aplicados ao Estado e à ordem social pelos pensadores cristãos, e tornaram-se as bases da ética social cristã na Idade Média, de maneira que Santo Tomás de Aquino vê a sociedade como um cosmo de vocações em que toda função social particular e toda função econômica encontra lugar na ordem universal dos fins. Essa concepção permaneceu na cultura ocidental de modo tão profundo que não foi de todo destruída pela Reforma Protestante ou pelo individualismo da era capitalista, mas reteve a vitalidade e foi, por fim, reafirmada nas encíclicas sociais *Rerum Novarum* (1891) de Leão XIII e *Quadragesimo Anno* (1931) de Pio XI.

É verdade que a relevância dessa concepção foi, em certa medida, obscurecida por ter se desenvolvido, em primeiro lugar, em face ao cenário social do feudalismo de tradição patriarcal de autoridade, tal como está sempre inclinada a ganhar um viés conservador e não

---

[4] 1 Coríntios 12,4-27

democrático. Vemos, em nossos dias, como os princípios do organismo e função foram explorados no interesse do fascismo e do nazismo, embora não possa existir, realmente, reconciliação alguma entre o mecanismo desumano do Estado totalitário e o princípio da liberdade de vocação. Assim como a vocação espiritual no sentido religioso pressupõe a liberdade do Espírito e o elo da caridade, da mesma maneira, o princípio da vocação na esfera temporal exige liberdade pessoal e o direito de livre associação, sem o qual a ordem do Estado e a ordem econômica, por mais que possam ser altamente organizadas, se tornam ordens de escravidão.

Capítulo 12 | Cristandade, Europa e o Novo Mundo

O princípio da vocação sobre o qual escrevi no capítulo anterior não é menos importante para a ordem internacional do que é para a vida do Estado e da comunidade. Se traçarmos a ideia de vocação desde a fonte original na tradição cristã, descobriremos que desde o início ela tem um caráter duplo e que a vocação espiritual do indivíduo estava inseparavelmente unida à missão histórica de um povo. A vocação de Abraão, "o amigo de Deus", também era o chamado de um povo escolhido, posto a caminho para uma missão mundial. Por todo o Antigo Testamento encontramos os profetas a insistir não só a respeito da vocação divina de Israel, mas também sobre o chamado de nações e impérios particulares para desempenhar uma tarefa particular na história mundial.

É verdade que no Novo Testamento a ênfase recai mais sobre a demolição de barreiras nacionais e a universalidade do Evangelho – que "Ele fez nascer de um só homem todo o gênero humano, para que habitasse sobre toda a face da terra"[1] e que em Cristo "Já não há judeu nem grego, nem escravo nem livre, nem homem nem mulher"[2]. Foi somente na Igreja que esse fato definitivo da unidade e da irmandade humana foi efetuado e expresso. Os cristãos eram "uma raça

---

[1] Atos dos Apóstolos 17,26. (N. T.)

[2] Gálatas 3,28. (N. T.)

escolhida, um sacerdócio régio, uma nação santa, um povo adquirido para Deus"³. Ou, como a *Carta a Diogneto* apresenta, "assim como a alma está no corpo, assim estão os cristãos no mundo".

> A alma está espalhada por todas as partes do corpo, e os cristãos estão em todas as partes do mundo. [...] A alma está contida no corpo, mas é ela que sustenta o corpo; também os cristãos estão no mundo como numa prisão, mas são eles que sustentam o mundo. [...] Tal é o posto que Deus lhes determinou, e não lhes é lícito dele desertar.⁴

A história da cristandade é a história de uma cultura baseada nessa ideia de universalismo espiritual – que era mais que uma ideia, porque estava incorporada na sociedade suprapolítica da Igreja. Com a conversão, primeiro do Império Romano e depois a dos bárbaros, formou-se uma comunidade de povos que partilhavam uma tradição espiritual comum, transmitida de uma época para outra e de um povo para outro até que incluísse toda a Europa. Mais do que isso, ela criou a Europa. O continente europeu é o resultado da cultura europeia, e não vice-versa. Do ponto de vista físico, a Europa não é uma unidade, mas simplesmente uma extensão noroeste da massa terrestre asiática. Não é uma unidade racial, pois desde os tempos pré-históricos foi um cadinho de raças e um local de encontro de tradições culturais das mais diversas origens. O princípio formal da unidade europeia não é físico, mas espiritual. A Europa era a cristandade, era a sociedade de povos cristãos que por mil anos, mais ou menos, foram moldados pela mesma influência religiosa e intelectual até adquirir consciência da comunidade espiritual que transcendeu os limites políticos e raciais. Enquanto essa comunidade espiritual era reconhecida como uma realidade social concreta, não havia espaço para o ideal moderno de nacionalidade e até mesmo a unidade política detinha uma posição relativamente humilde. Reis e príncipes

---

³ I São Pedro 2,9. (N. T.)
⁴ *Carta a Diogneto*, VI.

eram vistos como oficiais na comunidade cristã, não como soberanos no sentido agostiniano, e o próprio nome do Estado – *state*, *état*, *Staat* –, como a comunidade definitiva que forma a base de todo o pensamento social moderno, tem origem nos publicistas italianos da Renascença que estavam conscientemente revoltados com toda a tradição da cristandade medieval. De fato, foi na conotação sinistra de *raison d'état* – *raggione di stato* – que o novo termo entrou em curso na Europa Ocidental.

Não obstante, não é satisfatório explicar a ascensão do Estado nacional apenas como uma revolta contra a unidade da cristandade e as tradições da cultura cristã, pois cada um deles mantém uma certa fidelidade a essas tradições e a uma consciência comum europeia. Cada um dos grandes Estados da Europa era, de fato, um microcosmo da sociedade cristã universal de onde emergiram. Representam uma cristalização de diferentes elementos sociais e culturais em torno de um poder central que era um polo de forças culturais, assim como políticas.

Dessa maneira, surgiram duas posturas opostas, ainda que complementares, para com o Estado e a nação. De um lado, reconhecia-se que a comunidade era parte de um todo maior, uma parte da Europa, um membro da sociedade das nações; por outro lado, o fato de cada uma e todas as grandes potências se considerarem herdeiras e guardiãs do ideal universal de cristandade as fez perceber a vocação nacional como povo escolhido com uma missão especial no mundo. Itália, França, Espanha, Inglaterra, Alemanha, Rússia, Polônia, Irlanda – todos eles, num ou noutro momento e, às vezes, simultaneamente, apreciaram essa ideia de uma vocação ou missão particular que, vez ou outra, na Polônia do século XIX, assumiu uma forma messiânica definida, mas que se expressava, com mais frequência, de modo agressivo, na forma de imperialismo ou engrandecimento nacional.

Para essa evolução gradual, foi de importância decisiva que a demolição da sociedade medieval e a ascensão do novo Estado tenham coincidido com a era das descobertas e a abertura de novos mundos para a colonização e exploração europeias. Enquanto as terras do antigo berço da cultura ocidental no Mediterrâneo oriental estavam sendo violentamente cindidas do restante da Europa pela conquista otomana, campos de expansão novos e ilimitados eram abertos aos jovens do ocidente na América, na África e no sudeste da Ásia. O exemplo da Espanha e de Portugal foi rapidamente seguido pelos Países Baixos, pela Inglaterra e pela França, de modo que toda a orientação da Europa foi deslocada do antigo eixo mediterrâneo para o novo mundo atlântico. Ademais, a Rússia moscovita que vivia, por séculos, afastada, dependente do império mongol, por fim, parou o movimento imemorial dos povos guerreiros das estepes rumo ao oeste e começou a expandir para o norte da Ásia, enquanto, ao mesmo tempo, recuperou o contato com a Europa ocidental e ficou cada vez mais sob a influência da cultura ocidental. Assim, por volta do século XIX, a Europa se tornara a preceptora do mundo. A civilização europeia era vista como "civilização" no sentido absoluto. A ciência e as técnicas europeias, as instituições políticas e ideias europeias, e até mesmo os modos de vestir e os costumes europeus se universalizaram e transformaram a vida de milhões de pessoas que viviam, até então, a obedecer às tradições sagradas da antiga civilização ou em condições pré-históricas de barbárie primitiva. Em todos os lugares, das campinas da América a selva da África, terras virgens estavam sendo apropriadas por aventureiros europeus, e os recursos naturais do mundo, explorados por garimpeiros e engenheiros europeus para garantir dividendos aos acionistas europeus e alimento para os trabalhadores.

No entanto, essa expansão mundial da cultura europeia foi acompanhada por um movimento centrífugo que desintegrou a unidade europeia e produziu, por um lado, uma cultura cosmopolita generalizada que tem raízes na Europa, mas não tem com ela nenhuma relação orgânica, e, por outro, um novo culto à nacionalidade, que não abre, de maneira alguma, espaço para uma comunidade mais ampla. Esse novo culto encontrou sua expressão mais plena e intensa na Alemanha durante o despertar nacional que se seguiu à conquista napoleônica, mas não foi exclusivamente alemão na origem, e os desdobramentos subsequentes abarcaram toda a Europa e foram transmitidos de uma ponta a outra do mundo como parte inseparável da ideologia ocidental. Não obstante, na sua forma romântica inicial, o nacionalismo não sugeria hostilidade alguma à ideia de Europa. É significativo que o autor alemão que primeiro cunhou a palavra nacionalidade tenha sido Novalis (1772-1801), o autor de *Die Christenheit oder Europa* [*Cristandade ou Europa*], que vê a unidade medieval da cristandade como um modelo para a reorganização da Europa e da humanidade. Somente quanto o nacionalismo se apartou desse idealismo romântico e foi reinterpretado nos termos da biologia darwinista popular é que adquiriu um caráter definitivamente antieuropeu. Apesar disso, sobretudo na Alemanha, o nacionalismo começou a preservar certo encanto quase religioso, e é essa fusão incongruente de materialismo racial e misticismo nacionalista que produziu o portentoso fenômeno social do nacional-socialismo como vemos hoje.

Aí o Estado não é mais visto como membro de uma sociedade de nações, mas como algo que existe somente para promover os fins da comunidade racial, que é a realidade social derradeira. Entre essas unidades definitivas não há comunidade, pois a natureza exige que cada um permaneça rígido dentro dos limites das próprias formas de vida. Por isso, a mescla de raças e culturas é o crime social supremo. Quanto mais pura a raça, mais superior é a cultura, e a lei última do progresso humano deve ser encontrada na expansão vitoriosa de tipos superiores e na eliminação progressiva de raças inferiores.

É óbvio que essas teorias são bem talhadas de modo a oferecer a base ideológica para a política agressiva de um imperialismo militar, e vemos, no momento presente, no caso da Alemanha e do Japão, o tremendo poder de condução que pode ser gerado pela autoexaltação de uma comunidade nacional altamente organizada.

Entretanto, não oferecem esperança alguma para a ordem mundial, já que entram em contradição direta com todas as tradições e o *éthos* da civilização ocidental, que até mesmo o próprio Hitler vê como a fonte dos feitos mais excelsos do homem.[5] Como vimos, foi a comunidade espiritual que criou a unidade europeia e foi como uma comunidade de cultura que a civilização ocidental adquiriu sua influência mundial. É verdade que a Europa também era uma sociedade de nações e, portanto, o elemento racial, o elo de sangue comum, assim como o laço da língua comum e da pátria comum, exerceu um papel importante em seu desenvolvimento. Civilização e nação são como compostos químicos que devem a própria existência à síntese, e qualquer tentativa de os reduzir às partes elementares implica na sua destruição. Por isso o novo racismo nada é senão um outro sintoma da desintegração de nossa cultura. A dissolução da unidade europeia fez o homem concentrar-se primeiro nas partes que o constitui – as nações – e, depois, nos elementos que compunham as nações.

Assim, a ideologia racista, como a ideologia comunista, é o resultado da ruptura da unidade europeia e a tentativa de encontrar um substituto em algum elemento social primário que seja permanente e indestrutível. Mas se, como cremos, a Europa era essencialmente uma unidade espiritual, baseada na religião e expressa na cultura, não pode ser substituída por uma unidade biológica ou econômica, pois essas pertencem a um plano diferente da realidade social. São elementos sociais, não organismos sociais em sentido pleno.

É verdade que é impossível restaurar a antiga ordem europeia, mesmo na forma organizada mais recente e mais espontânea, pois o desenvolvimento econômico e a guerra moderna mecanizada afetaram profundamente as condições da vida política e a concepção da

---

[5] Ver as observações interessantes sobre o Japão e a cultura ocidental em *Mein Kampf*, pt I, cap. XI.

soberania estatal, de modo que não é mais possível para o menor dos Estados da Europa manter sua independência pelo sistema tradicional das alianças militares e a balança de poder. Mas isso não significa que eles devam ser sacrificados à vontade de poder dos Estados de massa totalitários ou absorvidos em uma unidade racial que pode ser uma criação artificial de uma propaganda política nacionalista. Estados pequenos como a Suíça e a Bélgica que não falam nem mesmo uma língua comum podem, mesmo assim, ter um caráter nacional forte e tradições históricas que não podem ser negadas segundo os interesses de nenhuma teoria racial ou ideologia de partido. É pela vida de sociedades históricas desse tipo, sejam grandes ou pequenas, que a civilização europeia existe. Até mesmo hoje as tradições nacionais e a unidade social dos povos europeus parecem fortes como sempre; o fracasso tem acontecido no plano político, é a falha do Estado individual e do sistema de Estados europeu como um todo de adaptarem-se às novas condições.

Ainda assim, mesmo essa falha é um testemunho indireto das potências da civilização ocidental, já que é o resultado da expansão mundial da cultura ocidental e seu triunfo sobre as limitações físicas que condicionaram a civilização no passado. Até o início do século XX a política internacional ainda era um campo fechado, reservado às potências europeias, e o restante do mundo era um plano de fundo passivo para suas manobras. Ainda mal ajustamos nossa mentalidade para uma política mundial de escala ampliada ou vislumbramos a possibilidade de uma ordem mundial em que a unidade não é o Estado, mas a civilização.

No entanto, com o advento da presente guerra, vimos cair aos pedaços o antigo sistema estatal sob as investidas maciças de um único poder totalitário, ao passo que a luta de superestados gigantescos continua por sobre o corpo prostrado da Europa. No momento presente restam apenas seis centros de poder mundial: Alemanha, Itália, União Soviética, Japão, Estados Unidos e a Grã-Bretanha – três potências militares unitárias contra três grandes federações,[6] ao passo que a sétima potência mundial – a China – está quase submersa pela maré crescente da conquista japonesa. Com exceção da Itália, que deve sua importância quase totalmente à dependência de outra potência, nenhuma delas é um Estado-nação no sentido tradicional. São impérios militares ou federações que abarcam milhões de quilômetros quadrados de território e centenas de milhões de habitantes. Os Estados Unidos se prolongam do Atlântico ao Pacífico, A União Soviética, do Pacífico ao Báltico, ao passo que a Grã-Bretanha é uma sociedade mundial que se estende a todos os cinco continentes. É óbvio que o desenvolvimento desses superestados vastos desconcerta completamente o equilíbrio delicado sobre o qual estava baseado o antigo sistema de Estados europeu. A única ordem internacional possível hoje é uma ordem mundial que inclua todos os grandes centros de poder do mundo e organize a segurança internacional em bases universais.

Isso foi reconhecido, em princípio, pelos fundadores da Liga das Nações, mas, como vimos no capítulo 5, fracassaram em levar em conta as novas forças e criaram uma organização que não era nem europeia nem universal, já que não englobava os Estados Unidos nem a União Soviética, visto que a verdadeira base era um sistema de alianças, semelhantes àquelas que garantiram a balança de poder europeia nos séculos XVIII e XIX. Não é de surpreender que um sistema que ignore as realidades do poder mundial tenha sido desafiado e destruído pelos novos regimes na Europa e na Ásia, que se basearam na pura realidade do poder e ignoraram todos os outros fatores. No entanto, apesar do racismo, do militarismo, da autarquia e da agressão ilimitada, são poderosas como forças revolucionárias e destrutivas, não podem ser usadas como fundamentos de uma nova ordem. O trabalho da Liga das Nações tem de ser feito

---

[6] Emprego a palavra no sentido de "uma política em que o número de estados forma uma unidade, mas permanecem independentes nos assuntos internos" (ver o verbete "federação" no Concise Oxford Dictionary).

novamente com mais realismo e com mais responsabilidade. Não pode ser feito só pela Europa, mas não pode ocorrer sem a Europa, já que essa ainda representa a maior concentração de população, poder e atividade cultural no mundo. Ademais, é da Europa e da América, que é o novo mundo europeu, que veio a própria ideia de uma nova ordem mundial, e é por intermédio da influência ocidental e em comunhão com a cultura ocidental que os povos da Ásia e da África tomaram consciência de sua cidadania mundial e de seu *status* internacional.

É possível conceber, todavia, alguma solução que reconciliará, por um lado, os direitos das nações com a existência da Europa e, por outro, a necessidade de uma ordem mundial? Em primeiro lugar, é necessário ter em mente que o problema não é de um relacionamento único entre a nação e a Liga das Nações ou o Estado e a sociedade mundial. É um relacionamento tríplice, a envolver a unidade cultural que é intermediária entre a nação e o mundo. Até agora a unidade cultural foi a derradeira, e as culturas e civilizações diferentes, tais como a China e a Europa, por exemplo, eram mundos fechados, com a mesma postura, de uma para com a outra, dos gregos e bárbaros na Antiguidade, ou cristãos e muçulmanos na Idade Média. Esse novo mundo que vemos hoje, contudo, é a civilização das civilizações, uma sociedade mundial formada por diferentes províncias culturais, cada uma, por sua vez, formada por inúmeros povos ou nações diferentes. Quase todas as ideologias políticas e sociais ignoram a existência desse grupo intermediário e veem o Estado como a realidade social suprema diante do plano de fundo de uma sociedade internacional disforme e inorgânica, que é, simplesmente, a soma de todos os Estados do mundo. Entretanto, a verdadeira ordem social deve levar em consideração não somente as realidades do poder, mas as realidades da cultura, que afetam não só as instituições políticas e sociais, mas visões de vida dos homens e os arquétipos de suas experiências sociais.

Existem duas linhas para lidar com esse problema. Por um lado, cada civilização ou área de cultura pode ser organizada como um mundo autocrático sob o império de uma superestrutura totalitária. Essa é a solução da Alemanha e do Japão e é igualmente insatisfatória do ponto de vista dos direitos das nações, bem como do ponto de vista da paz no mundo. A solução alternativa é criar não uma liga de nações, mas uma confederação, uma liga de federações baseada na comunidade de cultura e cada uma organizada como uma sociedade de nações ou Estados com direitos autônomos.

Já temos exemplos desse tipo de organismo político nas três potências mundiais que são aliadas na contenda atual, diferentes como são em constituição e tradições históricas. Os Estados Unidos são uma federação que se tornou uma unidade nacional, ao passo que a Grã-Bretanha e a União Soviética são impérios que se desenvolveram em federações. Todos professam ideais democráticos semelhantes e rejeitam o princípio da desigualdade racial, embora a aplicação desses ideais esteja limitada, na União Soviética, pelo caráter totalitário da ideologia comunista e pelos métodos da ditadura revolucionária e, no império britânico, pela diferença de condição entre os domínios autogovernados e os territórios coloniais e protetorados, bem como pela inclusão do vasto subcontinente da Índia, que forma uma das grandes áreas culturais do mundo e um dos membros potenciais da confederação mundial. A Índia não é uma nação, é uma sociedade de nações como a Europa, com uma tradição comum de civilização que transcende a política e que sobreviveu a inúmeras invasões e séculos de domínio estrangeiro.

E o que dizer da própria Europa? É possível conceber uma federação da Europa ocidental que assumiria o posto das três unidades federais existentes, como membro da sociedade mundial? No presente momento, o ideal dos Estados Unidos da Europa pode parecer utópico e irreal, embora pareça a única solução capaz de reconciliar a liberdade nacional e a autonomia cultural dos povos da Europa

Ocidental com a tradição de unidade europeia e as necessidades de uma ordem mundial.

As objeções à ideia de uma federação europeia são, em grande parte, o resultado de uma compreensão muito limitada da natureza de federação e de concebê-la em termos norte-americanos, em que a solução federal foi possibilitada pelo fato de o sentimento nacional ter sido concentrado na própria união, e não nos estados que possuíam um caráter provinciano em vez de um caráter nacional. Entretanto, na Europa, a intensa evolução gradual de tradições políticas nacionais e de cultura nacional tornou todos os povos conscientes da própria individualidade, de modo que qualquer limitação de sua soberania política é sentida como uma ameaça à existência espiritual.

Parece absurdo concluir disso que a única maneira possível de unidade europeia é um imperialismo totalitário que destruiria toda a liberdade nacional. Certamente é mais razoável pensar que a organização da Europa deva ser tanto mais livre e diversificada quanto possível. A Comunidade Britânica de Nações demonstrou como é possível seguir adiante na direção da autonomia e da diversidade das partes constituintes, preservando, ao mesmo tempo, uma unidade real, ainda que com unidade social e política indefinidas. É como a nossa ordem mundial hipotética, uma federação das federações e, além disso, que exista com um mínimo de organização central e controle. Da mesma maneira, é possível conceber uma união europeia que seja, antes de tudo, uma unidade de povos livres, em que Estados pequenos e grandes, reinos e repúblicas com as próprias instituições e constituições coexistam lado a lado, como os membros da Comunidade Britânica de Nações.

Tal federação deve ser totalmente consistente com a concepção tradicional de unidade europeia, que Burke definiu como uma comunidade de nações cristãs, baseada em um modo de vida comum, uma comunidade de cultura e detentora de um direito público comum.

O valor político dessa concepção foi viciado pela aceitação da guerra como uma parte normal do direito internacional, um vício que foi limitado, mas não curado, pela tentativa de Hugo Grotius (1583-1645) de definir as condições de uma guerra justa. É verdade que, em parte sob a influência das ideias de Burke, foi feita uma tentativa séria, em 1815, de unir os Estados da Europa com base nos princípios cristãos como membros de uma família cristã de nações. Contudo, já que o plano foi iniciado por três grandes Estados autocráticos da Europa Oriental e ignorou os princípios da nacionalidade e os direitos dos povos, tais sublimes ideais foram descartados como um disfarce para a tirania e destruídos pelos movimentos nacionalistas em meados do século XIX que fracassaram ao não levar em conta a necessidade de uma ordem europeia organizada.

Hoje essa necessidade está em todos os lados, e a verdadeira questão não é entre a hegemonia da Europa alemã, anglo-americana ou russa, mas se a Europa deve ser organizada como um império militar totalitário ou como uma federação democrática livre. Somente na segunda alternativa é possível integrar o princípio da autodeterminação nacional em uma unidade mais ampla que possua uma comunidade de cultura e tradição histórica suficientes para fazer surgir um senso de lealdade verdadeiro, tal como uma organização internacional como a Liga das Nações é incapaz de criar. Uma união europeia desse tipo estaria em posição de cooperar com outras federações mundiais – a Grã-Bretanha, os Estados Unidos e a União Soviética, bem como com a América Latina, a Índia e a China como um membro constituinte de uma ordem mundial federal.

Dessa maneira seria possível preservar o caráter nacional e a missão cultural dos Estados menores que tendem a desaparecer em uma atmosfera cosmopolita de um Estado mundial. Assim, a Suíça ou a Dinamarca, cada uma tem lugar e importância na ordem europeia, como a Colômbia e o Equador na América Latina, ou a Nova Zelândia ou a Terra Nova na comunidade britânica, seus valores individuais não seriam perdidos ou ameaçados seriamente em um sistema mundial uniforme, em que o Estado pequeno é incorporado como uma unidade isolada, lado a lado com superestados gigantescos que excedem suas populações em número por centenas de milhões.

Não há dúvida de que as dificuldades que se põem no caminho da criação desse sistema federal orgânico de ordem mundial são imensas, mas o mesmo vale para qualquer sistema de ordem mundial desde a Liga das Nações até o Estado mundial único. Ainda assim, a história catastrófica dos últimos trinta anos com duas guerras mundiais e a sucessão de crises políticas e econômicas deve oferecer provas bastantes para convencer a mais cautelosa e conservadora das mentes de que a questão da ordem mundial não é uma especulação utópica, mas uma questão vital da qual dependem a nossa vida e a de nossa civilização. No presente momento, as forças de destruição e violência estão temporariamente ascendentes, de modo que os homens são tentados a abandonar os princípios sobre os quais a civilização ocidental está fundamentada e a se render às forças demoníacas que emergiram da superfície racionalizada da sociedade moderna. Esta é a grande tragédia de nossos tempos: a política agressiva e a propaganda política de potências amorais apelam aos elementos mais profundos da consciência de massa que o idealismo moral de uma justiça internacional e paz universal. Portanto, é somente ao recuperar uma força espiritual dinâmica que mova a consciência da sociedade de maneira mais profunda que a vontade de poder material que a humanidade pode ser salva desse perigo.

Vimos que a civilização europeia não deve sua origem à unidade racial na organização política, mas a forças espirituais que uniram romanos e bárbaros em uma nova sociedade da cristandade. No entanto, essa sociedade não estava limitada, quiçá, à uma determinada sociedade dos povos de que atualmente é composta. Era, em princípio, uma sociedade universal, baseada na unidade e irmandade humana, e correspondia, no plano temporal, a uma nova ideia de humanidade que transcendia todas as divisões de raça e de classe: "Já não há judeu nem grego, nem escravo nem livre, nem homem nem mulher, pois todos vós sois um em Cristo Jesus".[7] Se esta fé ainda vive no mundo de hoje, não é menos válida como fundamento espiritual de uma ordem mundial, como o foi no passado para a formação da Europa; de fato, é somente em uma ordem mundial que a ideia social cristã encontra plena expressão; desde o início, o ideal de universalismo espiritual e a vocação mundial do cristianismo formaram o plano de fundo da ética social cristã. Assim, os cristãos têm uma responsabilidade dupla e uma missão na presente crise. Em primeiro lugar, são os herdeiros da antiga tradição europeia de ordem e os guardiões do princípio espiritual ao qual a Europa deveu a existência. Não há nada no passado europeu que não tenha sido formado ou condicionado por influências cristãs, e mesmo os heresiarcas e revolucionários não são exceção, já que, muitas vezes, foram inspirados por uma devoção exagerada e unilateral em algum elemento particular na tradição comum. E, em segundo lugar, os cristãos têm uma nova responsabilidade e missão para com a nova sociedade mundial que a Europa criou, apesar de si mesma, pelos feitos científicos e pela expansão colonial e econômica. Essa nova sociedade mundial ainda é disforme, um caos em que só as forças da destruição parecem ativas. Não possui, em si mesma, nenhum princípio de ordem ou poder espiritual capaz de dotá-la de forma orgânica e unidade. Qualquer tentativa de organizar o mundo pelo poder econômico ou militar divorciado da visão espiritual está condenada ao fracasso porque ignora os fatores mais profundos e vitais do problema, e se esses fatores psicológicos e espirituais são negligenciados, eles não são capazes de voltar a se afirmar em uma revolta destrutiva e impetuosa, tal como a que destruiu a República de Weimar e o sistema internacional da Liga das Nações.

---

[7] Gálatas 3,28. (N. T.)

É, portanto, impossível repudiar as alegações do cristianismo como irrelevantes aos problemas da ordem internacional, pois os poderes demoníacos que entraram na morada vazia da civilização secular não têm de ser exorcizados pelo economista ou pelo político: a religião é o único poder capaz de enfrentar as forças da destruição em termos iguais e salvar a humanidade de seus inimigos espirituais.

A missão mundial do cristianismo tem por base a concepção de uma sociedade espiritual que transcende todos os Estados e culturas e é o objetivo final da humanidade. Onde quer que o cristianismo exista, sobrevive uma semente de unidade, um princípio de ordem espiritual que não pode ser destruído pela guerra, pelo conflito dos interesses econômicos ou pelo fracasso da organização política. Não há dúvidas de que será dito que a igreja cristã não exerce essa função e que os cristãos são muito poucos, muito fracos e muito pobres em qualidades intelectuais e espirituais para influenciar o curso da história. Entretanto, o mesmo pode ser dito dos judeus na época dos profetas ou dos próprios cristãos sob o Império Romano. Como disse São Paulo: "Vede, irmãos, o vosso grupo de eleitos: não há entre vós muitos sábios, humanamente falando, nem muitos poderosos, nem muitos nobres".[8] É da própria natureza do cristianismo não depender de meios humanos, não confiar no "braço da carne", não julgar os acontecimentos por parâmetros humanos ou seculares. A única coisa exigida é a fé, e a falta de fé é a única coisa que derrota o propósito divino.

Assim, a esperança do mundo repousa, em última instância, na existência de um núcleo espiritual de crentes, portadores da semente da unidade. Cada um deles tem a dar uma contribuição especial e única para a vida do todo. No entanto, no atual estado de desordem mundial em que cada sociedade ambiciona alcançar seu propósito pelo poder político sem referir-se ao direito dos outros ou da vida do

---

[8] I Coríntios 1,26. (N. T.)

conjunto, a vocação dos cristãos é frustrada, de modo que, quanto mais excelsa e única for, mais absoluta será a oposição e mais amargo o conflito. A reconciliação das nações só pode ser efetuada em um plano mais profundo que o do poder político ou do interesse econômico. É uma tarefa essencialmente espiritual que exige uma visão espiritual que é fé e a vontade espiritual que é a caridade. Vemos hoje o que acontece ao mundo quando o espírito de ódio se torna a força motriz por trás da vasta máquina estatal construída pela organização científica moderna. Em face deste mal, todas as diferenças políticas e todas as diferenças de classe, nacionalidade ou raça esmaecem na insignificância. Até mesmo os males da presente guerra, embora pareçam enormes, nada são senão sinais externos e visíveis do "mistério da ausência de lei" que está em andamento no mundo de hoje.

O poder do Espírito é o único forte o bastante para subjugar isso. Em sua força, cristãos do passado enfrentaram e derrotaram a civilização pagã do Império Romano e a selvageria pagã dos conquistadores bárbaros. O neopaganismo que temos de enfrentar atualmente é mais terrível que qualquer um desses em desumanidade e na exploração científica do mal.

Entretanto, se temos fé no poder do Espírito, devemos crer que mesmo esses males podem ser dominados, pois as potências do mundo, ainda que pareçam descomunais, são poderes cegos que trabalham no escuro e extraem forças daquilo que é negativo e destrutivo. São impotentes diante do Espírito que é o Senhor e Aquele que dá a vida. Da mesma maneira, todos os dispositivos novos e elaborados para escravizar a mente humana são impotentes diante das capacidades de compreensão espiritual e amor superiores, que são os dons essenciais do Espírito Santo.

Índice Remissivo e Onomástico

A
Abissínia, 217
África, 69, 122, 138, 248, 253
Agostinho (354-430), Santo, 12-13, 15-16, 18-19, 24-25, 33-36, 54, 74-75, 102, 114, 138, 183-84, 206, 225
Alemanha, 35, 43, 47, 81, 83, 91-92, 99-100, 104, 125, 127, 164, 202, 212, 247, 249, 251, 254
Alemanha nazista, 9, 11, 110, 160
Alexandre III [Rolando Bandinelli (1100-1181)], papa, 30
Alexandria, 74, 217
Aliados, 9, 44, 54, 79, 143
Almeida, João Ferreira de (1628-1691), 49
América, 133, 138, 248, 253
América do Norte, 156
América do Sul, 99, 118, 120
América Latina, 256
Ancien Régime, 119, 140, 143
Annam, 123
Anouilh, Jean (1910-1987), 29
Antigo Testamento, 179, 195, 204, 245
Apocalipse, 21, 75
Aristocracia,
    democrática, 106
    dos santos, 107
Aristocrata, 128
Armênia, 122, 217
Army Debates [Debates do Exército], 107-09

Ash Wednesday ver *Quarta-feira de Cinzas*
Ásia, 121, 127, 248, 252-53
Assassínio na Catedral [*Murder in the Cathedral*], de T. S. Eliot, 29-32, 40-41
Atenas, 74, 221
Atlântico, 80, 248, 252
Augusto, [Caio Júlio César Otaviano Augusto (63 a.C.-14 d.C.)], 159
Autocracia,
    militar, 96
    teocrática, 82, 125
    totalitária, 96
Autoridade, 187, 194-96, 211, 242
    da Igreja, 190
    de Deus, 145
    divina, 102
    do Estado, 103
    dos papas, 191
    política, 100
    secular, 102
    temporal, 102

B
Babilônia, 69, 74, 76, 225
Bacon, Francis (1561-1656), 154, 163
Bakunin, Mikhail (1814-1876), 82-83
Báltico, 92, 138, 252
Barbárie, 58, 61, 66, 88-89, 190, 192, 248
Barbarismo, 36, 75, 121, 126, 185
Barker, *Sir* Ernest (1874-1960), 9

Barnabé (†61), São, 149
Barth, Karl (1886-1968), 188
Bayle, Pierre (1647-1706), 219
Becket, de Alfred Tennyson, 29
Becket ou a Honra de Deus [*Becket ou l'Honneur de Dieu*] de Jean Anouilh, 29
Becket, São Thomas (1118-1170), 30-31, 40-42
Bélgica, 43, 251
Belínski, Vissarion (1811-1848), 103
Belloc, Hilaire (1870-1953), 31
Benet de St Albans (fl. Século XII), 41
Benso, Camilo, *ver* Cavour, conde de
Bentham, Jeremy (1748-1832), 90
Bento XV, [Giacomo della Chiesa (1854-1922)], papa, 189, 193
Bento XVI, [Joseph Aloisius Ratzinger (1927-)], papa, 62
Berdiaev, Nikolai (1874-1948), 81
Berlin, Isaiah (1909-1997), 63
Beyond Politics [*Além da Política*], de Christopher Dawson, 9, 28
Bíblia Ave Maria, 49
Bíblia de Jerusalém, 21, 49
Birzer, Bradley J. (1967-), 8, 13, 29, 47, 49
Bismarck, Otto von (1815-1898), 104
Blackstone, William (1723-1780), 185-86
Blitzkrieg [guerra-relâmpago], 43
Boêmia, 221
Bonald, Louis de (1754-1840), 58, 112
Bonaparte, Napoleão *ver* Napoleão Bonaparte
Bordeaux, 44
Borkenau, Franz (1900-1957), 91
Bosham, Herbert de (fl. 1162-1189), 41
Bossuet, Jacques (1627-1704), 219
Bourbon (dinastia), 112
Brandenburg, Erich (1868-1946), 101
Bright, John (1811-1889), 118-19
Buchanan, George (1506-1582), 112
Burdach, Carl Ernst Konrad (1859-1936), 153

Burguês, 64, 125, 167
Burguesia, 35, 83, 109, 158, 234
Burke, Edmund (1729-1797), 58, 84, 141-43, 166, 203, 228-29, 255-56
Burnt Norton, de T. S. Eliot, 26-28
Burocracia, 164, 237
Burton, Richard (1925-1984), 30

C

Calvinismo, 100, 104-06, 109
Calvino, João (1509-1564), 105, 110
Campanella, Tommaso (1568-1639), 154-55, 163
Canadá, 123
Canterbury, 29
Caridade, 48, 216, 223, 260
Carlos X (1757-1836), rei da França, 112
Carta a Diogneto, 246
Castro, Fidel (1926-2016), 38
Catholic Relief Act [Lei de Ajuda Católica], 223
Catecismo da Igreja Católica, 22
Cavour, Camilo Benso (1810-1861), conde de, 70
César *ver* Júlio César
Chamberlain, Neville (1869-1940), 43
Chesterton, G. K. [Gilbert Keith] (1874-1936), 63
Child's History of England, A [*História da Inglaterra para Crianças, Uma*], de Charles Dickens, 30
China, 136, 150, 152, 252, 256
Choruses from The Rock ver Coros de A Rocha
Christenheit oder Europa, Die [*Cristandade ou Europa*], de Novalis, 249
Christopher Dawson in Context: A Study in British Intellectual History Between the World Wars [*Christopher Dawson em Contexto: Um Estudo de História Intelectual Britânica entre as Guerras Mundiais*], de Joseph T. Stuart, 9, 16

Churchill e a Ciência por Trás dos Discursos: Como Palavras se Transformam em Armas, de Ricardo Sondermann, 44-46
Churchill, Winston (1874-1965), 43-44
Cícero, Marco Túlio (106-43 a.C.), 185
Cidade de Deus, 74, 215
Cidade de Deus, A [*Civitate Dei, De*], de Santo Agostinho, 12, 15-16, 19, 25, 33, 114, 183-84
Cidade do Sol, 155
Cidade-Estado, 85, 95-96, 122, 137-38
Cirilo de Jerusalém (313-386 a.C.), São, 122
Città del Sole, La [*Cidade do Sol*] de Tommaso Campanella, 155
Civilização, 10, 12, 28, 36-37, 39, 46, 56-57, 59, 65, 70-76, 78-82, 85-87, 90, 93, 96, 100, 104, 109, 113-14, 117, 121-23, 125-28, 132, 136, 140, 145-48, 151-52, 159, 163, 168, 172, 174, 181, 187, 189-93, 195, 201, 204, 209, 215, 220-21, 224, 234, 240, 248, 250-51, 253, 257, 259-60
Clemenceau, Michel (1873-1964), 132
Cobden, Richard (1804-1865), 118-19
Código de Ética Internacional, 137
Collingwood, Cuthbert (1748-1810), 239
Colombo, Cristóvão (1451-1506), 154
Comunidade Britânica de Nações, 255
Comunidade Sagrada, 106-10, 156-57
Comunismo (comunista), 38-39, 50, 55, 77, 141, 145, 236
Confessiones [*Confissões*], de Santo Agostinho, 24
Conflito espiritual, 99-100, 152, 196, 203, 224
Consciência, 10, 23, 31-32, 40, 42, 85, 90, 93, 99, 106, 110, 131, 145, 148, 152, 157, 159, 172, 185-86, 193, 224, 232, 246-47, 253, 257
Conservadorismo, 104, 111, 118, 128, 143
Conspiração da Pólvora, 224

Constant, Benjamin (1767-1830), 119
Constantinopla, 221
Contrarreforma, 105
Cornélio, o centurião, 240
Coros de A Rocha [*Choruses from The Rock*], de T. S. Eliot, 23, 29, 35, 40, 42-43
Criação do Ocidente [*Religion and the Rise of Western Culture*], de Christopher Dawson, 8
Cricklade, Robert de (1100-1179), 41
Cristandade, 15, 57, 60, 65-66, 84-86, 88-89, 92, 97-98, 113, 122-23, 138-39, 143, 152-53, 155-56, 172, 187-94, 200-01, 206, 209-10, 214-17, 222, 225, 227, 245-60
Criterion, The, (revista), 38-39, 48
Cromwell, Oliver (1599-1658), 107-08, 124
Cultura, 9, 14-18, 25, 30, 40, 55-58, 60-62, 65-66, 72-73, 78, 81, 83-84, 86, 89, 91, 93, 95-100, 105, 109-11, 115, 117, 121, 124, 127-29, 131, 139, 141, 145, 147-60, 163-77, 180, 185, 191, 194, 201, 209, 220-22, 224, 230-32, 234, 236, 238, 240, 242, 246, 248, 250-51, 253-56, 259
Czarismo, 83, 127

D

Dalton, Timothy (1946-), 30
Daniel-Rops, Henri (1901-1965), 30
Darkest Hour [*O Destino de uma Nação*], (filme) de Joe Wright, 44
Darwinista, 249
Da Vinci, Leonardo (1452-1519), 154, 163
Dawson, Christopher (1889-1970), 7-40, 42, 47-50, 66, 204
Declaração de Independência dos Estados Unidos, 123
Demáratos (530-479 a.C.), 121
Democracia, 11, 37, 42, 60, 79-94, 96, 104, 106, 109, 113-14, 118, 121,

123, 125, 127, 128, 131-32, 134-35, 139, 229-31, 236
Démocratie en Amérique, De la [*Democracia na América, A*] de Alexis de Tocqueville, 230
Despotismo, 72, 75, 82, 117, 119, 121-22, 127, 131, 230
Dessecularização, 153
Destino de uma Nação, O ver *Darkest Hour*
Diceto, Ralph de (†1202), 41
Dickens, Charles (1812-1870), 30
Dinamarca, 43, 256
Dinâmicas da História do Mundo [*Dynamics of World History*], de Christopher Dawson, 7, 12, 15, 18
Diocleciano, [Caio Aurélio Valério Diócles Diocleciano (244-312)], 237
Divisão da Cristandade, A [*Dividing of Christendom, The*], de Christopher Dawson, 8, 13, 50, 52
Domiciano, [Tito Flávio Domiciano (51-96)], 75
Dostoiévski, Fiódor (1821-1881), 70, 91
Doutrina Social da Igreja, 113, 203, 214
Dry Salvages, The, de T. S. Eliot, 26-29, 51
Dunkirk, (filme) de Christopher Nolan, 44
Dunquerque, 44
Dzerzhinsky, Felix (1877-1926), 77

E

East Coker, de T. S. Eliot, 25, 29
Economia, 55, 72, 80, 113, 124, 142, 155, 164, 172, 174, 233
Éfeso, 217
Egito, 127, 152, 163
Eleanor (1137-1204) de Aquitânia, rainha da Inglaterra, 30
Eliot and His Age: T. S. Eliot's Moral Imagination in the Twentieth Century [*Era de T. S. Eliot: A Imaginação Moral do Século XX, A*], de Russell Kirk, 14

Eliot, T. S. [Thomas Stearns] (1888-1965), 13
Encíclica, 72, 113, 145, 187-89, 191-93, 212, 228, 242
Epístola de São Paulo aos Efésios, 49-50
Erasmo de Roterdã (1466-1536), 153
Escandinávia, 100
Espanha, 99, 118-20, 154-55, 247-48
Espânia, 122-23
Esparta, 221
Esperança, 12, 23, 26, 28, 37, 48, 54, 61, 66, 81, 89, 97, 104, 114, 141, 145, 192, 196, 200, 205-06, 219, 223, 240, 259
Espírito Santo, 183, 202, 225, 260
Estado de Direito, 34, 88
Estado-Nação, 135-40, 252
Estados Unidos da América (EUA), 35, 47, 79, 84, 90, 99, 109, 123, 133, 137, 144, 158, 164, 170, 251-52, 254, 256
Ética, 77, 92, 113, 115, 157, 212, 236, 242, 258
Europa, 24, 28, 53, 54, 57, 58, 61-62, 65, 69, 77, 79, 81, 87, 99, 117, 123, 127-29, 131-32, 138-39, 142-46, 152, 158, 189, 194, 209
Cristã, 131, 192-93, 228
Meridional, 89
moderna, 137, 191, 235
Ocidental, 12, 43, 54, 55, 59, 83, 85, 92-93, 96-98, 139
Oriental, 55, 85, 96, 98, 113
Evangelho, 21, 74, 89, 101, 149, 177, 179-80, 186, 190, 209, 225, 245
Evangelho segundo São Mateus, 21

F

Fair Deal [Acordo Justo], 164
Fatalista, 96, 179, 223
Fawkes, Guy (1570-1606), 224
Fé, 17, 32, 34-35, 38, 42, 45, 48, 69-70, 74, 89-90, 92-93, 117, 122, 152, 157, 176, 179, 181, 192, 194,

200, 203, 205, 209, 212, 216, 219, 223, 225, 227, 258-60
Filoféi de Pskov (1465-1542), monge, 98
Fisher, São John (1469-1535), 42
Fitzstephen, William (†1191), 41
Formação da Cristandade, A [*Formation of Christendom, The*], de Christopher Dawson, 8, 15, 18, 36, 50, 52
Four Quartets ver *Quatro Quartetos*,
França, 43-44, 84, 99, 112, 118-19, 127, 137, 155, 247-48
Francisco de Sales (1567-1622), São, 219
Franco, Francisco (1892-1975), 38
Franklin, Benjamin (1706-1790), 92
Freud, Sigmund (1856-1939), 175

G

Galen, Clemens August Graf von (1878-1946), beato, 42
George VI (1895-1952), rei da Grã-Bretanha, 43
Germânia, 74, 122
Gervase de Canterbury (1141-1210), 31, 41
Gibbon, Edward (1737-1794), 59, 190-91, 219
Gladstone, William Ewart (1809-1898), 70, 109, 118
Glenville, Peter (1913-1996), 30
Goldman, James (1927-1998), 30
Goodwin, John (1594-1665), 108-09
Goodwin, Thomas (1600-1680), 106-08
Gordon, lorde George (1751-1793), 223
Gordon Riots, 223
Górgias, de Platão (427-347 a.C.), 22
Governo constitucional, 117, 157
Grã-Bretanha, 10, 27, 47, 79, 137, 229, 251-52, 254, 256
Great Society [Grande Sociedade], 164
Grécia, 85, 170, 221
Grignion de Montfort, Luís Maria (1673-1716), São, 226
Grim, Edward (fl. Século XII), 41
Groser, John (1890-1966), 41

Grotius, Hugo (1583-1645), 256
Guerra Fria, 35, 54
Guizot, François (1787-1874), 92, 157

H

Habsburgo (dinastia), 105, 135
Haiti, 137
Harvey, Anthony (1930-2017), 30
Hegel, Georg Wilhelm Friedrich (1770-1831), 103
Hejaz, Reino do, 137
Henrique II (1133-1189), rei da Inglaterra, 29, 30, 31, 42
Henrique VIII (1491-1547), rei da Inglaterra, 30, 42
Henriques, Mendo Castro (1953-) 21, 39-40
Hepburn, Katharine (1907-2003), 30
Heródoto (485-420 a.C.), 121
Herzen, Aleksandr (1812-1870), 82
Hinsley, Arthur (1865-1943), cardeal, 49-50, 203-05
Hipócrates (460-370 a.C.), 235
Historian and His World: A Life of Christopher Dawson, A [*Historiador e seu Mundo: A Vida de Christopher Dawson, Um*] de Christina Scott, 10
History of the Archbishops of Canterbury [*História dos Arcebispos de Canterbury*], de Gervase de Canterbury, 31
Hitler, Adolf (1889-1945), 38, 43, 55, 81
Hitler and the Germans [*Hitler e os Alemães*], de Eric Voegelin, 21-22-26, 32, 36-37, 40, 43
Hobbes, Thomas (1588-1679), 148
Hobsbawm, Eric (1917-2012), 34
Hoellering, George (1897-1980), 41
Homem primitivo, 148-49
Hopkins, Anthony (1937-), 30
Hoveden, Roger de (f. 1174-1201), 41
Humanismo (humanista), 72-73, 86-87, 91, 153-54, 204
Hussita, 222
Huxley, Thomas Henry (1825-1895), 90

I

Idade Média, 86, 98, 123, 153, 171, 188, 225, 242, 253
Idealismo, 81, 133
   alemão, 103
   fanático, 76
   humanitário, 11, 92, 160
   liberal, 47, 72, 73, 132
   moral, 73, 91, 257
   religioso, 118, 157
   revolucionário, 125
   romântico, 249
   utópico, 143
Ideia de uma Sociedade Cristã, A [*Idea of a Christian Society, The*], de T. S. Eliot, 14, 28, 42
Ideologias, 25, 28, 33-34, 37-38, 125, 141, 146, 225, 253
Igreja armênia, 217
Igreja bizantina, 217
Igreja Católica, 48, 216
Igreja da Inglaterra, 102, 214
Igreja Ortodoxa, 98, 216
Igrejas livres, 104, 213-14, 216
Igrejas luteranas, 214
Il Fermo Proposito, encíclica de São Pio X, 189-90, 192
Iluminismo, 36, 89, 97, 166, 219
Immortale Dei, encíclica de Leão XIII, 187
Imperialismo
   egoísta, 110
   militar, 134, 249
   ocidental, 133
   oriental, 85
   totalitário, 255
Império Bizantino, 221
Império Romano, 56-57, 78, 87, 122, 138-39, 184-85, 197, 237, 246, 259-60
Índia, 139, 150, 152, 254, 256
Indiferentismo, 211
Individualismo, 25, 87, 157, 237, 242
   econômico, 91, 120-21, 125,
   liberal, 128

Inglaterra, 30, 44-45, 84, 90, 99, 102, 104, 106, 109, 118-20, 137, 156-57, 165, 214, 218, 221-22, 239, 247-48
Inquéritos sobre Religião e Cultura [*Enquiries into Religion and Culture*], de Christopher Dawson, Inquisição, 8
Inscrutabili dei Consilio, encíclica de Leão XIII, 191-92
Internacionalismo, 131, 132, 136
Ireton, Henry (1611-1651), 108, 124
Irlanda, 139, 221, 247
Irmandade de sangue dos guerreiros tribais, 85
Irmandade dos trabalhadores livres, 234
Irmandade humana, 193, 228, 245, 257
Islã, 57, 138
Itália, 99, 120, 136-37, 218, 247, 251-52
Ivan III (1440-1505), o Grande, 98

J

Japão, 123, 249, 251, 254
Jerônimo (347-420), São, 49
Jerusalém, 74, 76, 106, 225, 228
Jesus Cristo, 21, 108, 190, 211
Joad, C. E. M. [Cyril Edwin Mitchinson] (1891-1953), 11
João (†100), São, apóstolo e evangelista, 21, 195, 211, 215
João Paulo II, [Karol Józef Wojtyła (1920-2005)], papa, 62
John (1166-1216), Sem Terra, rei da Inglaterra, 30
Johnson, Lyndon B. (1908-1973), 164
Johnson, Paul (1928-), 35
Julgamento das Nações, O [*Judgment of the Nations, The*], de Christopher Dawson, 8
Júlio César (100-44 a.C.), 185
Justiça, 88, 93, 114, 136, 145, 182, 184, 187, 193, 257

K

Kaufmann, Felix (1895-1949), 110
Keating, Michael J., 20, 53

Kennedy, John F. (1917-1963), 164
King James Bible, 49
Kirk, Russell (1918-1994), 10, 13-14, 17, 19-20, 26, 31, 33, 37-38, 42, 48-49, 52
Knox, John (1513-1572), 112
Kolbe, Maximiliano Maria (1894-1941), São, 42

L

Lamartine, Alphonse de (1790-1869), 72, 92
Languet, Hubert (1518-1581), 112
Laski, Harold (1893-1950), 118, 121
Leão XIII, [Vincenzo Gioacchino Raffaele Luigi Pecci-Prosperi-Buzzi (1810-1903)], papa, 64, 72, 85, 113, 187, 191-93, 242
Lei da casa (economia), 233
Lei da cidade (política), 233
Lei da Natureza, 182-88
Lei da razão, 103
Lei Divina, 72, 146
Lei Natural, 103, 110-13, 115, 146, 182, 184-85, 188-89, 193, 212, 214
Lênin, Vladimir (1870-1924), 38
Leontiev, Konstantin (1831-1891), 81-82
Le Play, Pierre-Guillaume-Frédéric (1806-1882), 58
Letters on a Regicide Peace [Cartas sobre a Paz Regicida], de Edmund Burke, 228
Liberalismo (liberal), 118-20
Liberdade, 18-19, 29, 31-32, 35, 40, 59-64, 69, 71, 73, 76, 79-88, 93, 95-96, 109, 114, 117, 119, 121-29, 141, 145, 157-59, 164, 166-67, 171-72, 174, 179, 187, 193, 196, 202, 206-07, 213-15, 228-43, 254-55
Libéria, 136-37
Libertas Praestantissimum, encíclica de Leão XIII, 187, 193
Liénart, Achille (1884-1973), cardeal, 87
Liga das Nações, 131-46, 193-95, 252-53, 256-58

Lincoln, Abraham (1809-1865), 109
Lion in Winter, The [Leão no Inverno, O], de Anthony Harvey, 30
Little Gidding, de T. S. Eliot, 29, 45-46
Livre-comércio, 83, 118
Locke, John (1632-1704), 92, 109
Lucas (†84), São, evangelista, 21
Luís XVIII (1755-1824), rei da França, 112
Lutero, Martinho (1483-1546), 100-105, 110, 186-88, 224
Luxemburgo, 43

M

Magna Carta, 106, 123
Maine de Biran, [Marie-François-Pierre Gonthier de Biran (1766-1824)], 119
Maistre, Joseph de (1753-1821), 58, 63, 112
Major, John (1467-1550), 112
Making of Europe, The [Formação da Europa, A], de Christopher Dawson, 217
Mannheim, Karl (1893-1947), 120, 169-71, 174, 232
Mao Tsé-tung (1893-1973), 38
Maquiavel, Nicolau (1469-1527), 187-88
Marcos (†68), São, evangelista, 21
Mariana, Juan de (1536-1624), 112
Mártires (martírio), 29, 31-32, 41-42, 122-23
Marx, Karl (1818-1883), 58, 124, 234
Materialismo (materialista), 86, 165, 167-68, 179
  econômico, 172, 229
  racial, 249
Mateus (†72), São, apóstolo e evangelista, 21
Mazzini, Giuseppe (1805-1872), 70, 72
McCarten, Anthony (1961-), 44
Meditaciones del Quijote [Meditações do Quixote], de José Ortega y Gasset, 27
Mediterrâneo, 74, 97, 248

Mensch und Gesellschaft im Zeitalter des Umbaus [*Homem e Sociedade na Era da Reconstrução*], de Karl Mannheim, 120, 169, 232
Mesopotâmia, 163
Mill, James (1773-1836), 90
Mill, John Stuart (1806-1873), 58, 90, 92
Milton, John (1608-1674), 108
Mises, Ludwig von (1881-1973), 34, 39
Missão espiritual, 131
Misticismo, 103, 110
 de massa, 240
 nacionalista, 249
Mit Brennender Sorge, encíclica de Pio XI, 212-13
Modern Dilemma, The [*Dilema Moderno, O*], de Christopher Dawson, 9, 28
Modern Times [*Tempos Modernos*], de Paul Johnson, 35
Molina, Luís de (1535-1600), 112
Monofisista, 217, 222
More, Thomas (1478-1535), São, 42, 155, 224
Morley, John (1838-1923), 90
Mornay, Philippe de (1549-1623), 112
Motley, J. L. [John Lothrop] (1814-1877), 111
Movement of World Revolution, The [*Movimento da Revolução Mundial, O*], de Christopher Dawson, 33-34
Movimento Ecumênico, 216
Murder in the Cathedral ver *Assassínio na Catedral*,
Murray, John (1898-1975), 11
Mussolini, Benito (1883-1945), 38

N

Nacionalismo, 39, 128, 131-32, 135, 139, 221, 225, 249
Napoleão Bonaparte (1769-1821), 112, 119, 206

Natureza humana, 10-11, 16, 18-19, 26, 32, 66, 71, 73, 77, 105, 148, 159-60, 166, 170-71, 175-76, 179, 186, 192, 194, 206-07, 213, 228, 235
Nazismo (nazista), 22, 27, 34, 39, 42-43, 47, 50, 55, 66, 92, 111, 160, 164, 182
Neemias, 228
Neopaganismo, 73, 111, 240, 260
Nero, [Nero Cláudio César Augusto Germânico (37-68)], 75
New Deal [Novo Acordo], 164
New Frontier [Nova Fronteira], 164
Newman, John Henry (1801-1890), beato, cardeal, 19, 58, 197
Nietzsche, Friedrich (1844-1900), 70, 76, 81, 91
Niilismo, 25, 76, 87, 91, 176, 202
Nolan, Christopher (1970-), 44
Noruega, 43
Notas para a Definição de Cultura [*Notes Towards the Definition of Culture*], de T. S. Eliot, 14, 17
Novalis, [Georg Philipp Friedrich von Hardenberg (1772-1801)], 249
Novo Testamento, 21, 245

O

Oldman, Gary (1958-), 44
Operação Dínamo, 44
Ortega y Gasset, José (1883-1955), 27
Orthodoxy [*Ortodoxia*], de G. K. Chesterton, 63
Ortodoxia, 127, 219
Otimismo, 62, 127, 191
 humanitário, 76
 hedonista, 50
 liberal, 11, 34, 60, 69, 127, 230
O'Toole, Peter (1932-2013), 30
Owen, Robert (1771-1858), 90

P

Pacem Dei Munus Pulcherrimum, encíclica de Bento XV, 189
Pacífico, 80, 146, 252

Paganismo, 74, 92, 212
  antigo, 212
  romano, 159
  ver, também, Neopaganismo
Paine, Thomas (1737-1809), 219
Países Baixos, 43, 99, 100, 248
Panamá, 137
Papists Act [Lei Papista], 223
Paracelso, [Philippus Aureolus Theophrastus Bombastus von Hohenheim (1493-1541)], 154
Paulo, São (5-67), apóstolo, 21, 50, 86, 149, 196, 203, 214, 224, 240-42, 259
Paz, 37, 43, 47, 60, 70, 73, 79, 89, 97, 114, 132, 134, 142, 157, 184, 207, 214, 227, 231, 254
  eterna, 23, 33, 80
  evangelho da, 89
  internacional, 29, 141
  universal, 257
Pedro, São (†67), apóstolo, 21, 30, 240
Perón, Juan Domingo (1895-1974), 38
Pérsia, 57, 122, 127, 138, 170
Peterborough, Abbas Benedictus de (†1194), 41
Philippe de Mornay (1549-1623), 112
Philippe II (1165-1223), rei da França, 30
Pio IX, [Giovanni Maria Mastai-Ferretti (1792-1878)], papa, 72
Pio X, [Giuseppe Melchiorre Sarto (1835-1914)], papa São, 189-90, 192
Pio XI [Ambrogio Damiano Achille Ratti (1857-1939)], 193, 212-13, 242
Pio XII, [Eugenio Maria Giuseppe Giovanni Pacelli (1876-1958)], papa, 113, 115, 145-46, 188, 192-95, 203, 228
Pitt, William (1759-1806), o Jovem, 228
Planned Chaos [Caos Planejado], de Ludwig von Mises, 34
Platão (427-347 a.C.), 22
Politics of Prudence, The [Política da Prudência, A], de Russell Kirk, 17

Polônia, 9, 221, 247
Pont-Sainte-Maxence, Guernes de (fl. Século XII), 41
Pórcio Festo, 240
Portugal, 99, 248
Postmodern Imagination of Russell Kirk, The [Imaginação Pós-Moderna de Russell Kirk, A], de Gerald J. Russello, 13-14
Primeira Guerra Mundial, 34-35, 55
Primitive Culture [Cultura Primitiva], de Edward Burnett Tylor, 147
Progresso e Religião [Progress and Religion], de Christopher Dawson, 7, 13, 17, 36,
Propaganda, 41, 77, 80,
  política, 128, 163, 201, 251, 257
Protestantismo (protestante), 48-49, 56, 89-90, 98, 100, 105, 110-12, 118, 186, 210, 213, 216, 220

Q

Quadragesimo Anno, encíclica de Pio XI, 242
Quanta Cura, encíclica de Pio IX, 72
Quarta-feira de Cinzas, de T. S. Eliot, 24, 26, 28, 51
Quatro Quartetos [Four Quartets], de T. S. Eliot, 25-26, 45

R

Racionalismo, 89, 104, 110, 143, 166, 175, 204
Racismo, 133, 250, 252
Rainsborough, Thomas (1610-1648), 124
Rauschning, Hermann (1887-1982), 91
Razão Eterna, 182
Reforma, 57, 91, 105, 111, 153, 156, 187, 224
  ver, também, Contrarreforma
Reino Unido, 99
Religion and Culture [Religião e Cultura], de Christopher Dawson, 8, 17

Religion and the Modern State [*Religião e o Estado Moderno*], de Christopher Dawson, 9, 28
Religion and the Rise of Western Culture ver *Criação do Ocidente*
Renascença, 122, 153-54, 163, 187, 220, 247
República, A, de Platão, 22
Rerum Novarum, encíclica de Leão XIII, 242
Revolução, 76, 81, 83, 118-19, 132, 143, 151, 168, 194, 234
   Americana, 84
   da destruição, 76, 91
   Francesa, 81, 84, 91, 112, 118, 123, 166
   Gloriosa, 84, 109
   Puritana, 84, 109
   Religiosa, 80, 153
   Russa, 35, 125, 163
Richard I (1157-1199), Coração de Leão, rei da Inglaterra, 30
Robespierre, Maximilien de (1758-1794), 77
Roma, 39, 74, 95, 97-98, 136, 138, 150
Roosevelt, Franklin Delano (1882-1945), 38, 164
Rousseau, Jean-Jacques (1712-1778), 92, 126
Royer-Collard, Pierre Paul (1763-1845), 119
Russello, Gerald J., 14
Rússia, 35, 74, 77, 81-83, 91, 98, 133, 164, 170, 247-48

S

Saint-Just, Louis Antoine Léon de (1767-1794), 77
Saint-Simon, [Claude-Henri de Rouvroy (1760-1825)], conde de, 163
Salazar, António de Oliveira (1889-1970), 38
Salisbury, John de (1120-1180), 41
Sanctifying the World: The Augustinian Life and Mind of Christopher Dawson [*Santificando o Mundo: A Vida e a Mentalidade Agostiniana de Christopher Dawson*], de Bradley Birzer, 13, 29, 47, 49
Santa Aliança, 133, 144
Scott, Christina (1922-2001), 10, 20, 23-24, 48
Second World War, The [*Memórias da Segunda Guerra Mundial*], de Churchill Winston, 44-45
Segunda Guerra Mundial, 9, 12, 35, 47, 50, 53-54, 164
Segunda Revolução Inglesa, 109
Sheed, Frank (1897-1982), 47, 49
Símbolo dos Apóstolos, 21
Smith, Grover C. (1923-2014), 40
Soberania, 79, 112, 135-36, 250, 255
Social Teaching of the Christian Churches [*O Ensinamento Social das Igrejas Cristãs*], de Ernst Troeltsch, 100-01, 104, 110
Socialismo (socialista), 10, 64, 82, 89-90, 111, 124-25, 128, 133, 155, 163, 165, 233-34
Sociedade Bíblica do Brasil, 49
Sociedade da cristandade, 138, 257
Sociedade das nações, 247
Sondermann, Ricardo (1963-), 44-46
Spencer, Herbert (1820-1903), 90
Staël, [Anne-Louise Germaine Necker Stäel-Holstein (1766-1817)] Madame de, 127
Stahl, Friedrich Julius (1802-1861), 104, 109
Stálin, Josef (1878-1953), 38, 42, 163
Stuart, Joseph T., 7, 9, 10-11, 13, 16-17, 28, 39, 47, 50
Suárez, Francisco (1548-1617), 112
Suécia, 139
Suíça, 99, 251, 256
Summi Pontificatus, encíclica de Pio XII, 113, 145, 188, 193-94

T

Tácito, Públio Cornélio (55-120), 95

Tawney, R. H. [Richard Henry] (1880-1962), 10
Taylor, Rachel Annand (1876-1960), 13
Tennyson, Alfred (1809-1892), 29, 70
Terry, Nigel (1945-2015), 30
Tewkesbury, Alan de (fl. Século XII), 41
Theo-morphes, 32
This was their finest hour [Este foi seu melhor momento], de Winston Churchill, 43
Tocqueville, Alexis de (1805-1859), 92, 119, 230
Tolkien, J. R. R. [John Ronald Reuel] (1892-1973), 13
Tomás de Aquino (1225-1274), Santo, 103, 138, 184, 219, 242
Torigni, Robert de (1110-1186), 41
Totalitarismo (totalitário), 10, 37, 54, 55, 61, 80, 87-88, 119, 125, 165, 169, 201-03
Tradição, 13-14, 112, 118, 121, 152
  antiga, 88
  calvinista, 106, 111
  conservadora, 58
  cristã, 111, 113, 145, 181, 187, 200, 245
  cultural, 60, 99, 155, 219, 230
  da civilização ocidental, 122, 127
  da educação liberal, 65
  de liberdade, 123, 228-30, 236
  democrática, 83-84
  do governo absoluto, 88
  humanista, 156
  liberal, 58, 61-62, 118, 124-25, 128-29, 167, 172
  luterana, 103, 111
  militar, 91-92
  nacional, 239
  política católica, 111
  religiosa, 60, 111, 172, 189, 221
  Whig, 237
Tradicionalismo, 111-13, 143, 185, 199
Tratado da Vestfália, 131
Tratado de Versailles, 132, 134, 137

Troeltsch, Ernst (1865-1923), 100-01, 104, 109-10
Trotsky, Leon (1879-1940), 141
Trujillo, Rafael (1891-1961), 38
Truman, Harry S. (1884-1972), 164
Turquia, 139
Tylor, Edward Burnett (1832-1917), 147

U

União das Repúblicas Socialistas Soviéticas (URSS), 133
Universalismo espiritual, 15, 246, 258
Utilitário, 119, 159, 165, 168
Utopia, 62, 155, 191, 215

V

Vane, Sir Henry (1613-1662), o Jovem, 108
Varazze, Jacopo de (1230-1298), 41
Vargas, Getúlio (1882-1954), 38
Vigny, Alfred de (1797-1863), 239
Virtudes teologais (Fé, Esperança, Caridade), 48, 223
Voegelin, Eric (1901-1985), 21-22, 24-26, 32, 35-37, 40, 43, 48
Vulgata, 49

W

Weimar, República de, 258
Whig, 30, 41, 222
Wille zur Macht, Der [A Vontade de Potência], de Friedrich Nietzsche, 76
William de Canterbury (fl. Século XII), 41
William de Newburgh (1136-1198), 41
Wilson, Woodrow (1856-1924), 132
Wright, Joe (1972-), 44

X

Xerxes I (518-465 a.C.), 121

Z

Zinoviev, Grigori (1883-1936), 141

Do mesmo autor, leia também:

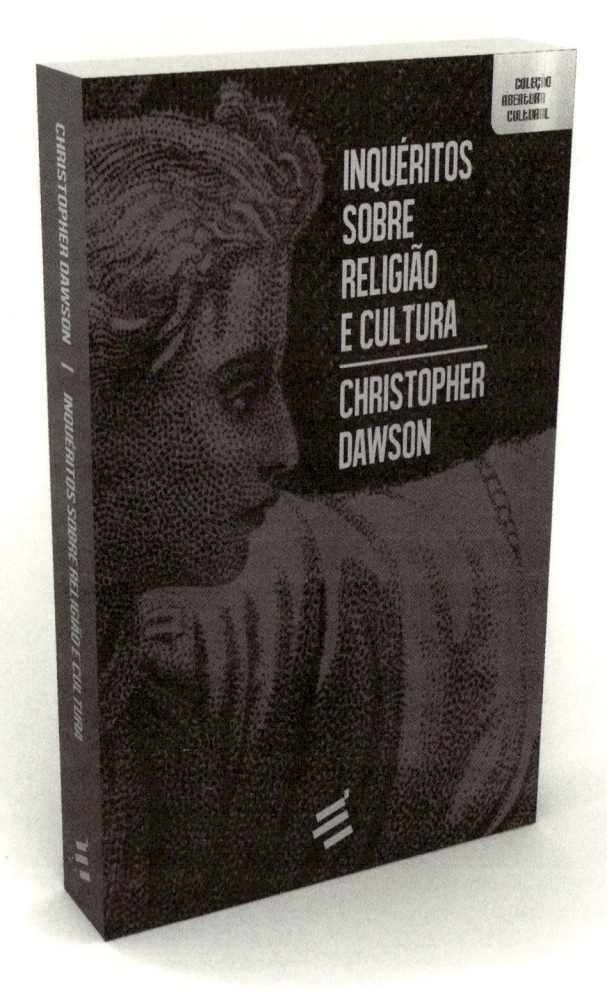

INQUÉRITOS SOBRE RELIGIÃO E CULTURA
CHRISTOPHER DAWSON

Christopher Dawson emprega a vastidão de seu conhecimento e a agudeza de sua análise no julgamento de assuntos pontuais e recentes, que vão desde o lugar do Reino Unido no mundo pós-industrial até as características do misticismo islâmico, passando pelas estruturas da civilização chinesa, pela visão cristã do sexo e pelos fatores que levaram ao surgimento dos totalitarismos fascista e comunista. Sempre com aportes de peso da filosofia da religião e da filosofia da história, o livro constitui enorme auxílio para a compreensão da era contemporânea e de seus problemas. Tornam-se, assim, evidentes a superficialidade das interpretações políticas e cientificistas que não consideram o papel histórico central da religião e da cultura, bem como a urgência do convite de Dawson a uma compreensão profunda e universal da raça humana.

facebook.com/erealizacoeseditora
twitter.com/erealizacoes
instagram.com/erealizacoes
youtube.com/editorae
issuu.com/editora_e
erealizacoes.com.br
atendimento@erealizacoes.com.br